Inhalt

Man sollte nie bezweifeln,
dass eine kleine Gruppe besonnener Bürger
die Welt verändern könnte.
Tatsächlich ist es das Einzige,
was je die Welt verändert hat.

Margaret Mead

Vorwort

von Sandie Sedgbeer

Es ist eine Revolution im Gange. Wie viele Eltern, Lehrer[1], Erzieher und Heilpraktiker bereits bemerkt haben, unterscheiden sich die Kinder heutzutage deutlich von den Kindern früherer Generationen.

Falls wir vorher noch Zweifel hatten, wurden sie durch die Reaktion, die wir seit unserer ersten gedruckten vierteljährlichen Ausgabe von *Children of the New Earth* erhalten haben, endgültig aus dem Weg geräumt. Ein Strom begeisterter Briefe aus den USA und Kanada, aus Spanien, Holland, Italien, Deutschland, Großbritannien, China, Australien, Neuseeland, Israel, Südafrika und aus der Türkei füllte unser Büro, weil endlich jemand offen anerkannte, dass die Kinder von heute eine evolutionäre Entwicklung der Menschheit darstellen.

Seit drei Jahren nehmen wir ausnahmslos eine große Erleichterung wahr, dass endlich Informationen über die außergewöhnlichen Veränderungen, die in unseren Kindern erkennbar werden, an die Öffentlichkeit gebracht werden. Es wird auch Zeit: Wenn bei mindestens einem von 500 Kindern die Diagnose »Autismus« oder »autistische Symptome« gestellt wird; wenn mehr als fünf Prozent der amerikanischen Kinder wegen Lernbehinderungen besonderer Unterstützung bedürfen; und wenn etwa zwei Millionen Kinder (ja, zwei Millionen allein in den USA!) gezwungen werden, wegen sogenannter Verhaltensstörungen das Medikament Ritalin zu nehmen, dann ist es für die Gesellschaft höchste Zeit, aufzuwachen und sich der Tatsache bewusst zu werden, dass mit unseren Kindern etwas Außergewöhnliches vor sich geht.

Einerseits berichten viele Erziehungsberechtigte, dass immer mehr Kinder mit einer hoch entwickelten außersinnlichen Wahrnehmung und mit besonderen Fähigkeiten geboren werden. Andererseits bestätigen viele Ärzte und Heilpraktiker, dass bestimmte körperliche Beschwerden und Krankheiten wie Zöliakie, Asthma, Autismus, Verdauungsprobleme, Nahrungsmittelunverträglichkeiten und Allergien in erschreckendem Ausmaß zunehmen.

Ob wir diese Veränderungen als positive Beweise für einen Quantensprung in der physischen, mentalen und spirituellen Evolution der Menschheit betrachten oder als negative Konsequenzen der verheerenden Belastung unserer Atmosphäre, unserer Nahrungsmittel und anderer natürlicher Ressourcen – die Botschaft bleibt die gleiche: Es ist Zeit, dass sich die Wissenschaft mit dem sich wandelnden Bewusstsein der heutigen Kinder befasst. Es ist Zeit, dass sich die Medizin mit den physischen, chemischen und biologischen Anomalien beschäftigt, die immer öfter auftreten. Und es ist Zeit, dass wir als Eltern, Großeltern und Erziehungsberechtigte aufhören, Kinder unnötig mit Medikamenten vollzustopfen, und dass wir die Art überprüfen, wie wir unsere Kinder ernähren und erziehen.

Jeder für sich mag das Gefühl haben, nicht viel verändern zu können. Doch tatsächlich verfügen wir über viel mehr Macht, als wir meinen.

Es gibt diesen Spruch, dass wir die Veränderung *leben* müssen, die wir in der Welt sehen wollen. Dies ist einer der Gründe, weshalb wir von *Children of the New Earth* uns entschlossen haben, unsere Inhalte zu erweitern und die Periodizität der Veröffentlichung von einer vierteljährlichen Printversion auf eine monatliche Online-Publikation zu erhöhen. So meinen wir, den Kindern besser dienen und einem breiteren Publikum mehr Zugang zu diesen Informationen verschaffen zu können.

Sowohl als Individuen als auch als Kollektiv können wir eine Menge tun. Sooft wir von unserem Recht Gebrauch machen,

8

unserer inneren Führung zu folgen und Nein zu sagen – sei es Nein zu einer Gewohnheit, zu einem Medikament oder einem System, einer Methode oder einer Autorität, einer unnatürlichen oder ungesunden Art, mit unseren Kindern umzugehen –, nähern wir uns einem Wandel Schritt für Schritt.

Eine Revolution ist im Gange. Angeführt wird sie von unseren Kindern. Sie wissen es. Wir wissen es. Viele Heiler, Therapeuten, Psychologen, Ärzte und Lehrer erkennen es allmählich. Um unserer Kinder und der Zukunft der Menschheit willen ist es Zeit, dass wir die Augen aufmachen und wirklich hinsehen, hinhören und dem folgen, was uns unsere Kinder zeigen. Statt unsere Kinder durch Medikamente ihrer Kreativität zu berauben und in eine Konformität zu pressen, wird es Zeit, dass wir uns die Lektionen bewusst machen, die sie uns lehren können.

Das Online-Magazin *Children of the New Earth* ist der Würdigung aller Kinder überall auf der Welt gewidmet. Es will ihnen eine Stimme geben, für ihre Rechte kämpfen, sie vor skrupellosen und schädlichen Praktiken bewahren, die Lehren lernen helfen, die sie uns vermitteln, die Unterschiede feiern und die etablierten Umgangsformen mit Kindern infrage stellen, um ihren Bedürfnissen besser gerecht zu werden. Dieses Buch wird dabei eine wichtige Quelle sein, denn wir alle arbeiten für dieselbe Sache.

Denn nichts ist wichtiger als unsere Kinder. Sie sind unsere Zukunft!

Sandie Sedgbeer ist Herausgeberin des Magazins *Children of the New Earth*
www.childrenofthenewearth.com

Einleitung

von Lee Carroll

1999 geschah etwas Ungewöhnliches: Jan Tober und ich hatten gerade eines der bestverkauften Bücher eines kleinen Nischenmarktes verfasst. Es war das Buch *Die Indigo-Kinder* und es führte dazu, dass die Erforschung eines bis dahin unbekannten Terrains begann: des Bewusstseinswandels der Menschheit, der sich in unseren Kindern als den Vorreitern abspielt.

Das Buch wurde in 24 Sprachen übersetzt und insgesamt über eine halbe Million Mal verkauft. Damit setzte eine sehr kontrovers geführte Debatte ein: zwischen denen, die an das Indigo-Phänomen glauben, und jenen, die es ablehnen. Auf der Seite der Gläubigen befanden sich Eltern, Tagesmütter, Erzieherinnen in Kindergärten, Lehrerinnen und Lehrer, College-Professoren und Heilpraktiker. Die Seite der Ungläubigen bestand fast vollständig aus Verwaltungsleuten, Ärzten, Wissenschaftlern und anderen Menschen, die nichts von solchen ungewöhnlichen Ideen hielten, zumindest solange sie nicht von jemandem aus ihrer eigenen Zunft vorgetragen wurden.

Ich habe 13 weitere Bücher geschrieben, und Jan war an drei von ihnen beteiligt, einschließlich dem vorliegenden. Diese Worte, die Sie lesen, stammen von mir. Jan hat die ganze Recherche gemacht und es ist ihren Bemühungen zu verdanken, dass sich viele der Autoren, die in diesem Buch zu Wort kommen, an dem Projekt beteiligten.

Mit unserem besten Wissen und entsprechend unseren Erfahrungen entstand vor zehn Jahren die Originalausgabe unseres Buches über die Indigo-Kinder. Jan und ich erkannten das Phänomen klar und deutlich und waren die Ersten, die es publik machten, aber wir verfügten weder über die fachliche Vorbildung noch über den Erfahrungshintergrund, um zufriedenstellend darüber zu schreiben. Also baten wir andere um ihre Beiträge, auch Pioniere, die mit besonders begabten Kindern arbeiten, und die Frau, die das Phänomen zuerst »sah« und ihm den Namen gab.

In diesem Buch geht es nicht nur um Indigo-Jugendliche. Es geht um *alle* Indigo-Kinder zehn Jahre später. Wir haben es mit älteren Indigos zu tun und gleichzeitig lernen wir sehr viel über die Kinder. Es gibt inzwischen sowohl mehr Informationen über die ganz Kleinen als auch völlig neue Erkenntnisse über die Indigos, die inzwischen herangewachsen sind. Unsere Beiträge befassen sich mit beidem.

Dieses Buch musste eigentlich aus zwei Gründen geschrieben werden: Nach zehn Jahren sind einige dieser Kinder zu jungen Erwachsenen geworden. Eltern und Lehrer haben um Hinweise gebeten, wie sie mit diesen Jugendlichen umgehen können, die sich ganz und gar nicht so verhalten, wie es in den üblichen Erziehungsratgebern steht. Das erste Indigo-Buch befasste sich eher grundsätzlich mit dem Thema und ging nicht weiter auf ältere Kinder ein. Aber wir sind uns bewusst, dass Kinder einen anderen Umgang erfordern als Jugendliche.

Viele haben sich gefragt, ob sie noch mehr über die Indigos wissen sollten. Gibt es inzwischen mehr Informationen? Das ist zweifellos der Fall. In diesem Buch lassen wir also eine starke Gruppe von Lehrern und Erziehenden zu Wort kommen – Leute, die beruflich jeden Tag mit Kindern zu tun haben. Auch hier möchten wir vor allem den Kindern und den Eltern helfen, aber Sie finden ebenso ein paar gute Hinweise für Lehrer, die mit dem Indigo-Phänomen konfrontiert werden.

Das zweite Ziel dieses Buches besteht darin, aufs Neue zu verdeutlichen, worum es bei dem Indigo-Phänomen geht – und worum nicht. Im Lauf der letzten Jahre sind leider viele Fehlinformationen kursiert. Die Mainstream-Medien haben die Diskussion behandelt, als wäre das Thema eine verrückte Idee von ein paar Esoterikern. Infolgedessen erhalten Tausende von Kindern nicht die Hilfe, die sie brauchen; und die für ihre Erziehung und Fürsorge zuständigen Erwachsenen verschwenden keinen zweiten Gedanken daran, dass sich die Kinder verändert haben und einen anderen Umgang brauchen, als es früher üblich war.

Falls Sie über das Thema Zeitungsartikel gelesen oder Fernsehberichte gesehen haben, halten Sie Indigo-Kinder vielleicht für *besondere, medial begabte Kinder aus dem All, die dunkelblaue Auren haben und die Welt retten werden.* Diese Botschaft ist in jeder Hinsicht *falsch.* Es entspricht nicht dem, was wir geschrieben haben oder lehren. Die Presse hat das Thema nach ihren Bedürfnissen ausgeschlachtet und viele aufrichtig gemeinte Bemühungen sind darin untergegangen. Eine an diesem Buch beteiligte Autorin musste sogar erleben, dass sie von einem Nachrichtensender unter einem Vorwand zu einem Interview eingeladen wurde, bei dem schließlich okkulte Phänomene im Mittelpunkt standen!

Die Indigos in den Nachrichten

CNN, ABC, *USA Today,* die *New York Times* und viele andere haben sich in den letzten Jahren an dem Thema verlustiert. Praktisch alle haben das Thema so dargestellt, dass es in die esoterische Spinner-Ecke gestellt werden musste. Hier sind ein paar Beispiele der Schlagzeilen:

- The New York Times: »Sind sie hier, um die Welt zu retten?« 12. Januar 2006
- ABC News Video: »Sind diese Kinder alle medial?« 21. November 2005
- CNN Sondersendung: »Mediale Kinder?« 15. November 2005

- USA Today: »Indigo-Kinder: Hat die Wissenschaft recht?« 31. Mai 2005

Im Dezember 2003 kam der Film *Indigo* mit Neale Donald Walsch, dem Autor von *Gespräche mit Gott,* heraus. Er hat die Hauptrolle gut gespielt; immerhin war er Schauspieler, bevor er als Autor mit Gott sprach. Es ist die nette, erfundene Geschichte eines kleinen medialen Mädchens. Der Film lief vor allem in Kirchen und Gemeindezentren, also in dem Nischenmarkt, der das Phänomen schon durch unsere Bücher kennengelernt hatte. Er kam nie in die normalen Kinos.

In der Geschichte selbst wird nie behauptet, dass die Hauptperson ein Indigo-Kind sei, doch die Vermarktung und der Titel stellten klar, dass der Film auf das wachsende Bewusstsein um die Indigo-Kinder abzielte. Den meisten Zuschauern gefiel er; er war gut gemacht und gut gespielt. Doch er vermittelte eine Botschaft, die bewirkte, dass die Medien danach vor allem auf den Sensationsaspekt dieser neuen Kinder einging, statt sich um die Tatsachen zu kümmern. Man muss einfach zugeben, dass dieser Film (wie die meisten anderen Filme) entstand, um Geld zu machen, und nie behauptete, ein Erziehungsratgeber für Indigo-Kinder zu sein. Dagegen ist auch nichts einzuwenden. Erinnern wir uns an den Film *Der Da Vinci-Code*: Er sollte nichts anderes sein als ein spannender Unterhaltungsfilm, der Geld einspielt. Doch viele meinten darin eine bestimmte Botschaft zu erkennen, sodass es zu Protesten kam und der Film mancherorts nicht gezeigt werden durfte. Das ist die wohlbekannte Macht gut gemachter Filme und gut erzählter Geschichten. Auf ähnliche Weise gab es nun eben einen Film, der *Indigo* hieß, obwohl er eigentlich nichts mit den Indigo-Kindern zu tun hatte.

Als Nächstes wurde die Dokumentation *Indigo Evolution* veröffentlicht. Jan und ich haben das Thema Indigo-Kinder zwar einst ins Gespräch gebracht, aber es gehört uns schließlich nicht, und das ist auch richtig so; jeder kann sich damit befassen. Es war uns eine Ehre, dass es eine Dokumentation über das Thema gab, auch wenn wir darin keine Rolle spielten. In dieser Dokumentation wurde versucht, die Indigo-Geschichte darzustellen und einer breiteren Öffentlichkeit näherzubringen. Leider entstanden durch die damit verbundene Vermarktungsstrategie ebenfalls viele Fehlinformationen. Es wurden Pressemappen verschickt, eine Website eingerichtet und andere medienwirksame Aktionen durchgeführt, was zu dem unausweichlichen Medienzirkus führte. Einige der Referenten, die in dem Film mitgewirkt hatten, darunter hoch geachtete Autoren und Lehrer, die wir persönlich kennen, hatten das wahrscheinlich nicht so beabsichtigt. Wenn man auf diese Weise die Medien auf den Plan ruft, muss man damit rechnen, von ihnen mitsamt seinem noch so wohlgemeinten Thema eingesackt zu werden. Das Ergebnis war die unangenehme Presse, die wir erlebten.

Manche Menschen meinen, jede Art von Medienaufmerksamkeit sei gut. In diesem Fall sind wir anderer Meinung. Hier geht es nicht darum, Seife zu verkaufen oder einfach Aufmerksamkeit zu erhaschen. Es geht uns um die Botschaft, dass es einen großen Wandel zu würdigen gilt, der im Bewusstsein der Menschheit stattfindet und der zuerst in unseren Kindern sichtbar wird. Doch die amerikanischen Medien haben die Öffentlichkeit so negativ beeinflusst, dass es wahrscheinlich Jahre dauert, bis wieder alles richtiggestellt werden kann. Und das geht auf Kosten der Kinder ...

Sollte jemand über diese neuen Kinder einen Film machen oder ein Buch schreiben wollen, hätten wir ein paar Ratschläge: Machen Sie ein hochwertiges Produkt! Vergewissern Sie sich aller Tatsachen und richten Sie es an die betreffende Zielgruppe, nämlich an die Lehrer und Eltern. Werfen Sie es nicht den Medien in den Rachen, sonst werden Sie und Ihr Thema nur im Namen der Unterhaltung zerfleischt. Konzentrieren Sie sich auf den Nischenmarkt und richten Sie Ihre Vermarktung gezielt an Erziehende, Selbsthilfezentren und Institutionen, in denen ganzheitliches Heilen praktiziert wird. Wenn Ihr Produkt hilfreich ist, wird sich die Kunde davon schnell verbreiten; Sie müssen niemals Erklärungen gegenüber einer Gruppe uninteressierter Journalisten abgeben, die nur hinter Sensationen her sind.

Was ist unser Hintergrund?

Wir wollen zunächst einiges klarstellen. Dazu werden Jan und ich noch einmal die Geschichte von Nancy Tappe erzählen, die auch in unserem Buch *Die Indigo-Kinder* zu Wort kam. Es wird Zeit, auch das mitzuteilen, was wir das letzte Mal ausgelassen haben. Doch zuvor möchten wir uns der Tatsache stellen, dass manche Leser damit rechnen, wir würden das Thema aus esoterischer Sicht darstellen. Das können wir jedoch nicht, da es weder aus dieser Richtung kam noch dorthin führen wird. Stattdessen geht es um eine potenzielle Veränderung der Menschheit – und davon sind alle Menschen auf allen Kontinenten betroffen.

Manche Leser kennen unsere anderen Bücher, die gechanneltes Material enthalten, und verbinden deshalb vielleicht alles, was wir zu sagen haben, mit diesem für manche Menschen etwas abgedrehten Thema. Doch ob Sie es glauben oder nicht: Wir sind vielseitig. Dieses Indigo-Thema ist realer und mehr geerdet als viele vermuten mögen. Es gehört nicht zu unserem »anderen« Lebensbereich. Wer uns kennt, weiß, dass wir gerne unsere philosophischen Erwägungen mit harten wissenschaftlichen Fakten verbinden. Das ist auch in diesem Buch der Fall.

Wie alles begann

Wir möchten Ihnen von einer Frau erzählen, die eine bestimmte »Störung« hat, nämlich die sogenannte *Synästhesie.* Dabei sind bestimmte Hirnfunktionen so vermischt, dass die Wahrnehmung alltäglicher Dinge anders als gewöhnlich ist. Nancy Tappe erzählt, dass sie in ihren frühen Jahren, als sie mit diesen Bedingungen zurechtzukommen versuchte, beim Essen statt der Kartoffeln auf ihrem Teller »Dreiecke« schmeckte! Für uns Menschen mit normalen Sinneswahrnehmungen ist das kaum vorstellbar, aber diese Störung besteht eben darin, dass bestimmte grundlegende Sinneswahrnehmungen vertauscht sind, zum Beispiel Formenwahrnehmung mit Geschmack. Solche Menschen können auch Farben hören oder riechen.

Falls Sie mehr darüber wissen möchten, halten Sie sich ans Internet. Unter dem Suchbegriff »Synästhesie« finden Sie viele hilfreiche Informationen.[2] Hier sind ein paar Beispiele:

»Synästhesie und synästhetische Erfahrungen«: »Synästhesie heißt, dass eine echte Information eines Sinnes unabsichtlich von einer Wahrnehmung eines anderen Sinnes begleitet wird. Die zusätzliche Wahrnehmung wird von der Person als tatsächlich empfunden, oft auch außerhalb des Körpers, und nicht als Einbildung wahrgenommen. Es gibt dabei ein paar interessante Nebeneffekte, die das Phänomen klar von Fantasien unterscheiden. Die Lebhaftigkeit und Echtheit der alle konventionellen Wahrnehmungen übertretenden synästhetischen Eindrücke macht sie so interessant. Sie widersprechen aller Logik dessen, was das menschliche Gehirn tun sollte, da die evolutionäre Entwicklung immer die anatomische Trennung von Funktionen bevorzugte.«

R. Cytowic, »Synesthesia: A Union of the Senses«, Springer-Verlag, New York; http://web.mit.edu/synesthesia/www

»Farben hören, Formen schmecken«: »Menschen mit Synästhesie – deren Sinne sich also vermischen – können uns wertvolle Hinweise zum Verständnis der Organisation und Funktion des Gehirns geben.«
Vilayanur S. Ramachandran und Edward M. Hubbard

Scientific American: »Wenn Matthew Blakeslee mit seinen Händen Hamburger formt, verspürt er dabei einen bitteren Geschmack im Mund. Esmeralda Jones (Pseudonym) sieht die Farbe Blau, wenn sie den Ton C hört. Andere Töne rufen für sie andere Farben hervor. Für sie steht jede Klaviertaste mit einem bestimmten Farbton in Verbindung, was ihr das Klavierspielen erleichtert. Und wenn Jeff Coleman schwarz gedruckte Zahlen sieht, nimmt er sie farbig wahr, und zwar jede anders. Blakeslee, Jones und Coleman gehören zu einer kleinen Gruppe ansonsten normaler Leute, die Synästhesie haben. Sie erfahren die gewöhnliche Welt auf außergewöhnliche Weise. Sie scheinen in einem geheimnisvollen Niemandsland zwischen Realität und Einbildung zu leben. Die Sinneswahrnehmungen Tasten, Schmecken, Hören, Sehen und Riechen bleiben bei ihnen nicht voneinander getrennt, sondern vermischen sich.«
Scientific American, Mai 2003
http://www.sciam.com

Mixed Signals: »Riecht ihr Lieblingsbuch nach pelzigen Kreisen? ... Verspüren Sie eine Abneigung gegen die Persönlichkeit Ihres Schlafzimmertürrahmens? Sehen Sie weiß, wenn Sie sich den Zeh anstoßen? Schmeckt für Sie der Geruch von Teer salzig? Sieht die Stimme von Sting aus wie goldene Kugeln? – Wenn ja, sind Sie mit großer Sicherheit ein Synästhetiker.«
Mixed Signals
http://www.mixsig.net/

Energiefelder

Schön früh in ihrem Leben begann Nancy Tappe eine der größten Anomalien ihres Lebens zu bemerken: Sie sah Farben um Menschen! Dabei handelte es sich nicht um die spirituellen Auren, die ein Thema der Esoterik sind; das Phänomen hat wahrscheinlich mit der grundlegenden menschlichen Energie zu tun. Hier verlieren wir wohl ein paar Leser. Wird die Energie um Menschen thematisiert, reagieren viele wissenschaftlich orientierte Menschen verständnislos. Sie wenden sich milde lächelnd ab, weil sie zu wissen meinen, was man von uns zu halten hat.

Falls Sie zu diesen Leuten gehören, tut es uns sehr leid, wenn Sie die Lektüre beenden, denn unseres Erachtens geht es hier um die Kinder, nicht um Verrücktheiten. Dem Rest, der sich nicht verabschiedet, danken wir für die Offenheit: Wir werden Ihnen für das menschliche Energiefeld allgemein anerkannte Beweise vorlegen.

Bevor wir gleich Nancys Erfahrungen näher beschreiben, möchten wir dieses Thema noch ein wenig vertiefen. Im Fokus stehen hier nicht Feenstaub und Engel, sondern echte Energiefelder um lebendige Menschen. Sie sind vielfach untersucht worden, aber die wenigsten konnten sie erklären. Man kann es mit den gegenwärtigen Studien zur Interdimensionalität vergleichen: Wir erkennen den »Schatten« des Subjekts, aber wir bekommen es noch nicht in unserer Dreidimensionalität zu fassen, in der wir gewöhnlich die Welt wahrnehmen.

Manche Untersuchungen nennen es nicht »menschliche Energie«, sondern »menschliches Bewusstsein«. Sie versuchen die Bewusstseins-Energie um eine Person oder Gruppe zu messen, indem sie beobachten, wie diese Energie Materie beeinflusst. Häufig handelt es sich dabei um Versuche in Generatoren mit zufälliger Teilchenanordnung. Wenn die zufällige Verteilung der Teilchen in einer kontrollierten Versuchsanordnung unter der

Einwirkung von menschlichen Emotionen eine Ordnung eingeht, kann man beweisen, dass menschliches Bewusstsein einen Einfluss auf die Materie hat. Nun, sie tut es tatsächlich, und das hat der Wissenschaft einige Rätsel aufgegeben, was für ein Prozess dahinterstecken könnte.

Die Wissenschaftler haben also die Energie wahrgenommen, aber sie wissen nicht recht, worum es sich dabei handelt. Neuere Forschungen über den Placebo-Effekt zeigen, dass unser Geist einen enormen Einfluss auf unsere eigene Chemie hat. Die Gesundheitsindustrie sollte sich näher damit befassen. Man hat festgestellt: Menschen, die *meinen,* eine Schmerztablette erhalten zu haben, erfahren die gleichen Mechanismen der Linderung, wie sie das Medikament bewirken würde. MRT-Aufzeichnungen (Magnetresonanztomografie) des Gehirns beweisen, dass in den schmerzenden Bereichen körperliche Effekte zu beobachten sind, zum Beispiel eine veränderte Durchblutung, gerade so, als wäre das »echte« Medikament verabreicht worden (Magazin *Time,* 1. März 2004, »Picturing the Placebo Effect«). Kann das menschliche Bewusstsein so machtvoll sein?

1998 begann man an der Universität von Princeton eine langfristige Studie, um das menschliche Bewusstsein auf dem Planeten zu messen. Ursprünglich unter der Leitung von Dr. Roger Nelson, zeigte »The Global Consciousness Project« oder GCP (http://noosphere.princeton.edu) eindrucksvolle Beweise dafür, wie Bewusstseinsveränderungen die Ereignisse auf dem Globus bestimmen. Weltweit wurden über 30 Zufallsgeneratoren eingerichtet, die dem Server in Princeton regelmäßig Bericht erstatten. Dabei ergaben sich erstaunliche Ergebnisse, unter denen der Tod von Prinzessin Diana und die Ereignisse des 11. September am stärksten herausragten. Mehr darüber erfahren Sie unter http://noosphere.princeton.edu/terror.html. Sie können auch unter www.indigochild.com/GCP einen wissenschaftlichen Bericht darüber lesen.

Das bedeutet, es muss um Menschen herum eine Art Energiefeld geben, das diese Zufallsgeneratoren beeinflusst. Ist es ein Feld? Befindet es sich in unserer Dreidimensionalität oder ist es interdimensional?

Der russische Quantenbiologe Dr. Vladimir Poponin hat entdeckt, dass die menschliche DNA von einem Feld umgeben ist. Er ist wissenschaftlicher Leiter des Instituts für biochemische Physik der russischen Wissenschaftsakademie und arbeitet zurzeit am HeartMath Institut in den USA an einem gemeinsamen Forschungsprojekt. Unter den strengen wissenschaftlichen Bedingungen einer amerikanischen Universität zeigte er: Wird die menschliche DNA in eine Kammer mit zufällig verteilten Laserlichtphotonen gebracht, veranlasst sie diese, sich in die Symmetrie einer Sinuskurve zu begeben. Dies ereignet sich jedes Mal, wenn die Photonen der DNA ausgesetzt werden; das Experiment konnte beliebig wiederholt werden. Die nächste Überraschung war, dass die Photonen in dieser Anordnung blieben, selbst wenn die DNA wieder entfernt wurde!

Laut Dr. Poponin hat die menschliche DNA also nicht nur eine Art Feld um sich, sondern dieses muss auch so stark sein, dass die Photonen in seinem Bann bleiben, selbst wenn die DNA wieder entfernt wird. Er vermutet, dass es sich dabei um eine interdimensionale Energie handeln könnte, und nannte das Phänomen den »DNS-Phantom-Effekt« (www.twm.co.nz/DNAPhantom. htm).

Ich will mit diesen wissenschaftlichen Informationen keine Leser verlieren, aber es dürfte klar sein, dass die Vorstellung von einem Energiefeld um Menschen herum nicht mehr als Fantasie abzutun ist. Die Wissenschaft bestätigt erstens, dass es da ist, und zweitens, dass es potent genug ist, um die Natur zu mathematischen Symmetrien zu veranlassen; und drittens handelt es sich hierbei möglicherweise um ein interdimensionales Feld. Die Superstring-Theorie lässt diese Vermutung immer wahrscheinlicher werden, wenn sie davon ausgeht, dass es in jedem Atom viele Dimensionen gibt und dass sich vieles von dem, was wir im normalen Leben »nicht sehen«, in einem Quantenzustand befindet, also interdimensional mit allem anderen verbunden ist.

Nancys Erfahrung: Die Entstehung des Begriffs »Indigo-Kinder«

Wir verstehen jetzt, dass Nancy Tappe etwas außerhalb der normalen menschlichen Wahrnehmung sieht, und ihre Wahrnehmungen werden von der Wissenschaft als tatsächliche Hirnanomalie und glaubhafte Erfahrungen bestätigt. Sie sieht die Welt zwar durch ihre Augen, aber in ihrem Gehirn wird daraus eine merkwürdige Farbwahrnehmung. Könnte es sein, dass sie interdimensionale Energien sieht? Ein magnetisches Feld? Zumindest wissen wir jetzt: Auch aus wissenschaftlicher Sicht ist es sehr wahrscheinlich, dass ein solches Feld existiert. Was hat Nancy damals vor Jahren gesehen? Man könnte sagen: Sie sah ihre Zukunft!

Nancy begann zu erkennen, dass die Farben, die sie um Menschen herum wahrnahm, nicht zufällig waren. Sie schienen mit bestimmten Persönlichkeiten zusammenzuhängen. *Könnte es sein,* überlegte sie, *dass die Farben auf bestimmte Bewusstseinszustände hinweisen oder auf eine Kombination aus Bewusstsein und persönlichen Eigenschaften?* Viele Jahre lang beobachtete sie. Tatsächlich schien ihre Wahrnehmung ihr etwas darüber zu erzählen, dass jede menschliche Eigenschaft mit einer bestimmten Farbe einhergeht.

Nancy forschte weiter. Es waren nur eine Handvoll verschiedener Farben, aber sie passten immer zu bestimmten Charakteristika, zu bestimmten Geisteshaltungen, Reaktionsweisen und Lebensstilen. Irgendwann begann sie, über diese Charaktereigenschaften Kurse zu geben und andere in ihrem System auszubilden. Daraus entwickelten sich viele Lehren, wie man anhand seiner eigenen Farbe erkennt, wer man ist, wie man sein emotionales Gleichgewicht wiedergewinnen kann, wer sich vielleicht als Liebes- oder als Geschäftspartner eignen würde (je nachdem, wie die Farben zusammenpassen) und dergleichen. Es ging auch um die Schwächen, die bei bestimmten Typen auftreten. All das gehörte zum System der Farbwahrnehmung, das Nancy entwickelt hatte.

Ermutigt von Jan Tober, nahm ich vor etwa 25 Jahren an einem von Nancys Seminaren teil – genauer gesagt: Jan zerrte mich dorthin. Das Seminar war große Klasse! Wir lachten uns schief, wie Nancy sich vor uns hinstellte und uns genau erklärte, wie wir denken, wie wir auf andere reagieren, was uns traurig, ärgerlich oder glücklich macht. Sie konnte sogar sagen, wie wir gehen – und sie hatte recht! Sie konnte unsere Farben sehen und wusste dadurch, wer wir waren und was wir wohl machten. Und immer lag sie damit richtig!

Dann schrieb Nancy ein Buch: *Understanding Your Life Through Color* (dt. Ausgabe: *Verstehe dein Leben durch Farben*). Es ist leider nicht mehr lieferbar. Es war die einzige echte Veröffentlichung über ihr tief greifendes System. Interessanterweise wurden ihre Informationen im Lauf der Zeit von anderen übernommen und veröffentlicht, ohne sie zu würdigen. Das scheint häufig der Fall zu sein bei Autoren, die bedeutende Informationen vermitteln, aber keinen breiten Zuspruch finden. Wenn Sie Bücher verfassen, von denen nie jemand abkupfert, können Sie davon ausgehen, dass sie nicht viel wert sind. Nun, so sind die Menschen eben. Nichtsdestoweniger haben viele Menschen von Nancys wundervollen Informationen profitiert, egal ob die Quelle genannt wurde oder nicht.

Das Indigo-Phänomen

Vor einigen Jahren begann Nancy, um Menschen herum eine neue Farbe zu sehen. Man könnte meinen: Na und? Man muss sich vergegenwärtigen, dass sie ihr Leben lang nur eine bestimmte, begrenzte Anzahl von Farben um Menschen herum sah. Es gab Schattierungen und Kombinationen, aber sie hatte bis dahin nie eine ganz andere Farbe gesehen. Es war, als sähen Sie zum Himmel hinauf und er wäre plötzlich grün mit rosa Punkten. Sie haben ja schon viele Sonnenuntergänge in Ihrem Leben gesehen, aber so etwas? Das würde Ihre Aufmerksamkeit sicher ähnlich fesseln.

Nancy begann, die neue Farbe so zu untersuchen, wie es nur ein Mensch mit Synästhesie kann. Sie bemerkte, dass dieses neue Indigoblau nur um Kinder herum auftrat. Offenbar schien eine neue Art von Menschen geboren zu werden. Nancys Fehlfunktion hatte ihr nicht nur wertvolles Wissen vermittelt, sondern auch einen netten Weg dargestellt, anderen zu helfen und damit ihr Geld zu verdienen. Jetzt merkte sie, dass etwas äußerst Ungewöhnliches im Gange war: eine evolutionäre Veränderung, welche die Menschheit zu einem neuen Bewusstsein führt.

Im Verhalten der Indigo-Kinder beobachtete sie ein paar Charakteristika, die wir in unserem ersten Buch vorgestellt haben. Wir wollen das hier nicht wiederholen, aber etwas klarstellen: In den folgenden Jahren hat Nancy keine neuen Farben gesehen. Wie auch immer man diese Kinder nennen will: Per Definition jener Frau, die den Begriff ursprünglich geprägt hat, sind sie alle Indigo-Kinder.

Es werden zurzeit alle möglichen Namen genannt. Jan und mir ist es einerlei, wie man sie nennt. Wir haben nichts gegen Eisenkinder, Malachitkinder, Papierkinder, Sternenkinder und was auch immer. Wir meinen, dass es dabei immer um verschiedene Kategorien der Kinder mit einem neuen Bewusstsein geht. Menschen, die menschliche Energien wahrnehmen, jedoch nicht über Nancys spezifische Fehlfunktion verfügen, bemerken diese Kinder überall auf der Welt und geben ihnen unterschiedliche Namen.

Die ursprüngliche Quelle dieser Wahrnehmung (Nancy) weilt jedoch immer noch unter uns und sagt ganz deutlich, dass es keine neuen Farben gibt. Sie lässt auch keinen Zweifel daran, dass es hier nicht um supermediale Kinder mit dunkelblauer Aura geht. Die Farben, die sie wahrnimmt, haben nichts mit der Aura oder mit übersinnlichen Fähigkeiten zu tun! Einige dieser Jugendlichen basteln Bomben und jagen öffentliche Einrichtungen in die Luft. Das Thema geht also viel tiefer als die von manchen propagierte, sensationsgierige Absurdität. Es geht um die Kinder unseres Planeten; um das, was geschehen könnte; warum sie sich so verhalten und was wir tun können, um ihnen zu helfen, all dies zu überleben. Mit anderen Worten: Diese Kinder sind nicht unbedingt so, wie Sie es erwarten. Darum geht es hier. Das Phänomen hat viele Facetten.

Selbst innerhalb dieses Buches sind Jan und ich offen für all jene, die diese Kinder mit anderen Namen benannt haben und nicht dem Indigo-Etikett folgen. Es ist wirklich egal, wie man diese Kinder nennt, solange die Öffentlichkeit darüber informiert wird, dass hier ein neues Bewusstsein heranwächst, das jetzt langsam das Erwachsenenalter erreicht.

Manche der Beiträge sprechen zum Beispiel von Kristallkindern. Laut Nancy handelt es sich dabei um eine wichtige Gruppe der Kinder des neuen Bewusstseins, aber es sind nach ihrer Definition immer noch Indigo-Kinder.

Wie Sie im folgenden Interview erfahren, sieht Nancy bei den Indigos zwölf Kategorien. Möglicherweise gibt es noch viel mehr. Wie gesagt, Jan und ich stehen dieser Vielfalt offen gegenüber. Es sind viele Bücher unter vielen Titeln veröffentlicht worden; die meisten sind wundervoll, wohltuend für alle an den Projekten Beteiligten und hilfreich für Eltern, Lehrer und die Kinder selbst. Wir gratulieren all den Autoren, die das Risiko eingegangen sind, sich mit diesem Thema an die Öffentlichkeit zu wagen – manche im Mainstream, andere nicht. Viele dieser Titel werden auf unserer Internetseite unter www.indigochild.com aufgeführt; wir unterstützen alle, die versuchen, diesen Kindern zu helfen, und haben Auszüge einiger Bücher eingefügt.

Nutzen Sie Ihr eigenes Unterscheidungsvermögen. Verstehen Sie unser eigentliches Anliegen? Wir wollen den Kindern unserer Gesellschaft helfen. In diesem Buch geht es nicht um Religion oder Politik. Wir stehen vor ganz neuen Bedingungen: Die menschliche Evolution findet möglicherweise direkt vor unseren Augen statt. Dies mag auf Sie politisch wirken, ja vielleicht sogar religiös. Aber muss man sich so darüber aufregen? Können wir es uns leisten, uns davon abzuwenden, weil uns die Idee zu unheimlich erscheint oder ein »heißes Eisen« ist?

Das Neueste vom menschlichen Bewusstsein

Vor einigen Jahren zog eine merkwürdige Buchbesprechung meine Aufmerksamkeit auf sich. Es ging um den Titel *Fifth Wave Leadership* von dem Soziologen Morris R. Shechtman, der am Sonntag, 11. Mai 2003 auf der Wirtschaftsseite der *Fresno Bee* besprochen wurde. Fresno liegt in Kalifornien und ist bekannt dafür, dass es dort sehr heiß ist. Das Faszinierende an dem Artikel war, dass die Soziologen die Art untersuchen, wie die Menschen die Gesellschaft formen. Man könnte auch sagen, sie befassen sich mit dem menschlichen Bewusstseinswandel. Plötzlich bemerkten sie, dass eine neue Art des Denkens um sich greift. In dem Artikel wurde beschrieben, dass man seit dem Anfang der Menschheit vier Wellen gesellschaftlicher Veränderungen unterscheidet – und jetzt zeigt sich eine fünfte!

Ein neuer Kompass? »Sozialwissenschaftler haben vier Durch-brüche oder ›Wellen‹ sozialer Veränderungen identifiziert: den Übergang von den Jägern und Sammlern zur Sesshaftigkeit und Bodenbearbeitung; aus den Bauern wurden in der Industriellen Revolution Fabrikarbeiter; das industrielle Zeitalter ging dann ins Informationszeitalter über; und aus dem Informationszeital-ter ist unsere heutige schnelllebige, globale, kommunikationsin-tensive Gesellschaft geworden. Jetzt kommt eine fünfte Welle, in der unsere Zukunft nicht mehr durch das bestimmt wird, was da draußen passiert, sondern was in uns selbst geschieht.«
The Fresno Bee, 11. Mai 2003; Buchbesprechungen

Jan und ich geben dies wieder, weil es uns erlaubt, über Dinge zu sprechen, die bislang als unmöglich galten. Langsam treten sowohl Naturwissenschaftler als auch Soziologen an unsere Seite. Es ist möglich, dass sich vor unseren Augen das Wesen der Menschheit verändert, und es ist als Erstes an denen zu bemerken, die mit diesen neuen Eigenschaften als Indigo-Kinder geboren werden.

Der große Graben: Mediziner versus Erfahrung

Es mag seltsam erscheinen, dass die vehementesten Gegner die-ser Idee gerade jene sind, von denen man meinen könnte, dass sie sie feiern müssten: Leute, die von Berufs wegen jeden Tag mit Kindern zu tun haben. Wir meinen die Kinderärzte. Immer wieder haben Jan und ich von diesen wundervollen Ärzten, die ausschließlich mit Kindern arbeiten, Artikel zum Thema Indigo-Kinder gelesen und entsprechende Sendungen gesehen. In jedem dieser Fälle haben sie die Leute aufgefordert, sich nicht von den Modeerscheinungen beeinflussen zu lassen; sie winken ab, als wollten sie sagen: Na, nun lasst uns mal auf dem Teppich bleiben – Kinder sind eben Kinder.

Gleichzeitig stehen die Kinderärzte vor neuen Problemen: ADS und ADHS breiten sich aus, als wären es ansteckende Krankheiten. Und genau die gleichen Leute wissen dann keine andere Lösung, als ihren Patienten Medikamente zu verschreiben. Wenn man sie dazu befragt, sagen die meisten, dass ADS und ADHS immer da gewesen seien; man könne das Problem nur erst jetzt behandeln.

In meiner Forschungsarbeit über die Indigos bin ich dieser »Schon immer da«-Philosophie relativ früh nachgegangen, indem ich sozusagen in die »Schützengräben« ging: zu den Erzieherinnen in Kindergärten und zu Tagesmüttern mit über 20-jähriger Erfahrung. Ich fragte sie, ob diese Probleme schon immer da gewesen seien oder ob sie es mit einem neuen Phänomen zu tun hätten. Vielleicht wollten sich die Ärzte ja einfach nicht damit auseinandersetzen, weil sie dafür nicht ausgebildet waren oder weil es zu neuartig für sie war. Ich wollte es aus erster Hand wissen.

Das war der Punkt, an dem Jan und ich die Sache spannend genug fanden, um das erste Buch zu schreiben. Wohin auch immer wir kamen – es schien, als erzählten uns alle, die täglich mit den Kindern arbeiten, das Gleiche: Die Kinder verändern sich! Ihre Persönlichkeiten verändern sich, und damit auch die Erwachsenen, die mit ihnen arbeiten. Alle Disziplin ist flöten gegangen. (Es sei denn, die Erwachsenen verstehen, was die Kinder jetzt wollen, und stellen sich darauf ein.)

Auch die Beziehung der Kinder untereinander hatte sich verändert. Die Art, wie sie ihre Spielsachen miteinander teilten, wie sie sich sogar umeinander kümmerten. Die Erwachsenen, die jeden Tag Stunde um Stunde mit den Kindern anderer Leute verbringen, entdeckten mitfühlendes Verhalten in einem Alter, in dem sie es noch nie beobachtet hatten. Das war neu. Das war nicht schon immer so gewesen. Und darüber schrieben wir unser erstes Buch.

Im Folgenden finden Sie eine Zusammenstellung der besten Autoren, die wir je präsentiert haben. Es sind College-Professoren, Akademiker, Sozialarbeiter, Intellektuelle und Geschäftsleute, die das Phänomen aus den verschiedensten Sichtweisen beschreiben. Manche geben Ratschläge, was man als Eltern oder Lehrer tun kann, andere lassen Sie einfach an Erfahrungen teilhaben, um zu zeigen, was vor sich geht.

In unserem ersten Indigo-Buch haben Jan und ich unsere Hoffnung geäußert, dass Leute, die professionell mit Kindern arbeiten, eines Tages das Indigo-Phänomen ernst nehmen. Damals stammten alle unsere Geschichten von Eltern. Aber wir brauchten geschulte Leute, die sich darüber äußern. Nun, hier tun sie es (deshalb ist das erste Kapitel auch das längste).

Sie werden auch bemerken, dass wir diesmal etwas internationaler an die Sache herangehen. Wenn es ein Bewusstseinswandel der Menschheit ist, findet er überall auf der Welt statt und ist bei Kindern aller Länder zu beobachten. Wahrlich, so ist es, und wir erzählen auch davon.

Wir wollen Nancy Tappe selbst zu Wort kommen lassen. Dieses kurze Interview wurde von Jan Tober speziell für dieses Buch geführt.

Interview mit Nancy Ann Tappe
von Jan Tober

J: Ich möchte dich gerne etwas über die Kristallkinder und die Goldenen Kinder fragen. Siehst du sie als neue Farben?
N: Ich weiß nichts über die Kristallkinder oder Goldenen Kinder.
J: Weißt du, dass es Leute gibt, die diese Farben sehen?
N: Ich sehe nur Indigo. Am Anfang hatte ich das Gefühl, dass es zwei Farben wären, aber bis jetzt habe ich nur eine gesehen.

J: Und das ist Indigo?

N: Ja, Indigo.

J: Soviel wir wissen, gibt es also nur Indigo?

N: Ja, nur Indigo, aber innerhalb der Indigo-Dynamik gibt es zwölf Persönlichkeiten. Innerhalb der Farbe gibt es vier Kategorien und in jeder Kategorie gibt es drei Persönlichkeitstypen.

J: Wir würden gerne etwas über dein intuitives Gefühl erfahren, was die Indigo-Erfahrung für die Menschheit in Zukunft bedeuten wird.

N: Sie werden den Verlauf der Geschichte unserer Welt verändern. Wir sind alle mit der Ansage aufgewachsen: »Frag nicht, sag nichts.« Wir sind mit Sachen durchgekommen und dachten, wenn niemand etwas sagt, dann wird es schon so in Ordnung sein. Als Heranwachsende vertrauten wir unseren Regierenden und Autoritäten. Die Indigos tun das nicht. Sie äußern sich ohne Umschweife und wollen direkte Antworten. Sie werden das Wertesystem der Welt wandeln. Und die Indigos sind international, es wird also die Globalisierung fördern. Wir können es heute schon sehen. Vor dreißig Jahren gab es das noch nicht, dass Kinder so selbstverständlich mit oder ohne Eltern durch die Welt reisten.

J: Nancy, wir wüssten gerne, wie groß der Indigo-Anteil bei den Kindern unter zehn Jahren ist.

N: Siebenundneunzig Prozent der Kinder unter zehn sind Indigos und sechzig Prozent der Kinder über 15 Jahren.

J: Wie alt ist der älteste Indigo, den du je getroffen hast?

N: Der älteste ist 38 oder 39; aber in der Schweiz habe ich eine 41-jährige Frau gesehen, die als Baby allerdings fast gestorben wäre. Sie kommen seit ungefähr 45 Jahren, aber am Anfang kamen sie nur sporadisch. Viele sind innerhalb der ersten fünf Lebensjahre gestorben. Um zu überleben, haben manche andere Lebensfarben angenommen und nur eine Schicht Indigo darübergelegt.[3]

J: Also haben viele Leute, die fühlen oder sagen, sie seien Indigos, vielleicht einen solchen »Indigo-Überzug«?

N: Ja, und manche sind auch »Möchtegerne«. Es entspricht der menschlichen Natur, immer mehr sein zu wollen, als man ist. Und da wir die Indigos als »höher entwickelt« betrachten, ist die Versuchung groß, das als Lebensfarbe haben zu wollen. Ich will damit niemanden herabsetzen. So sind wir Menschen nun mal. Ich möchte gerne reich sein, bin es aber nicht. Wir alle haben unsere »Möchtegern«-Themen.

J: Inzwischen sind sieben Jahre vergangen. Was ist dein Rat für die Eltern von Indigo-Jugendlichen?

N: Reden Sie mit ihnen. Behandeln Sie sie, als hätten sie ein Hirn im Kopf, auch wenn es so scheint, als hätten sie keines. Fragen Sie sie nach dem Wo, Wie und Wann. Man hat eine Untersuchung über Jugendliche gemacht: Wie hängt die Art, wie man mit ihnen spricht, mit ihrer Reaktion zusammen? Man hat herausgefunden, dass sich die Jugendlichen überaus intelligent äußern, wenn man mit ihnen auf gleicher Ebene kommuniziert und nicht als Autorität – also als Eltern, Lehrer oder dergleichen. Sowie man jedoch mit ihnen von oben herab spricht oder sie ausfragt, reagieren sie oberflächlich oder weichen auf die »verbotenen« Bereiche aus, nach dem Motto »Ich mag nun mal lauter verrückte Sachen machen«. Oder sie fangen an, in abstrakter, unverständlicher Jugendsprache zu reden. Heute Morgen habe ich ein Interview mit Shaun White aus Carlsbad, Kalifornien, gesehen, der gerade eine Goldmedaille im Snowboarden gewonnen hatte. Der Interviewer merkte an, dass Shaun weinte. Shaun sagte: »Meine Mutter hat geweint, mein Vater hat geweint, und ich weine auch.« Er war sehr offen. Ich glaube, er ist 23 Jahre alt und auch ein Indigo. Wir werden viele hervorragende Leistungen sehen. Wenn die Indigos etwas tun, dann tun sie es gründlich, sei es auf produktive oder aber auf destruktive Weise.

J: Das führt uns zur nächsten Frage. Ich weiß, dass du vor Kurzem bei einer Aufführung des Indigo-Dokumentarfilms zu Gast warst. Was meinst du zu dem Film?

N: Er gefiel mir sehr viel besser als der erste.

J: Du meinst den Spielfilm *Indigo* mit Neale Donald Walsch?

N: Ja, der hatte nichts mit Indigos zu tun. Er zeigte ein extrem altkluges Kind, das zufällig auch medial veranlagt war. Kinder laufen nicht herum und nennen Erwachsene »interdimensional zurückgeblieben«. Sie kennen solche Worte gar nicht. Das hat halt jemand ins Skript geschrieben.

J: Ich glaube, als die Leute den ersten Indigo-Film sahen, empfanden sie eine gewisse Frustration und wollten mehr über die Indigos wissen. Deshalb entstand die Dokumentation.

N: Ja, und ich hielt sie für viel besser, weil die Filmemacher die Kinder nicht in eine bestimmte Rolle gedrängt haben. Die Kinder konnten in ihren eigenen Worten sprechen. Das hat mir gut gefallen. Es gab jedoch noch viele Lücken.

J: Was für Lücken?

N: Das Thema wurde nicht vollständig dargestellt. Es gab zum Beispiel keine Einführung.

J: Ich zitiere mal aus der Podiumsdiskussion, an der wir beide und verschiedene andere, darunter die Filmemacher, teilnahmen. Du sagtest: »Der Film zeigte nur eine Seite. Er hat nicht die dunkle Seite gezeigt, nur die lichtvolle.«

N: Ja, alles hat eine dunkle und eine lichtvolle Seite. Wir müssen uns klarmachen, dass wir heute in einer Welt leben, in der die Dinge anders sind als in der Vergangenheit. Früher haben die Leute geheiratet, ihre Kinder großgezogen und sind zusammengeblieben, auch wenn sie sich nicht geliebt haben. Sie haben die Verantwortung übernommen und sind dabei geblieben. Heute gehören zu manchen Familien drei oder vier verschiedene Partner; das bringt mehr unterschiedliche Einflüsse in die Dynamik. Wir müssen uns auch die psychologischen Auswirkungen versus den esoterischen Prozess anschauen, der hier vor sich geht. In jedem Haushalt finden beide statt, ob die Familie an diese Vorgänge glaubt oder nicht.

J: Wenn es die Indigos also zu Hause schwerer gehabt haben ...

N: ... dann behindert das ihren Entwicklungsprozess.

J: Vielleicht auch die Art, wie sie Dinge verarbeiten?

N: Ja, es beeinflusst die Art, wie sie Dinge verarbeiten und/oder wie sie sich in der Welt zum Ausdruck bringen. Wir haben es schon erlebt, dass sie auch gefährlich werden können.

J: Kannst du erklären, was du damit meinst?

N: An der Columbia Highschool haben Kinder andere Kinder umgebracht; jetzt haben wir gerade erlebt, dass ein Vierzehnjähriger seine Eltern erschossen hat. Ich kann mich nicht an die ganzen Geschichten erinnern, aber es gibt viele Beispiele für diese Dynamik. Dreizehnjährige laufen von zu Hause weg. Die Kinder verwildern, weil ihnen die elterliche Führung fehlt. Wir haben Eltern, die nicht wissen, wie man sich als Eltern verhält, weil sie es selbst nicht erlebt haben. Das hat natürlich mit der Nachkriegszeit zu tun, als die Eltern so mit Arbeiten beschäftigt waren, um irgendwie erfolgreich zu sein. Doch das ist nicht das Programm der Indigos und wenn sie damit konfrontiert werden, werden sie sehr zornig.

J: Wenn wir also die Eltern bitten, ihre Kinder mit Respekt zu behandeln und ihnen zuzuhören, heißt das: Wenn sie es nicht tun, reagieren diese Kinder möglicherweise mit extremen Verhaltensweisen?

N: Ja, das stimmt. Wir hatten auch Extreme, jede Generation hat sie. Es sind die lichte und die dunkle Seite, Plus und Minus. Doch diese Kinder neigen eher zu extremen Reaktionen. Sie können sehr dramatisch sein. In unserer Generation haben wir gelernt, uns hinzusetzen und den Mund zu halten. Diese Kinder können das nicht. Sie sehen eine Situation und wollen, dass sie sich verändert. Und sie empfinden keine Schuld im Hinblick darauf, wie diese Veränderung herbeigeführt wird. In der

Indigo-Dokumentation haben sie nur die lichte Seite gezeigt. Das war sehr schön – als die Musik spielte und das kleine Kind mit Downsyndrom zu tanzen versuchte ... Sehr bewegend. Die Wahrheit ist, dass wir drei verschiedene Typen haben: die Wütenden, die meinen, das soziale Leben habe ihnen nicht das gegeben, was sie erwarten; jene, die es trotz allem schaffen werden; und jene, die mit körperlichen Herausforderungen hierhergekommen sind. Viele Indigos bringen einzigartige Zustände und Beschwerden mit, was der Medizin einige Aufgaben stellt, deren Lösungen zum Fortschritt der menschlichen Gesundheit beitragen werden.

J: Zum Beispiel die enorme Zunahme von Autismus?

N: Nun, es scheint weniger eine Zunahme von Autismus zu sein als eine *Umetikettierung* der Psychologen in *Autismus*.

J: Nancy, um das noch mal klarzustellen: Du sprichst darüber, dass du Farben um Personen siehst und bei Indigos eben eine bestimmte Farbe. Du verbindest das mit bestimmten psychologischen und physiologischen Aspekten. Bist du ein außerordentlich intuitiver Mensch, Nancy?

N: Ja, aber meine spezielle Art, Farben zu sehen, hängt mit meiner Synästhesie zusammen, nicht mit meiner Intuition.

J: Kannst du das bitte erklären?

N: Meine neurologische Fehlfunktion namens Synästhesie bewirkt, dass ich auf besondere Weise Farben sehe und Formen schmecken kann. Bei Synästhesie verbinden sich zwei Sinne und erzeugen eine Art sechsten Sinn. Man hat immer noch fünf Sinne, aber bei zweien ist etwas hinzugefügt. In meinem Fall sind das Geschmack und Sehen. Wenn du gegessen hast, hast du entweder einen sauren, einen süßen oder einen bitteren Geschmack im Mund. Wenn ich gegessen habe, habe ich Quadrate, Kreise und Dreiecke.

J: Wenn du Farben siehst, siehst du dann ein farbiges »Feld«?

N: Ja, mit meinen Augen. Ich war mal in Sedona und besuchte

eine Freundin. Wir saßen im Restaurant und aßen zu Mittag. Ich schaute nach draußen und sagte: »Na, das ist aber ein oranger Tag heute.« Sie fragte mich, wie ich das sehe, und ich sagte: »Mit meinen Augen.«

J: Es ist also für dich die natürliche Art zu sehen. Du musst irgendwann gemeint haben, dass alle so sehen.

N: Ich wurde damit geboren. Ich weiß nicht, woher das kommt. Es gehört einfach zu mir. Die Leute bitten mich, ihnen beizubringen, diese Farben zu sehen, aber das kann ich nicht. Es ist eine körperliche Fähigkeit, keine psychische.

J: Du wolltest mal Pilotin werden? Warst du bei der Air Force?

N: Nein, ich war bei der Armee. Ich wollte privat Flugstunden nehmen und sie meinten, ich sollte zuerst in einem Segelflieger fliegen. Also absolvierte ich den Segelflug und ließ mich dann vom Arzt untersuchen. Er fragte, ob ich gut sehen könne, und ich antwortete: »Meistens.« Sie lehnten meine Zulassung ab, weil sie beim Augentest die Sache mit der Synästhesie herausfanden.

J: Viele meinen, für die Existenz der Indigos gebe es keine wissenschaftlichen Beweise. Sie glauben, es sei nur die Idee von ein paar Medien, die eben Aurafarben sehen. Aber du siehst es ohne jede übersinnliche Wahrnehmung, stimmt's?

N: Ich bin sicher, wenn man erst herausfindet, was es mit der Synästhesie auf sich hat, wird sich das Phänomen nicht unbedingt gegen die Esoterik abgrenzen, sondern eher mit der Wissenschaft verbinden lassen. Wissenschaft und Parapsychologie beginnen sich schon zu vermischen. Man hat viele Menschen mit Synästhesie getestet: Es gibt darunter nicht zwei, die genau das Gleiche sehen. Sie sehen zum Beispiel alle Farben, aber auf unterschiedliche Art. Ich habe da etwas Lustiges erlebt: Vielleicht habe ich dir schon erzählt, dass ich eine Fernsehshow über Synästhesie gesehen habe, zusammen mit einer Freundin. Wenn du eine Seite in einem Buch siehst, siehst du die Buchstaben wahrscheinlich in Schwarz. Nun, ich sehe sie in verschiedenen Farben. Manchmal hat ein Buchstabe eine bestimmte Farbe, manchmal ein ganzes Wort. Ich spreche Worte wegen dieser verschiedenen Farben oft falsch aus oder übersehe eine Silbe. Der Moderator fragte eine Frau, wie der Buchstabe A für sie aussehe. Sie sagte: »Er hat eine sehr hübsche hellblaue Farbe.« Dann fragten sie andere Synästhetiker und erzählten von dem Hellblau, das die Frau beschrieben hatte. Die zweite Person sagte: »Das stimmt nicht, es ist ein leuchtendes Rosa.« Ich wandte mich meiner Freundin zu und meinte: »Die haben beide unrecht, es hängt vom Inhalt des Satzes ab!«

J: Nur um das noch mal zu bestätigen: Innerhalb deines Farbsystems und der Art, wie du siehst, hast du bis jetzt Indigo als einzige neue Farbe wahrgenommen?

N: Ja, das stimmt. Die anderen Farben, die auftreten, sind sehr vereinzelt, in unbedeutender Menge.

J: Kannst du etwas über die Indigos und ihren Syllabus sagen? [*Anmerkung:* Der Begriff *Syllabus* wurde von Nancy in der Vergangenheit im Kontext von »die Indigos erhalten ihren Syllabus« verwendet. Das bedeutet, dass sie ihre Liste oder intuitive Richtlinie dessen erhalten, wer sie sind und was als Nächstes zu tun ist.] Ich meine, du hättest gesagt, dass viele von ihnen nicht so recht wissen, was ihr Syllabus ist. Stimmt das?

N: Oh, das stimmt, und sie werden es noch etwa ein Jahr lang nicht wissen [vom Zeitpunkt des Interviews an]. Ich nenne die Art, wie sie es aufnehmen, »Tröpfchenernährung«. Ab und zu haben sie ein Aha-Erlebnis. 2008 fangen sie an, sich professionell in alle wichtigen Bereiche einzubringen: Wirtschaft, Medizin, Recht, Politik. In der Politik habe ich ein besonderes Auge auf Barack Obama, den Kongress-Abgeordneten von Illinois. Er ist der einzige Indigo im Kongress [nach Nancys Wahrnehmung].[4]

J: Wie alt ist er?

N: Er ist schon im richtigen Altersbereich, auch wenn ich nicht genau weiß, wie alt er ist. Ich beobachte ihn, er redet sehr direkt. Tiger Woods ist auch ein Indigo.

J: Was meinst du: Welche Schwierigkeiten werden Indigos am Arbeitsplatz haben?

N: Sie reden frei von der Leber weg, sehr direkt, auch mit Leuten, die das nicht erwidern.

J: Was wäre dein Rat für einen Arbeitgeber, der Indigos anstellt?

N: Hören Sie ihnen zu. Sie müssen sich nicht danach richten, was sie sagen, aber hören Sie wenigstens zu. Reden Sie mit ihnen. Hören Sie auf ihre Ideen und schauen Sie dann, was Sie davon umsetzen können und was nicht. Geben Sie ihnen Anerkennung. Was die Indigos wirklich nicht vertragen, ist Herablassung. Sie wollen geradlinig behandelt werden. Nur weil Sie zwanzig Jahre älter sind, stehen Sie noch nicht über ihnen. Nur weil Sie zufällig der Chef der Firma sind und ich zufällig der Hausmeister, haben Sie noch lange nicht mehr Autorität als ich. Aus der Sicht der Indigos muss Hochachtung erst einmal verdient werden. Man hat keinen Anspruch darauf.

J: Ich ziehe daraus den Schluss, dass Indigos nicht unbedingt damit zufrieden sind, sich in einem Betrieb hochzuarbeiten.

N: Nun, ihr grundlegender Syllabus drängt sie nicht dazu, Workaholics zu sein. Sie wollen Urlaub machen und sie wollen für das, was sie tun, auch bezahlt werden. Sie bringen nicht einfach Opfer zum Wohl der Firma. Ihre Eltern mussten sich vielleicht trennen, um zu arbeiten. Sie können das nicht verstehen. Sie wollen arbeiten und Geld verdienen, aber sie wollen dafür nicht ihr Leben opfern, wie es ihre Eltern gemacht haben.

J: Wir haben in einem früheren Buch schon einmal darüber gesprochen, aber ich möchte noch einmal auf das Gleichgewicht zwischen rechter und linker Gehirnhälfte bei den Indigos zurückkommen.

N: Bei den Indigos sind die Gehirnhälften viel ausgeglichener – sehr viel ausgeglichener.

J: Aber sie kommen in eine Gesellschaft, die sehr auf die linke Gehirnhälfte fixiert ist.

N: Genau. Man hat uns auch erzählt, dass wir unsere rechte Gehirnhälfte nicht viel brauchen. Doch in Wahrheit setzen wir immer alles ein.

J: Die rechte Gehirnhälfte ist unsere kreativere Seite, richtig?

N: Genau, und sie ist unbewusst. Die linke Hälfte ist linear und bewusst.

J: Nancy, hast du noch Fragen oder Anmerkungen, die in diesem Gespräch noch nicht berücksichtigt wurden?

N: Zwei Sachen: Erstens wird es eine ganze Reihe von Ansichten dazu geben, wer Indigos sind, was sie sind und was sie tun werden. Meiner Meinung nach ist das gut, denn wenn nur ein Mensch über alle Informationen verfügte, würde man ihn auf ein Podest stellen. So können sich Eltern die verschiedenen Informationen anhören und zu ihren eigenen Schlüssen kommen. Ich habe mal zu einer Frau in der Schweiz gesagt. »Es ist wichtig, dass Sie sich immer wieder daran erinnern, dass Sie die Mutter dieses Kindes sind.« Hören Sie auf Ihr Herz, hören Sie auf die Bedürfnisse Ihres Kindes, versuchen Sie, diese Bedürfnisse zu erfüllen oder mit dem Kind in diese Richtung zusammenzuarbeiten.

J: Ja, die Kinder sagen es uns, stimmt's?

N: Ja, sie sind sehr ehrlich, sie sagen genau, was sie brauchen. Wir haben diese schreckliche Neigung, etwas sein zu wollen. Wir wollen, dass unser Kind das Beste ist, damit wir stolz sagen können: Das ist mein Kind! Wir wollen nicht das Gefühl haben, unser Kind schafft vielleicht die Schule nicht, oder dergleichen. Und zweitens lernen diese Indigo-Kinder sehr viel besser daheim als in der traditionellen Schule.

J: Warum?

N: Zu Hause haben sie Zeit, sich einer Sache zu widmen. Die meisten Schulstunden dauern 45 Minuten. Wer dann nicht fertig ist, hat Pech gehabt – auf geht's zum nächsten Unterricht. Wenn dann das Fach wieder an die Reihe kommt, braucht das Kind eine Viertelstunde, um wieder hineinzufinden, und hat dann noch eine halbe Stunde Zeit, den Stoff von 45 Minuten zu verarbeiten. Das ist schwer für die Lehrer und schwer für die Schüler. Um überhaupt mitzukommen, müssen sie oft nacharbeiten oder abschreiben. Wenn die Kinder dagegen zu Hause unterrichtet werden, können sie vormittags ein Fach behandeln und nachmittags ein anderes und haben die Chance, ein Thema zu Ende zu bringen. Wir müssen in unser Schulsystem eine Möglichkeit einbauen, dass die Kinder lernen können, etwas vollständig zu machen. Das fehlt. Wir haben gelernt, die eine Sache fallen zu lassen und etwas anderes aufzunehmen, und auch das wieder fallen zu lassen und jenes aufzunehmen.

J: Gibt es noch etwas, das du uns mitteilen möchtest?

N: Wir müssen offen bleiben. Die Indigos sind anders; sie sind die Zukunft. Sie werden entscheiden, was aus uns wird oder nicht. Im Nahen Osten, im Iran, in Palästina, im Irak sehen wir Kinder, die auf den Straßen kämpfen, zornige Kinder. Das ist die andere Hälfte. Ihre Umwelt hat ihnen beigebracht, den Feind zu hassen. Sie haben es von uns gelernt, von den Eltern.

J: Das macht deutlich, wie sehr sie ein Spiegel unseres allgemeinen Denkens sind.

N: Richtig, sie zeigen uns unsere Fehler.

J: Wie du sagst: Wir müssen uns klarmachen, dass sie unsere Zukunft sind.

N: Ja, und sie werden die Welt verändern. 2018 wird diese Welt nicht mehr die Welt sein, in der wir aufgewachsen sind.

J: Wir müssen sie verstehen und mit ihnen zusammenarbeiten.

N: Ja, aber wir müssen auch erkennen, dass wir selbst uns verändern. Wir müssen uns mit ihnen hinsetzen und sagen: »Ich weiß, dass du dich veränderst, aber wir verändern uns auch. Wie können wir einander helfen, durch diese Zeit des Wandels hindurchzugehen?«

1

Beobachtungen von Erziehern und Pädagogen

> *»Wir müssen die Veränderung sein,*
> *die wir in der Welt sehen wollen.«*
> MAHATMA GANDHI

Jan und ich laden Sie ein, die Qualifikationen und Erfahrungen der Autoren unserer Beiträge selbst zu überprüfen. Viele sind in der Lehrerausbildung tätig und gleichzeitig Autoren. Wer in höheren Stufen der Erziehung arbeitet, kann inzwischen von neuen Erfahrungen mit dem neuen Bewusstsein der Kinder und jungen Erwachsenen berichten.

Falls Sie immer noch daran zweifeln, ob es das Indigo-Phänomen wirklich gibt, werden die Worte dieser College-Professoren und ausgebildeten Pädagogen Sie vielleicht überzeugen. Schauen Sie sich deren Empfehlungen gut an. Dieses Buch konzentriert sich zwar auf das Thema der Indigo-Jugendlichen, aber es werden immer noch viele Indigo-Kinder geboren, es geht also auch um kleine Kinder.

Jan und ich atmen an dieser Stelle noch einmal tief und erleichtert durch und sagen: »Gott sei Dank! Endlich melden sich die Pädagogen zu Wort, deren Glaubwürdigkeit einen großen Beitrag leisten könnte.«

Die Indigo-Kinder
von Jill S. Porter

Jill S. Porter ist Professorin für Pädagogik und Bereichsleiterin an der Alliant International University von San Diego in Kalifornien. Als Grundschullehrerin hat Jill Strategien zur Friedenserziehung eingeführt, um Einheit in der Vielfalt zu fördern. Für ihre Projekte zum kulturellen Bewusstsein in einer vielfältigen Schülerschaft erhielt sie verschiedene Auszeichnungen, unter anderem den Crystal Apple Award und den Saraswati Award for Teaching Excellence. In der Zeit der Angriffe vom 11. September machte sie in Ägypten so überwältigend positive Erfahrungen, dass sie zu einer internationalen Anwältin für Friedenserziehung im Klassenzimmer wurde. Ihre Vorträge führten sie nach Europa und Russland. Ihr Projekt »Building Paths to Peace« lehrt Erzieher und Pädagogen aller Altersstufen, wie sie ein friedvolles Lernumfeld herstellen können. Ihre Arbeit wurde in diversen internationalen Magazinen präsentiert; im Juni 2008 konnte sie sie persönlich an der Universität von Pretoria, Südafrika, vorstellen.

Jill lebt in Escondido, Kalifornien, zusammen mit ihrem Mann Russ, ihrem Sohn Will, dem Golden Retriever Socrates und der Katze Aristotle. Sie genießt es, ihrem ersten Enkel William Anthony Reitsma (Sohn ihrer Tochter Ashly und ihres Schwiegersohns David Reitsma) eine frisch gebackene »Glamma« (Grandma) zu sein.

Kinder sind eine Feier des Lebens. Sie sind eine Kombination unserer Hoffnungen und Ängste, Frustrationen und Freuden, unserer Vergangenheit und Zukunft, alles hineingepackt in Wesen, die in unsere Obhut gegeben werden. Leider werden sie ohne klare, verständliche Gebrauchsanleitung geliefert. Als Eltern und Erziehende haben wir daher unsere liebe Mühe mit ihnen. Wir bemühen uns, auch in den extremen Eigenschaften, die bei Indigo-Kindern oft vorkommen, einen Sinn zu erkennen. Wenn wir sie verstanden haben, besteht unsere Herausforderung darin, die Indigos durch diesen verrückten Zustand zu leiten, den wir Leben nennen. Mein Ziel ist es, Eltern, Erziehern und Pädagogen ein gewisses Verständnis zu vermitteln und Strategien an die Hand zu geben, die ihnen in diesem Bemühen helfen könnten.

Um ein gemeinsames Verständnis zu entwickeln, ist es hilfreich, sich über die Bedeutung der Begriffe einig zu sein. Im Rahmen dieser Ausführungen sollen die folgenden Definitionen gelten:

Eltern: Alle Personen, die als hauptsächliche Bezugs- und Fürsorgeperson des Indigos gelten. Dazu können Vater und Mutter gehören, aber auch Onkel, Tante, Großeltern und dergleichen.

Erziehende: Alle Personen aus dem akademischen Bereich. Dazu können Eltern und Lehrer zählen, aber auch Schulverwaltung und andere Angestellte der Schule bis hin zur Sekretärin und zum Hausmeister. Ein Erzieher ist jeder, der die Indigos auf ihrer Suche nach Verständnis, Wissen und Sinn begleitet und unterstützt.

Die Rolle der Erziehenden wird sehr bedeutsam, weil die Indigos sich sehr klar darüber sind, wer sie sind und warum sie hier sind. Die alten Strategien bauen darauf, dass ein Kind wie ein leeres Blatt ist, das darauf wartet, beschrieben zu werden. Doch sie funktionieren hier nicht mehr. Die Rolle des modernen Erziehers entspricht eher der eines Führers oder Begleiters. Es liegt in unserer Verantwortung, die Indigos dahin zu führen, dass sie in einem strukturierten und sicheren Lernumfeld wohlinformiert positive Entscheidungen zu fällen lernen. Kommunikation ist daher von höchster Bedeutung. Das ist eine schwierige Aufgabe, denn Erzieher wissen nicht immer, wo die Bedürfnisse des Kindes liegen. Hinzu kommt, dass sich Indigos zwar nicht scheuen, den Mund aufzumachen, aber häufig nicht in der Lage sind oder es nicht gelernt haben, sich so mitzuteilen, dass es die Erwachsenen verstehen. Es gibt daher oft eine Anpassungsperiode, in der die Erzieher und die Indigos erst einmal lernen, effektiv miteinander zu kommunizieren. Während dieser Zeit kann auf beiden Seiten erhöhte Frustration entstehen.

Die Erziehenden müssen zu Phänomenologen werden. Phänomenologie gilt in der Regel entweder als ein Bereich der Philosophie beziehungsweise als eine Bewegung in der Geschichte der Philosophie, oder als eine Disziplin im Bereich der Erziehungswissenschaften, in der man sich mit den *Strukturen der Erfahrung oder des Bewusstseins* befasst. Es ist also die Wissenschaft der Phänomene: der Erscheinung der Dinge, wie wir sie erfahren, oder der Bedeutung, die Dinge in unserer Erfahrung haben. Die Phänomenologie erforscht die bewusste Erfahrung aus der Sicht der ersten Person. Der Erzieher wird zum subjektiven Beobachter. Als Bereich der Philosophie unterscheidet sich die Phänomenologie unter anderem von der Ontologie (der Wissenschaft des Seins), der Epistemologie (der Wissenschaft des Wissens), der Logik (der Wissenschaft der Vernunft) oder der Ethik (der Wissenschaft des richtigen und falschen Handelns).

Die Phänomenologie im Bereich der Erziehungswissenschaften befasst sich mit den Strukturen verschiedener Arten von Erfahrungen – das reicht von Sinneswahrnehmungen, Denken, Gedächtnis, Vorstellungskraft, Gefühlen, Verlangen, Willenskraft bis hin zu körperlichen Wahrnehmungen, körperlichem Handeln, sozialer Aktivität und linguistischer Aktivität. Sie versucht, in diesen Erfahrungstypen Muster zu erkennen. Ist ein Muster erkannt, bestimmt der pädagogische Phänomenologe, ob es sich um ein positives oder negatives Muster handelt. Als positive Muster gelten alle, die Wissen, Lernen und Sinnfindung fördern. Negative Muster können zwar sinnvoll erscheinen, behindern jedoch die Zunahme von Wissen und Lernen. Wenn der Lernstil des Kindes erkannt wurde, können positive Muster verstärkt und gefördert werden, während negative umgelenkt oder vermindert werden, damit Lernen stattfindet und Wissen angeeignet wird.

Es gibt Strategien, mit deren Hilfe Eltern und Erzieher den Indigos helfen können, positive Entscheidungen zu treffen. Die folgenden Ideen mögen dabei einen Ansatzpunkt bieten. Sie sollen helfen, einen Dialog in Gang zu setzen, der das Verständnis des Indigo-Phänomens fördert. Ich habe zwei Kategorien gebildet – Eltern und Erziehende –, die sich jedoch vielfach überschneiden.

Eltern

Mutter oder Vater zu werden gehört zu den schwierigsten und lohnendsten Entscheidungen, die ein Mensch treffen kann, denn Eltern zu sein heißt, loslassen zu lernen. Solange die Kinder klein sind, schützen effektive Eltern ihre Kinder und versuchen ihnen gleichzeitig beizubringen, die Welt um sie herum zu erfahren, darin zu funktionieren und ihr Bedeutung zu verleihen. Wenn die Kinder anfangen, laufen zu lernen, erlauben die Eltern, dass sie sich an ihren Händen festhalten. Wenn die Kinder weiterwachsen und sich entwickeln, lassen die Eltern geduldig und behutsam zu, dass die Kinder alleine laufen, in dem vollen Bewusstsein, dass sie hinfallen und sich wehtun werden. Wenn das geschieht, leiden wir mit den Kindern mit. Aber wenn sie dann ihre ersten Schritte machen, fühlen wir uns, als hätten sie den höchsten Berg erklommen. Und wenn sie größer werden, leiden wir unter den negativen Entscheidungen, die sie treffen, und lassen uns davon frustrieren. Vielleicht vergießen wir Tränen und fragen uns, was wir falsch gemacht haben. Aber wir dürfen uns auch über die positiven Entscheidungen freuen, die sie treffen. Dann feiern wir. Wir dokumentieren ihre großen Ereignisse, ihre Geburtstage, Einsegnungen, Schulabschlüsse,

Hochzeiten und lesen immer wieder begierig alle möglichen Hinweise, die uns helfen könnten, mit dem Prozess besser zurechtzukommen.

Hier sind ein paar Strategien, die Ihnen bei Ihren Kindern helfen könnten (ich verwende den Plural, um komplizierte *sie/er*-Konstruktionen zu vermeiden):

Halten Sie in Ihrem eigenen Leben und im Leben Ihrer Indigos Ausschau nach Mustern. Versuchen Sie, von Anfang an positive Muster zu etablieren. Zum Beispiel ist es inzwischen bekannt, dass viele amerikanische Kinder übergewichtig sind. Man weiß auch, dass eine gute Ernährung die Lernfähigkeit fördert. Sorgen Sie also für gute, gesunde Essgewohnheiten, die für Ihre Kinder zu einer positiven Erfahrung werden. Damit haben sie bessere Chancen, kein Übergewicht zu entwickeln, und sind besser auf das Lernen vorbereitet.

Hören Sie auf sich selbst und auf Ihre Kinder. Wenn Sie sich selbst beispielsweise ständig heruntermachen, werden Ihre Kinder wahrscheinlich lernen, sich selbst und andere ebenfalls gering zu schätzen. Sie sollten zum besten Vorbild und Coach Ihrer Kinder werden. Außerdem sollten Sie Ihren Kindern *zuhören,* in strukturierten Situationen genauso wie in chaotischen. Indigos haben nicht die gleiche Zeit- und Realitätswahrnehmung wie wir. Die imaginativen Spielkameraden Ihres Kindes sind vielleicht gar keine Fantasiegebilde, und Ihre Indigos verstehen überhaupt nicht, warum Sie sie nicht sehen. Bleiben Sie offen für andersartige Erfahrungen. So werden Sie zu einem aktiven Teilnehmer der Erfahrungen und können Ihrem Kind helfen, sie zu verstehen.

Lesen Sie Ihren Kindern vor, denn sie haben einen wundervoll offenen Geist. Es gibt viele Bücher, die den Kindern helfen können, sich im Leben zurechtzufinden. *My Life as a Furry Red Monster* von Kevin Clash erzählt zum Beispiel die wundervolle Geschichte von Elmo und ist besonders für kleinere Kinder geeignet, denn es betont und erklärt die Ideale, die auch den Indigos sehr wichtig sind. Für Kinder jeden Alters sind die Bücher Dan Millmans vom friedvollen Krieger ganz wunderbar.

Stellen Sie für Ihre Indigos Regeln mit positiven und negativen Konsequenzen auf. Sie können sich diese Strategie wie ein Spektrum vorstellen, das zwischen Totalitarismus auf der einen Seite und Apathie auf der anderen Seite liegt. Sie haben sicher schon Eltern erlebt, die so in das Leben ihrer Kinder involviert sind, dass sich die Kinder davor fürchten, eigene Entscheidungen zu treffen. Und Sie kennen sicher auch Mütter und Väter, die versuchen, ihrem Kind der beste Freund oder die beste Freundin zu sein. In beiden Fällen können die Kinder keine selbstständigen Entscheidungen fällen. Effektive Regeln bewegen sich irgendwo dazwischen. So können die Kinder ihre eigenen Erfahrungen machen und sich gleichzeitig in einer strukturierten Umgebung sicher aufgehoben fühlen.

Stellen Sie sich selbst, der Schulleitung und dem Lehrerkollegium und dem Klassenlehrer Fragen, wenn Ihre Kinder in die Schule kommen! Finden Sie heraus, nach welcher Philosophie dort gearbeitet wird, und prüfen Sie, ob diese im Einklang mit Ihren eigenen Überzeugungen steht. Die Lehrer und die Einrichtung werden in genau den Jahren, in denen das Kind besonders formbar ist, einen großen Einfluss auf Ihr Kind haben. Die meisten Indigos fühlen sich in einem *konstruktivistischen* Lernumfeld am wohlsten. Der konstruktivistische Ansatz beruht auf folgenden Grundsätzen: Wissen entsteht aus Erfahrung, Lernen ist eine persönliche Interpretation der Welt und ein aktiver Prozess der Sinnfindung, der auf Erfahrungen beruht. Das Lernen sollte in einem aufgabenbezogenen Umfeld stattfinden; Prüfungen sollten in die Lernaufgaben einbezogen sein und nicht separat stattfinden. Der Lehrplan sollte auf den Lernprozess des Kindes Rücksicht nehmen.

Sprechen Sie mit Ihren Kindern und mit den Erziehern. Besuchen Sie ruhig ab und zu überraschend den Unterricht, wenn die Lehrer damit einverstanden sind. Halten Sie sich dabei jedoch aus dem Verhalten Ihres Kindes heraus.

Ich habe es zum Beispiel erlebt, dass eine Mutter unseren Unterricht in der siebten Klasse besuchte. An diesem Tag machten die Kinder ein Kunstprojekt: Sie bastelten und bemalten urtümliche Masken. Die Mutter fand die Maske ihres Sohnes nicht schön genug und wollte sie in der Mittagspause verbessern. Sie verstand nicht, warum ich sie daran hinderte. Sie begriff nicht, dass es in der ganzen Sache darum ging, die Freude des schöpferischen Tuns zu erfahren.

Bleiben Sie in jedem Alter an den Aktivitäten Ihres Kindes interessiert. Auch Oberstufenschüler suchen das Publikum noch danach ab, wo ihre Eltern sitzen.

Erziehende

Genauso wie die Entscheidung, Eltern zu werden, zu den schwierigsten und lohnendsten gehören kann, führt auch die Entscheidung, Erzieher oder Pädagoge zu werden, in ein ähnliches Spektrum. Diese Männer und Frauen widmen ihr Leben dem Pflanzen von Samen, die sie in der Regel nie Frucht tragen sehen. Sie versuchen, ihre Ideale aufrechtzuerhalten, auch wenn sie mit extremem Gegenwind konfrontiert werden. Sie sind sich bewusst, dass sich ihr Gehalt kaum mit dem vergleichen lässt, was andere mit einer ähnlich langen Ausbildung verdienen.

Aus eigener Erfahrung weiß ich, dass wir Pädagogen in einer Welt der Paradoxien und Paradigmen leben. Man erwartet von uns, dass wir uns ständig dem neuesten Standard anpassen. Und wenn wir gerade meinen, wir hätten es ganz gut in den Griff gekriegt, kommen unsere Schüler in die nächste Klasse und wir fangen mit neuen Schülern wieder ganz von vorne an.

Als Pädagogen versuchen wir immer, alle Möglichkeiten im Auge zu behalten. In dem Mädchen, das sich so fürsorglich um das Klassentier kümmert, sehen wir schon die zukünftige Veterinärin, und in dem Jungen, der immer die Blumen gießt, einen Botaniker. Wir trauern um jeden Schüler, den wir an Missbrauch, Drogen oder Alkohol verlieren. Aber wir versuchen stets, alle Potenziale zu erkennen, die jeder Schüler in sich trägt, denn sie schaffen sich einfach Raum in unseren Herzen.

Darüber hinaus sehen wir die Möglichkeiten, die in allen Dingen liegen. In einem leeren Eierkarton sehen wir Farbtöpfe oder einen Behälter für Büroklammern. Ein leeres Marmeladeglas kann zu einem Buntstifttopf werden. Wir wissen, dass wir alle lebenslang lernen und unsere Fähigkeiten beständig verfeinern müssen, um unseren Schülern immer die neuesten Informationen und Aktivitäten bieten zu können.

Wenn Sie zu den Pädagogen gehören, können folgenden Strategien für Ihre Indigos hilfreich sein:

Halten Sie im Leben Ihrer Schüler nach Mustern Ausschau. Besonders in der Früherziehung und in der Grundschule ist es wichtig, positive Muster im Lernumfeld zu etablieren. Dokumentieren Sie diese Muster, zum Beispiel in Form von anekdotischen Informationen, und legen Sie für das Kind eine Mappe an, die Sie an den nächsten Lehrer des Kindes weitergeben können. Wenn dann eine neue Klasse kommt, können Sie mithilfe dieser Mappen und Informationen etwas über die Geschichte des Kindes erfahren.

Beziehen Sie die Schüler in die Verwaltung des Klassenzimmers ein. Machen Sie eine Lernerfahrung aus der Entwicklung von Regeln mit positiven und negativen Konsequenzen. In der Grundschule kann das ein Gespräch über das Teilen, über Rücksichtnahme und über Zusammenarbeit sein. In der Mittelstufe könnte es eine Diskussion über Demokratie sein, die zur Aufstellung von Gesetzen führt, über die dann abgestimmt wird. So haben die Schüler das Gefühl, an der Erschaffung des Lernumfelds beteiligt zu sein. Dieses Gefühl der Beteiligung ist für Indigos besonders wichtig. Die Strategie mag zunächst etwas zeitaufwendig sein, aber langfristig wird sie Ihnen viel Zeit und Arbeit ersparen.

Betonen Sie das Positive. Verändern Sie die Art, wie Sie korrigieren. Statt die falschen Antworten eines Mathe- oder Vokabeltests anzustreichen, markieren Sie die richtigen. In unserem Erziehungssystem lernen die Schüler immer mehr, ihre Schwächen zu betrachten. Wenn ein Kind in meine siebte Klasse kommt, ist es bereits ganz darauf eingestellt, die negativen Aspekte seiner Arbeit zu sehen.

Es bereitet mir immer Vergnügen, wenn ich den ersten Rechtschreibtest in einer Klasse austeile: Sofort schnellen Hände in die Höhe und mir wird erklärt, dass ich ein richtig geschriebenes Wort angestrichen hätte. Ich habe Spaß an dem komischen Gesichtsausdruck, wenn ich ihnen erkläre, dass ich absichtlich die richtig geschriebenen Wörter angestrichen hätte, weil ich möchte, dass sie sich auf das konzentrieren, was sie richtig machen.

Wenn Sie geschriebene Arbeiten benoten oder korrigieren, verwenden Sie farbige Marker, um die Bereiche zu betonen, die gut gemacht sind, und jene, die noch der Nacharbeit bedürfen. Ein ernst gemeintes Kompliment hält im Leben eines Kindes lange vor.

Verwenden Sie keine rote Tinte! Rot wirkt aggressiv und negativ. Die Schüler schauen dann eher auf die Farbe als auf das, worauf sie hinweisen will. Wechseln Sie die Stifte. Verwenden Sie mehrere Farben, um unterschiedliche Dinge hervorzuheben. Im heutigen Computerzeitalter können Sie auch die Markierungsfunktion Ihres Textprogramms verwenden.

Gehen Sie ganzheitlich vor. Zum Ersten fördert diese Philosophie einen *transformativen* Ansatz. Statt Erziehung und Bildung als einen Prozess der Übertragung und Transaktion zu betrachten, geht es beim transformativen Lernen darum, das Referenzsystem einer Person zu verändern. Dazu gehören auch Ansichten, Geisteshaltungen und Weltanschauungen. Bei einem ganzheitlichen Ansatz wird Wissen als etwas verstanden, das im Kontext des Lebens einer Person entsteht. Es ist also wichtig, den Schülern beizubringen, kritisch zu reflektieren, wie wir Informationen erhalten und verarbeiten.
Zum Zweiten sollte das Konzept der *Verbindungen* betont werden, im Gegensatz zur verbreiteten Fragmentarisierung und Aufspaltung. Alles ist auf irgendeine Weise miteinander verbunden.
Zum Dritten geht das Konzept der *transdisziplinären* Herangehensweise in eine ähnliche Richtung. Die Trennung zwischen den Fächern sollte aufgehoben werden. Der Prozess des kritischen Denkens kann in Geschichte genauso gut geübt werden wie in einem naturwissenschaftlichen Fach.
Zum Vierten bedeutet ganzheitliche Erziehung, dass *Sinn und Bedeutung* im Lernprozess eine wichtige Rolle spielen. In der Oberstufe wird zum Beispiel oft das Buch *Früchte des Zorns* von John Steinbeck gelesen. Für ein Emigrantenkind hat dieses Buch eine andere Bedeutung als für ein Kind, dessen Familie schon lange am selben Ort lebt. Ein Schüler lernt mehr, wenn das, was ihm vermittelt wird, für ihn von *persönlicher Relevanz* ist.

Behandeln Sie jeden Schüler auf humane Art. *Humanismus* umfasst ein ganzes Spektrum von Philosophien, die den *Wert und die Würde aller Lebewesen* betonen. Als Erziehende neigen wir manchmal dazu, uns auf die besonderen Schüler zu konzentrieren (also die besonders begabten oder die besonders schwachen), und beachten dann all diejenigen weniger, die dazwischen liegen. Oder wir filtern unsere Wahrnehmung unabsichtlich, je nachdem, was wir von bestimmten Schülern halten.

Ich wurde zum Beispiel einmal in eine Klasse gebeten, weil sich ein Kollege große Sorgen um einen Schüler machte. Der Schüler war ein Grufti, trug nur schwarze Kleidung, malte sich das Gesicht schwarz-weiß an und hörte bestimmte Musik. Der Lehrer befürchtete, der Schüler sei depressiv und selbstmordgefährdet, und wollte meine Meinung wissen. In dem Gespräch stellte sich zur Überraschung meines Kollegen heraus, dass der Schüler vegetarisch lebte und sich mit Buddhismus und Hinduismus befasste. Der Schüler wiederum stellte erstaunt fest, dass sich der Lehrer nicht vor ihm fürchtete, sondern ernsthaft um ihn besorgt war.

Versuchen Sie jedem Schüler beizubringen, andere auf humane Art zu behandeln. Wenn immer wieder die Würde und der Wert aller Lebewesen verdeutlicht werden, lernen die Schüler, auch andere wertzuschätzen. Das Konzept der Einheit in der Vielfalt ist es immer wieder wert, gewürdigt zu werden.

Wie am Anfang dieses Artikels gesagt, sind Kinder eine Feier des Lebens. Sie sind eine Kombination unserer Hoffnungen und Ängste, unserer Frustrationen und Freuden, unserer Vergangenheit und unserer Zukunft, alles hineingepackt in Wesen, die in unsere Obhut gegeben werden. Indigos bringen bestimmte Eigenschaften mit, die an Eltern und Erziehende besondere Anforderungen stellen. Leider werden sie ohne klare, verständliche Gebrauchsanleitung geliefert. Es gibt hier keine einfachen

Antworten, aber es gibt Hilfe und Hoffnung. Die genannten Strategien sind ein Anfang, durch den ein Dialog entstehen kann, der den Kindern, den Eltern und den Erziehenden hilft, das Indigo-Phänomen besser zu verstehen.[5]

Kommunikation mit Indigos: Erklärungen für Erwachsene
von Jennifer M. Townsley

Es folgen die Erkenntnisse einer weiteren College-Professorin, die mit Kindern arbeitet und das Phänomen der neuen Kinder seit fast einem Jahrzehnt kennt. Jetzt kommen die Kinder in ihre College-Klassen.

Jennifer Townsley ist Professorin an einem öffentlichen College in Arizona, wo sie Kurse in interpersoneller und humaner Kommunikation leitet. Sie arbeitet sowohl mit Kindern als auch mit Erwachsenen und hat in den vergangenen 15 Jahren erfolgreich Ausbildungsseminare zu Kommunikations- und Erziehungsthemen angeboten. Sie ist ehrenamtlich aktiv und genießt es, Zeit mit ihrem eigenen Indigo-Sohn Joseph zu verbringen. Jennifer Townsley hat einen Master-Abschluss in interpersoneller und Organisations-Kommunikation und einen Doktortitel in pädagogischem Management.

> *»Erwachsene verstehen nie etwas von selbst*
> *und es ist für Kinder ermüdend,*
> *ihnen ewig alles erklären zu müssen.«*
> Antoine de Saint-Exupéry, *Der kleine Prinz*

Wie Antoine de Saint-Exupéry in seinem Buch *Der kleine Prinz* sagt, versuchen Kinder ständig, mit den Erwachsenen zu kommunizieren und ihnen die Dinge zu erklären. Die Frustration dieses Erklären-Wollens scheint in der Kommunikation zwischen Kindern und Eltern ein zentrales Thema zu sein, vor allem bei Indigo-Kindern. Ich habe viel Zeit damit verbracht, »Kommunikationsereignisse« zu beobachten und auszuwerten. Ich versuche, die Menschen, die Botschaften und die Kommunikationsansätze zu verstehen, die dabei stattfinden. Dem folgen dann oft Vorschläge, wie die Kommunikation so verändert werden kann, dass das Ergebnis befriedigender ist.

In meiner Arbeit habe ich den Prozess der Kommunikation ausführlich studiert, diskutiert, infrage gestellt und daraus gelernt. Ich habe auch besonders mit Indigo-Kindern gearbeitet, da ich regelmäßig ehrenamtlich an Vorschulen und Grundschulen mitarbeite. Kommunikation und die manchmal erschöpfenden Versuche, sich zu erklären, stehen überall im Mittelpunkt: sei es in meiner eigenen Familie mit meinem neunjährigen Indigo-Sohn, sei es im Dialog mit meinen Studenten, im Gespräch mit Lehrern und Erziehern oder in den Klassenzimmern bei den Kindern.

Überall wird versucht, Sinn und Bedeutung zu vermitteln: durch ein Lächeln, einen Händedruck, in Form einer Träne oder mit einem verbalen Hallo. Kommunikation ist der Prozess des Sendens und Empfangens von Botschaften. Ich winke – Sie erwidern meine Botschaft, indem Sie »Hallo« sagen. Sie reichen mir die Hand – ich lächle und strecke Ihnen meine Hand entgegen. In jedem Kommunikationsereignis gibt es eine Reihe von Botschaften, die durch verschiedene Kanäle gesendet werden. Dies ist ein ständiger, transaktionaler Prozess, ein ewiges Hin und Her, ähnlich wie das Wippen, das wir als Kinder so genossen haben. Allein kommen wir weder hinauf noch herunter, doch sobald jemand anderes da ist, kann das Spiel beginnen. Der eine fängt an und der andere erwidert: schneller, langsamer, höher, flacher – so lange bis einer von beiden beschließt, dass es jetzt genug ist. Einen großen Teil unseres Lebens kommunizieren wir

nach dem Wippen-Prinzip, und viele unserer Kommunikations-
strategien haben wir uns einfach von anderen Spielkameraden
abgeschaut.

Klarere Kommunikation

Unsere Gespräche und Dialoge dienten als unsere Spielplätze und
Klassenzimmer. Die meisten von uns haben nach dem Prinzip
von Versuch und Irrtum gelernt. Meistens kommunizieren wir
einfach munter drauflos, so gut wir können, und wenn Missverständnisse auftauchen, schieben wir zuweilen gerne die Schuld
auf andere. In den Kommunikationswissenschaften nennen wir
solche Missverständnisse Störungen und versuchen, Wege zu
finden, diese Störungen zu verringern oder zu verhindern. Wir
entwickeln Konzepte, um bessere Kommunikationsstile oder
-ansätze zu finden.

Doch in der Kommunikation mit Indigos herrschen andere
Spielregeln. In unserer Analogie mit der Wippe gehen wir hier
manchmal hinauf, wenn wir heruntergehen sollten, und umgekehrt. Man könnte den Kommunikationsstil der Indigos mit
einer Wippe vergleichen, die sich auch dreht und manchmal
sogar multidimensional wird. Dieses unbekannte Terrain mit
seinen neuen Regeln kann zu Reibung, Missverständnissen und
Beziehungsbrüchen führen. Doch wenn wir anerkennen, dass
sich das Kommunikationsspiel verändert hat, und uns bemühen,
uns die neuen Regeln anzueignen, können wir die Schwierigkeiten mindern und die Beziehungen wieder heilen. Die Kommunikationsansätze der Indigos sind eigen. Sie arbeiten mit neuen
Regeln und Erwartungen. Es ist an der Zeit für uns als Eltern,
Erziehende und Lehrer, den Spielplatz der Indigo-Kommunikation anzuerkennen und ihren Ansatz als Teil unserer Realität zu
betrachten.

Wir wollen uns ansehen, wie sich die Kommunikation der heutigen Kinder von jener der vergangenen Generationen unterscheidet. Der alte Spruch »Wer sein Kind liebt, der züchtigt es« hat seine Gültigkeit verloren. Verbale oder körperliche Bestrafungen funktionieren bei diesen Kindern nicht mehr als ein Mittel wirksamer Familien- oder Klassenzimmer-Kommunikation. Erzeugen solche Erziehungsmaßnahmen Angst? Allerdings. Führen sie zu vertrauensvollen Beziehungen und offenen Dialogen? Nein.

Heutzutage haben die Kinder ein stärkeres, intuitiveres Empfinden von Gemeinschaft, ein »Wir-Gefühl«. Ihnen ist bewusst, dass es um ein gemeinsames Ziel, einen gemeinsamen Sinn geht. Indigos sehen einen Wert darin, Teil einer Gruppe zu sein, und halten die Gemeinschaft für förderlicher für das Individuum als die Getrenntheit. Indigos streben bewusst oder unbewusst danach, ein Gleichgewicht zwischen der Gemeinsamkeit und der Würdigung jedes einzelnen Mitglieds der Gemeinschaft zu leben. Als Individuen sind sie konzeptuell und multidimensional, nicht linear. Daher ist auch ihr Kommunikationsansatz konzeptionell und multidimensional.

Soziale Strukturen haben eine Wirkung

Auch durch die unterschiedlichen Familienstrukturen entsteht eine andere Kommunikation. In unserer Zeit sind Familien mit sieben oder acht Kindern nicht mehr der Normalzustand. Eltern legen heute auch aus ökonomischer Sicht fest, wie viele Kinder zu ihrer Familie gehören sollen. In früheren Zeiten brauchte man Kinder als Arbeitskräfte auf dem Hof oder in der Fabrik. Heute werden Kinder auf die Welt gebracht mit dem Gedanken, ihnen finanziell und dank ihrer Ausbildung (und hoffentlich auch spirituell) zu einem besseren Leben zu verhelfen, als ihre Eltern es hatten.

Diese veränderte Einstellung lässt bereits die gewandelte Art der Kommunikation erahnen, die diese Kinder mit sich bringen. In den Dreißiger-, Vierziger- und Fünfzigerjahren des 20. Jahrhunderts galt in der amerikanischen Kultur das Idealbild der traditionellen Familie: Vater, Mutter, Kinder. Heute zeigt sich uns ein anderes Bild. Wenn wir das gesellschaftliche Familienalbum aufschlagen, sehen wir die verschiedensten Szenen: Alleinerziehende Mütter oder Väter, »binukleare« Familien (also »Zwei-Kern-Familien« mit zwei Zuhause, in denen die Kinder abwechselnd leben), traditionelle und Adoptiv-Familien lächeln uns entgegen. Die Soziologen erkennen offiziell an, dass sich die Familienstruktur verändert hat, und die Autoren dieses Buches gehen davon aus, dass sich damit auch die Kinder dieser Familien verändern. Die Kinder kommen anders an und wachsen anders auf. Doch unabhängig davon, in welcher Art von Familienstruktur oder mit welchen Regeln und Erwartungen sie aufwachsen, pflegen die Indigos einen eigenen Kommunikationsstil.

Worin besteht dieser Kommunikationsstil der Indigos? Der folgende Artikel beruht auf einer Reihe von Erkenntnissen und Beobachtungen von Eltern, Erziehern, Lehrern und Indigos selbst, die alle im Lauf der Zeit mein Verständnis bereichert haben.

Indigos erwarten etwas anderes

Indigo-Kinder erwarten Respekt. Sie wollen, dass man *mit* ihnen spricht, nicht *zu* ihnen oder *über* sie. Sie erwarten, dass jeder jeden respektiert und dass jeder auf seine Worte achtet. Diese Würdigung spielt in Gesprächen mit Indigos eine große Rolle – und sie erinnern uns immer wieder daran.

Hier ist ein Beispiel für diese Erwartung. Eine Mutter fuhr etliche Jugendliche im Alter von 14, 16 und 17 zusammen mit zwei

Achtjährigen zum Einkaufen. Alle redeten, erzählt die Mutter später, und ohne es zu bemerken, beantwortete sie immer wieder Fragen, die an ihren acht Jahre alten Sohn gerichtet waren. Das hörte sich dann ungefähr so an:

»Hey, Nick, was ist denn dein Lieblingsfilm?«, fragte der 16 Jahre alte John.

»Er mochte den Film über die zwei Schildkröten. Weißt du noch, Nick, den haben wir zusammen angeschaut und du hast so gelacht!«, antwortete die Mutter von vorne.

»Oh, war das der Film über die jungen Ninja? Den habe ich auch gesehen«, wirft der 14-jährige Lukas ein.

»Und diesen ›Unglaublichen‹-Film hast du auch gerne gesehen, stimmt's, Nick? Mit diesen Leuten, die übernatürliche Kräfte haben«, fügt die Mutter hinzu.

So ging es eine Weile weiter, bis der junge Nick vom Rücksitz lautstark dazwischenfuhr: »Mom, du hast doch gesagt, du willst aufhören, dauernd für mich zu reden!« Er forderte, dass seine Worte gehört und respektiert würden.

Wie reagierte die Mutter darauf? Was hätten *Sie* getan? Hätten Sie dem Jungen gesagt, er soll nicht so dazwischenschreien? Hätten Sie ihn zurechtgewiesen und ihm klargemacht, dass er es doch wirklich so empfunden hat, wie *Sie* es gesagt haben? Häufig rechtfertigen Eltern ihre eigenen Handlungen, indem sie die Gedanken ihrer Kinder abtun. In dieser Situation brauchte das Indigo-Kind die Bestätigung, dass seine Gedanken wichtig sind und dass er zu dem Gespräch etwas beitragen kann.

Ein weiteres Beispiel kommt von einer Highschool-Lehrerin. Sie beschreibt ihre Schüler folgendermaßen: »Ich arbeite an einer Schule voller Indigos. Sie bilden eine große Gruppe, die zusammenhält und in der auch ›Streber‹ und ›Langweiler‹ nicht als uncool abgetan werden, sondern so akzeptiert werden, wie sie sind. Natürlich gibt es Anführer und Wortführer, aber im Grunde werden alle akzeptiert. Sie sind offener ... Wenn Indigos auf einen respektvollen Lehrer treffen, fangen sie an zu strahlen. Dann sind sie klug und fröhlich, interessieren sich für den Kurs und unterstützen sich gegenseitig. Selbst ohne jeglichen spirituellen oder metaphysischen Hintergrund, den die meisten dieser Kinder nicht haben, sind sie offen, kreativ und respektvoll.«

Aus der Sicht der Indigos führt Respekt zu Respekt. Ich will das wiederholen: Respekt erzeugt Respekt, und das schafft einen Kommunikationsstil, der für alle von Erfolg gekrönt und befriedigend ist. Das ist die Grundlage für stabile Beziehungen und der beste Schutz vor Missverständnissen. Durch gegenseitige Achtung können wir die Wippe immer wieder ausgleichen und Partnerschaften aufbauen.

Indigo-Kinder kommunizieren Lösungen

Ich habe bei meiner ehrenamtlichen Arbeit in den Klassenzimmern immer wieder erlebt, wie Indigo-Kinder und -Jugendliche kreativ und inspiriert Vorschläge machen und Antworten finden. Von außen betrachtet wird klar, dass die Indigos nicht verstehen können, warum ihre Ideen nicht berücksichtigt oder gar abgelehnt werden, nur weil sie jünger sind oder weil es nicht im Lehrbuch steht. In einer zweiten Klasse wurde das ganz deutlich. Die Lehrerin sprach über tote und belebte Objekte. Steine sind tot und Pflanzen lebendig, erklärte sie. Doch als sie behauptete, dass auch Wasser tot sei, meldete sich bei verschiedenen Kindern Widerspruch.

»Wasser ist lebendig, es bewegt sich doch«, meinte ein Mädchen aus der zweiten Reihe.

Die Lehrerin sagte: »Nein, Wasser ist nicht lebendig.«

»Aber es verändert sich, zum Beispiel von heiß zu kalt. Vielleicht entscheidet es sich ja, kalt zu sein«, widersprach ein Junge von ganz hinten.

»Nein«, beharrte die Lehrerin, »in unserem Lehrbuch steht eine Liste der Dinge, die lebendig sind, und Wasser ist nicht darunter.« Ein anderes Kind meldete sich: »Aber Wasser kann fühlen – ich habe es in einem Buch gesehen.«

»Was für ein Buch war das denn?«, fragte die Lehrerin.

»Ein Buch darüber, dass Wasser wie eine fröhliche Schneeflocke aussehen kann oder ganz mies, je nachdem, was man damit macht.« (Vielleicht hatte das Kind ein Buch von Masaru Emoto gesehen, wo es um die Wechselwirkungen zwischen Wasser und menschlichem Bewusstsein geht.)

»Nun, das ist nicht unser Lehrbuch«, beendete die frustrierte Lehrerin die Diskussion und fuhr mit dem Lehrstoff fort.

Alle diese Achtjährigen kommunizierten engagiert und hartnäckig, warum das Lehrbuch für die zweite Klasse falsch war. Sie arbeiteten begeistert mit und unterstützten sich gegenseitig in ihren Ideen. In diesem Fall leider ohne Erfolg.

Indigos sind intuitiv und haben eine Aufgabe

Indigo-Kindern ist ein inneres Wissen zu eigen. Oft bevorzugen sie bestimmte Nahrungsmittel, Tätigkeiten und sogar Veranstaltungen. Das Kindergartenkind Axel zum Beispiel isst nur Körner und Gemüse; er will kein Fleisch. Seine Mutter sagt im Scherz, er sei als Vegetarier auf die Welt gekommen. Doch es ist eigentlich kein Scherz. Indigos wissen einfach, was sie mögen, und wenn ihr inneres Wissen anerkannt und unterstützt wird, lernen sie, ihm zu vertrauen. So ist die Kommunikation ausgeglichen, das Kind fühlt sich gewürdigt und nimmt an innerer Stärke zu. Es kann zu sich selbst werden.

Als der fünf Jahre alte Matthew von seinem Vater gefragt wurde, was er tue, antwortete er ganz sachlich: »Nichts, Dad. Ich tue gerade nichts.« Und da saß er auf dem Boden – er *WAR* eben, er

WUSSTE einfach. Nach etwa zwanzig Minuten stand Matthew auf, ging zu seinem Vater und erzählte ihm von seiner Erfahrung, einfach zu *SEIN* und *NICHTS ZU TUN:* »Weißt du, Dad, *nichts tun* fühlt sich gut an. Es gefällt mir.«

In einer Welt, in der wir ständig aufgefordert werden, unsere Zeit möglichst effizient zu nutzen, immer beschäftigt zu sein und mehrere Dinge gleichzeitig erledigen zu können, um als erfolgreich zu gelten, ja um auch nur als ein nützliches Mitglied dieser Gesellschaft anerkannt zu werden, kann es ein interessanter Ansatz sein, zu wissen, wie man nichts tut und eben mit den Beinen baumelt. Vielleicht können wir von den Indigos etwas lernen.

Eine andere Highschool-Lehrerin erzählt, viele Indigo-Kinder wüssten, dass sie in der Welt einen wichtigen Beitrag zu leisten haben. »Sie wissen, warum sie hier sind. Sie sind an verschiedenen Perspektiven interessiert, selbst wenn sie sich bereits für einen bestimmten Standpunkt, eine Religion oder eine Denkart entschieden haben.« Andere Sichtweisen zu verstehen ist den Indigos wichtig und ein wesentlicher Bestandteil ihres Lebens hier auf der Erde.

Indigo-Kinder haben ein spirituelles Bewusstsein

Indigo-Kinder fühlen sich mit einer höheren Kraft, einem höheren Bewusstsein verbunden. Das ist ein Teil ihres interdimensionalen Daseins. Vier Jahre alte Indigo-Kinder sagen im Gespräch über Gott Sätze wie:

- »Gott? Da musst du nur auf dein Herz hören.«
- »Du kannst sagen: ›Gott, hör mal zu‹, und Gott wird dir antworten, als ob du mit dir selbst sprichst.«
- »Du musst die Worte in deinem eigenen Kopf hören können.«

Indigos haben eine starke spirituelle Verbindung, unabhängig von der Religion, in der sie aufwachsen. Immer wieder hören wir von diesen Kindern: »Gott ist Liebe; Gott ist Gott; natürlich gibt es Gott.«

Ein Kind erzählt: »Manchmal ruft mein Vater so ärgerlich: ›Oh Gott!‹ Aber dann redet er nicht weiter zu Gott. Das ist unhöflich. Wenn man laut ruft, um die Aufmerksamkeit von jemandem auf sich zu ziehen, dann sollte man seinen Satz auch zu Ende sagen. Manchmal beende ich den Satz für meinen Vater, um ihm zu helfen.«

Eine andere Situation fand statt, als ich in einer ersten Klasse im Kunstunterricht aushalf. Man lässt die ehrenamtlichen Helfer oft Fragen stellen oder Aktivitäten anleiten, um die Kinder an bestimmte Ideen heranzuführen. Die Kommentare der Kinder werden dann an die Tafel geschrieben. Ich fragte: »Wozu seid ihr hier?«, und bekam folgende Antworten:

- Um Gutes in der Welt zu tun
- Um möglichst viel zu lernen, bevor ich gehe
- Um etwas zu verändern
- Um Freunde zu finden
- Um anderen Menschen zu helfen
- Um Spaß zu haben

Die Kinder riefen begeistert die Antworten in den Raum, lachten und lieferten sich gegenseitig Stichwörter. Ich schrieb mit, so schnell ich konnte.

Doch irgendwann meinte die Lehrerin wohl, wir schweiften zu weit vom Thema ab, unterbrach den Prozess und fragte: »Nun, Kinder, wozu seid ihr *hier an der Schule?*«

Die Atmosphäre veränderte sich sofort. Vereinzelt hörte man ein Stöhnen. Man konnte den Unterschied in den Kindern und im Raum deutlich spüren, als hätte ein Vakuum all die Energie und Begeisterung herausgezogen. Die Lehrerin legte eine neue Liste an. Die Antworten kamen spärlich und nur nach Meldung per gestreckter Hand. Es war wieder still im Raum und die Kinder mussten nachdenken, statt spontan zu sein. Dabei kamen dann Sätze heraus wie:

- Buchstabieren lernen
- Zuhören
- Still sein
- Still sitzen
- Aufschreiben, was Sie uns sagen

Zuerst hatten die Kinder instinktiv mit Ideen und spirituellen Konzepten geantwortet – man könnte auch sagen: mit goldenen Regeln. Doch als ihre Kommunikation unterbrochen wurde, begriffen sie, welche Antworten von ihnen erwartet wurden. Sie versuchten, den Erwartungen zu entsprechen, auch wenn ihre Energie und ihre Begeisterung dabei sehr viel geringer ausfielen. Welche Kunstwerke wären wohl dabei herausgekommen, wenn wir ihrem spirituellen Bewusstsein erlaubt hätten, die Führung zu übernehmen? Ob wohl irgendjemand gewagt hätte, Monet oder Da Vinci zu sagen: »Du darfst nur die umrandeten Felder bunt ausmalen«?

Beziehungen, nicht Rollen

Indigo-Kinder sind an Beziehungen interessiert, nicht an Rollen. Eine Rolle wird durch bestimmte Erwartungen definiert. Wir erwarten, dass eine Krankenschwester mitfühlend, fürsorglich und medizinisch bewandert ist. Wir erwarten, dass Eltern freundlich, liebevoll und zuverlässig sind. Wir erwarten, dass ein Lehrer Geduld hat und ein positives Vorbild liefert. Genau besehen definieren wir unsere Erwartungen an einen anderen Menschen zum größten Teil über die Rolle, die wir auf ihn projizieren. Diese Erwartungen beziehen sich auf ein bestimmtes Verhalten, auf eine bestimmte Art von Kommunikation, vielleicht sogar auf die Kleidung, die Frisur, die Aktivitäten oder Interessen. Wenn wir uns auf ein Gespräch einlassen, eine Kommunikation, tun wir es in den meisten Fällen mit einer Menge vorgefasster Erwartungen.

Zum Beispiel sehen wir als Eltern unser Kind und erwarten, dass es Hilfe braucht oder dass man ihm sagen muss, was es tun, denken oder fühlen soll. Vielleicht projizieren wir auf das Kind, dass es ja noch so jung, hilflos und unwissend ist. Damit bestimmen unsere Erwartungen unsere Kommunikation mit diesem Kind. Stellen Sie sich vor, wie Sie mit jemandem reden, von dem Sie meinen, dass er nur wenig oder gar nichts weiß. Wie sprechen Sie jemanden an, von dem Sie meinen, dass er immer hilfsbedürftig ist? Unter diesen Bedingungen neigt man dazu, eher *zu* dem anderen zu sprechen als *mit* ihm, zu belehren, statt sich auszutauschen.

Wenn die Eltern entsprechend ihren Erwartungen an sich selbst und an ihre Kinder ihre Rolle spielen, bemerken sie gar nicht, wer ihre Kinder wirklich sind und zu was sie fähig sind. Wie wäre es, wenn Sie Ihr Kind als erfolgreich und wissend betrachten würden? Wenn Sie in Ihren Kindern Individuen sähen, die ab und zu Hilfe oder Informationen benötigen? Wie würden sich Ihre Kinder wohl verändern, wenn Sie mit ihnen auf einer partnerschaftlichen Ebene kommunizieren würden?

Die Grundschul-Lehrerassistentin Ann erlebte beispielhaft, wie Indigos nach Beziehungen streben, nicht nach Rollen. Sie erzählte mir die Geschichte von der Schülerin Susan, die Schwierigkeiten im Rechenunterricht machte. Susan galt als ein Kind, das »anders« war und dem man helfen musste, damit es verstand, was wichtig war. Etliche Wochen lang hatte Susan lieber mit ihren Buntstiften gespielt, vor sich hin geträumt oder mit sich selbst gesprochen, als die Rechenaufgaben mitzuschreiben, welche die Lehrerin stellte. Von Ann angesprochen, erklärte Susan, dass sie sich langweile und dass sie die Aufgaben schon könne. Sie widersetzte sich Anns Versuchen, auf sie einzuwirken, so sehr, dass sie sogar einen Stift zerbiss, um ihren Standpunkt zu verdeutlichen. »Warum *soll* ich dir zuhören?«, sagte sie. »Du kennst mich ja gar nicht!«

Kurz nach dieser Auseinandersetzung war ich als Helferin in der Klasse. Ich beobachtete, wie Susan während der Mittagspause mit den Augen rollte, um ihre Abneigung gegen Ann zum Ausdruck zu bringen. Ann forderte Susan auf, sich auf einen bestimmten Platz zu setzen. Susan sah sie nur an und ging weiter, fest entschlossen, sich selbst einen Platz auszusuchen.

Ann erklärte mir später, dass sie während der Mittagspause noch drei andere Klassen zu beaufsichtigen habe. Im Scherz meinte sie, da gebe es noch mehr als eine Susan. Aus meiner Sicht war das eine interessante Anerkennung der Tatsache, dass es inzwischen überall Indigo-Kinder gibt.

Nachdem ich mit Ann eine Weile über die Situation gesprochen hatte, ermutigte ich sie, eine auf gegenseitiger Achtung beruhende Beziehung zu Susan aufzubauen, mit besonderer Betonung des Wortes *gegenseitig*. Ich erwähnte auch Susans Botschaft in dem Satz: »Du kennst mich ja gar nicht.« Eine starke Bemerkung! Mir schien sie ein Aufruf Susans zu sein, sich um eine Beziehung zu bemühen. Wir sprachen darüber, wie Ann Susan kennenlernen könnte, damit Susan merkte, dass sich Ann für sie interessierte. Einfache Sätze wie »Wie geht's dir heute, Susan?« oder »Hast du einen guten Tag, Susan?« – zusammen mit dem aufmerksamen Warten auf eine Antwort – wurden zu Kommunikationsbrücken.

Dann begann Susan Ann zu fragen, wie es ihr geht. Ihren Einsatz, manchmal das Gespräch von sich aus zu initiieren, empfand ich als eine Art, ihre Akzeptanz dieses neuen Ansatzes zum Ausdruck zu bringen. Nach zwei Wochen berichtete Ann: »Ich kann es kaum glauben, wie viel besser unsere Beziehung geworden ist. Sie ist nicht perfekt, aber wir haben inzwischen eine gute Basis.« Nach kurzer Zeit verbesserte sich auch Susans Einsatz in den Rechenstunden und sie brauchte keine besondere Aufmerksamkeit mehr. Ihre Beziehung ist in eine neue Phase eingetreten, und Ann erzählt oft, wie sehr ihr diese Strategie auch bei den »anderen Susans« half.

Indigo-Kinder wollen Beziehungen herstellen, nicht Rollenerwartungen entsprechen. Dies zu wissen ist ein wesentlicher Schlüssel, um erfolgreich und sinnvoll mit ihnen zu interagieren. Egal ob Sie Feuerwehrmann, Lehrerin, Elternteil oder Bekannter sind – Indigos wollen eine Beziehung entwickeln, die frei ist von Rollenerwartungen. Und sie ermutigen andere, »zu sein, wer sie wirklich sind«, wie es ein 16-Jähriger ausdrückte.

Der Kommunikationsansatz der Indigos ist, innezuhalten und auf den anderen und die Beziehung zu warten, statt sich eilig auf Erwartungen zu stürzen, wie etwas sein sollte. Sie wollen sowohl zu Hause als auch in der Schule bei der Entscheidungsfindung mit einbezogen werden. Da diese Art von partnerschaftlichem Umgang nicht üblich ist, haben es viele Indigos schwer, sich anzupassen und den Erwartungen zu entsprechen. Sie wollen Partnerschaften, wo die Regeln keine vorsehen.

Indigos sind einfühlsam kommunizierende Menschen

Indigos betrachten Emotionen als wesentlichen Bestandteil einer Kommunikation. Ihre Kommunikation ist interdimensional und gefühlvoll. Viele Erwachsene (und Kinder) haben jedoch gelernt, es sei ein Ausdruck von Schwäche, Verletzlichkeit und Gebrechlichkeit, wenn man Gefühle zeigt. Doch unsere Gesellschaft wird jetzt mit Kindern konfrontiert, für die der Ausdruck ihrer Gefühle so natürlich ist wie das Atmen.

Leider sind die Erfahrungen der meisten Menschen eher schlicht und eindimensional. Wann setzen wir uns schon mal in Ruhe hin und forschen unseren Gefühlen nach? Wir sind glücklich oder traurig, ärgerlich oder gelassen. Meistens gibt es wenig dazwischen. Doch die Indigos kommunizieren von einer ganzen Reihe von »Zwischenräumen« aus. Die meisten von uns sind sich des Spektrums zwischen zwei Polaritäten wie »glücklich« und »traurig« kaum bewusst, doch die Indigos spielen die ganze Bandbreite der Gefühle mit Leichtigkeit durch.

Man kann sich den Emotionen auch nähern, indem man die vielen Farben anschaut, die mit einem bestimmten Gefühl verbunden sein können. Das *Emotion Wheel* (Rad der Emotionen) von Robert Plutchik (1980) zeigt in seiner Farbgebung intensiver und milder Emotionen einen leicht nachzuvollziehenden Ansatz, den Schattierungen verschiedener Gefühle auf die Spur zu kommen. Im Glücklichsein kann es zum Beispiel verschiedene Schattierungen von Optimismus, Akzeptanz oder Liebe geben – mit Farbentsprechungen, die von Himmelblau bis Königsblau reichen. Doch wenn man uns fragt, reden wir über unsere Gefühle meistens nur in polarisierten oder standardisierten, abgenutzten Begriffen. Gefragt, wie es uns geht, antworten wir: »Danke, gut.« Was fällt Ihnen zu »Danke, gut« als Farbe ein? Eben.

In der Kommunikation der Indigos werden Gefühle und Farben gleichzeitig empfunden. Diese Menschen können weit jenseits dessen fühlen, was wir uns als »das vollständige Bild« haben verkaufen lassen. Wenn *wir* in Schwarz-Weiß kommunizieren, *sie* dagegen in Farbe und vielschichtig, führt das leicht zu Frustrationen. Noch frustrierender wird es, wenn unsere erwachsene Haltung dazukommt, dass wir es besser wissen und daher eine bestimmte Reaktion oder ein gewisses Ergebnis erwarten dürfen. Mit dieser Scheuklappenhaltung wird die Kommunikation oft für einen oder für beide zu einem enttäu-

schenden Ereignis, was uns dazu verleitet, nur noch oberflächlich zu kommunizieren.

Indigos wollen jedoch Tiefe und Vielfalt. Sie gehen mit einer
interdimensionalen Wahrnehmung in die Kommunikation, statt eine lineare Erfahrung zu erwarten, die zu einem
bestimmten Ergebnis führt. Indigos kommunizieren in einer
Vielfalt von Farben, Gefühlen und verbalen und nonverbalen
Ausdrücken, während viele von uns dazu neigen, abgegrenzt
und grau zu sein. Kein Wunder, dass sie von uns genervt sind:
Wir kapieren nichts und fühlen oder sehen noch nicht mal
etwas.

Was können wir also tun?

Der wichtigste Aspekt in der Kommunikation mit Indigos
besteht darin, die Beziehung zu würdigen. Betrachten Sie die
gegenseitige Verbindung als einen Lohn, den sie gemeinsam
erarbeitet haben. Gehen Sie mit den Indigos in Ihrem Leben
partnerschaftlich um und bauen Sie Ihre Beziehungen auf
gegenseitiger Achtung auf. Bedenken Sie, was Sie voneinander
lernen können, und rechnen Sie damit, zu wachsen. Und vergessen Sie nicht, dass erfolgreiche interpersonale Kommunikation ein beständiger, transaktionaler Prozess ist, zu dem beide
Seiten beitragen und von dem beide etwas haben. Lassen Sie
sich darauf ein, neue und bessere Rhythmen des Auf und Ab zu
entwickeln, und lernen Sie, wie Sie sich auf multidimensionale
Kommunikation einlassen können. Halten Sie oft inne, sinnen
Sie angemessen nach und erwidern Sie alles in Liebe.[6]

Die heilende Kraft kindlicher Imagination: Teresas Werkzeugkiste

von Charlotte Reznick

Charlotte Reznick hat sich darauf spezialisiert, Kindern und Jugendlichen zu helfen, die emotionalen Fähigkeiten zu entwickeln, die ihnen ein glückliches, erfolgreiches Leben ermöglichen. Sie ist ausgebildete pädagogische Psychologin und klinische Professorin für Psychologie an der University of California Los Angeles (UCLA). Charlotte Reznick hat verschiedene Bücher und CDs über die Macht der kindlichen Vorstellungskraft veröffentlicht. Ihre Arbeiten wurden im Fernsehen und in verschiedenen Journalen, Fachzeitschriften und Zeitungen vorgestellt. Sie ist eine viel gefragte internationale Seminarleiterin, Beraterin und Heilerin. Ihre private Praxis führt sie in Los Angeles, Kalifornien.

»Imagination kann heilsam sein.« Diese einfache und elegante Aussage war Teresas Antwort, als ich sie am Ende unserer Beratungszeit fragte, was sie aus unserer gemeinsamen Arbeit gelernt habe.

Teresa ist ein hübsches, rehäugiges, acht Jahre altes Mädchen. Sie wurde zu mir gebracht, weil sie immer so lieb war. Sie war immer freundlich und nett und zeigte nie negative Gefühle. Welch wundervolle Tochter, denken Sie jetzt vielleicht. Wer würde das ändern wollen? Ihre Eltern. Sie machten sich Sorgen, weil Teresas jüngerer Bruder sehr ausdrucksstark war – genauer gesagt: ständig das ganze Haus in Atem hielt –, und sie wollten nicht, dass Teresa dabei unterging. Sie wollten, dass Teresa lernte, zu sich selbst zu finden, und fragten sich, ob unter der lieben Oberfläche vielleicht noch andere, echtere Gefühle lagen, die sich nicht hervortrauten. Und so war es auch.

Teresa lebte in einem chaotischen Haushalt. Ihre Eltern waren

67

zwar fürsorglich, hatten aber ernste Beziehungsprobleme. Außer dem vierjährigen Bruder war jetzt noch ein Baby im Haus, das die elterliche Aufmerksamkeit von Teresa abzog. Kindermädchen kamen und gingen, auch weil die Mutter dabei war, verschiedene berufliche Aktivitäten zu entwickeln. Teresa wusste nie genau, wer sie von der Schule abholen, nach Hause bringen oder zu irgendeiner beinahe vergessenen nachmittäglichen Aktivität schleppen würde.

Ich erzähle hier ein wenig aus Teresas Leben, denn auch wenn sie ein ganz besonderes kleines Mädchen ist, teilt sie ihre Probleme doch mit Tausenden anderer Kinder: Eifersucht auf jüngere Geschwister, Schwierigkeiten mit Freunden, streitende Eltern, schulische Probleme, Ängste, gepaart mit Minderwertigkeitsgefühlen, dazu Kopf- und Bauchschmerzen, um nur ein paar Schwierigkeiten zu nennen.

In den 25 Jahren meiner psychologischen Praxisarbeit mit Kindern unterschiedlichster Herkunft entstanden die nachhaltigsten und kreativsten Heilungen durch die Imaginationskraft der Kinder. Mein *Imagery For Kids*®-Programm zeigt, wie man Kindern beibringt, Zugang zu ihrer inneren Weisheit zu finden. Die Werkzeuge der Imagination bieten einen leichten, aber wirksamen Weg dorthin.

Teresas heilsame Reise begann damit, dass sie jeden zufriedenstellen wollte – auch mich. Als Nächstes fing sie an, sich so wild und heftig zum Ausdruck zu bringen, dass sie sich viele Schwierigkeiten einhandelte. Schließlich fand sie einen Weg, ihre Bedürfnisse, Wünsche und Gefühle mitzuteilen und dabei auch andere Menschen zu berücksichtigen. Die Imagination war ihr dabei Katalysator, Treibstoff und Gefährt.

In unseren letzten Gesprächen konnte Teresa leicht zusammenfassen, wie sie die inneren Bilder zu einem Teil ihres Lebens gemacht hatte. Hier stellt sie ihre acht Hauptinstrumente vor (mit wenigen Kommentaren meinerseits).

Der Ballon-Atem: Teresa erklärte, dass langsames, ruhiges, tiefes Atmen – mit Konzentration auf einen Punkt etwa fünf Zentimeter unterhalb des Nabels – eine wichtige Grundlage ihrer Werkzeugkiste bildet: »Wenn man Ballon-Atemzüge macht, hilft das. Wenn ich mich zum Beispiel ärgere, kann ich mich damit zentrieren und tue meinem kleinen Bruder nicht weh. Wenn er etwas macht, worüber ich mich ärgere, kann ich dann vielleicht etwas sagen, statt ihn zu hauen.«

Entdeckung eines besonderen Ortes: Teresa lernte, dass es für ihre Heilung wichtig ist, einen besonderen Ort zu haben, an dem sie sich sicher fühlt. »Mein besonderer Ort ist ein Raum, der sich in alles verwandeln kann. Am Anfang sieht er wie ein Museum aus und es gibt eine große Fernbedienung mit bunten Knöpfen, die den Raum in etwas anderes verwandeln können. Jeder farbige Punkt hat eine bestimmte Bedeutung.«
Teresa erschuf ein ganzes Füllhorn verschiedener Orte, je nachdem, was für einen Ort sie zum Heilen brauchte: Der dunkelgrüne Knopf stand für Bäume und Natur, der blaue für Wasser, Bäche, Meere und Seen, der orangefarbene führte zu magischen Bergen, der gelbe zu einem heißen, sonnigen Platz und der schwarze dorthin, wo es dunkel und geheimnisvoll ist. Teresa hatte immer einen Ort, wohin sie gehen konnte.
Darüber hinaus fand sie besondere Unterstützung. »Es gibt da jemanden, der einem hilft und ein bisschen wie ein Sicherheitsmann ist, aber netter. Mein Passwort ist mein Name rückwärts. Ich kann auch Freunde mitbringen, wenn ich will.«

Begegnung mit einem weisen, freundlichen Tier: »Wenn du Hilfe bei einem Problem brauchst, kannst du deine Tierfreunde bitten, dir ein besonderes Geschenk zu geben, das dich unterstützt.« Teresas wichtigste Tierfreunde waren eine Eule und ein Reh. »Meine Eule ist sehr weise. Sie gibt mir unsichtbare Tinte und einen Stift. Wenn ich mit jemandem Probleme habe, kann ich es aufschreiben.« Der Rat der Eule half Teresa, die Kontrolle über ihre Emotionen zu gewinnen. »Wenn ich mich traurig fühle, hilft mir das Zeichnen, mich besser zu fühlen. Wenn ich wütend bin, kann ich es auch beim Zeichnen herauslassen.« Eines Tages schenkte ihr die Eule einen Zauberstift mit einem Zauberradiergummi. »Der ist ganz bunt und kann meine schlechten Gedanken ausradieren.«

Das Reh machte Teresa mit ihrem Zauberer bekannt.

Begegnung mit einem persönlichen Zauberer: »Mein Zauberer ist sehr nett und sehr groß. Er hat einen lila Hut, einen langen, silberweißen Bart und einen Zauberstab. Der Stab ist blau mit goldenen Streifen. Als ich ihn zum ersten Mal gesehen habe, hat er gesagt: ›Hallo, ich bin dein Zauberer.‹ Er heißt Zauberer E. Wax. Sein bestes Geschenk für mich war Freundlichkeit, damit ich zu meinem Bruder freundlich sein kann.«

Geschenke empfangen: Teresas Auseinandersetzungen mit ihrem Bruder endeten oft in körperlichen Kämpfen. »Ich versuche ja, aufzuhören. Ich weiß, dass ich aufhören muss, aber ich kann nicht. Erst schreie ich und dann haue ich ihn.«

Teresas Zauberer kam ihr zu Hilfe, indem er ihr eine »Zauberbanane« schenkte, damit sie mit dem Schreien aufhören konnte und besser auf ihr Herz hörte. »Wenn man sie isst, denkt man an andere Sachen und merkt nicht mehr, was einen eben noch geärgert hat. Dann ist es, als wäre es gar nicht da.« Sie bekam auch den erwähnten Zauberradiergummi, mit dem sie ihre wütenden Gedanken über ihren Bruder ausradieren konnte. So konnte sie sich der Liebe zu ihm öffnen.

Auf Herz und Bauch hören: Zu einem anderen Zeitpunkt hatte Teresa Schwierigkeiten mit ihren Freundinnen. Sie hatte das

Gefühl, von keiner richtig gemocht zu werden und setzte sich in der Mittagspause abseits. Sie lernte, die Weisheit ihres Herzens zu finden. Diese Lektion gibt sie als weisen Rat an andere weiter: »Dein Herz kann offen oder zu sein. Wenn es zu ist, ist es vielleicht ärgerlich oder schlechter Laune. Wenn es offen ist, fühlt man sich froh und geliebt.« Um ihr zu helfen, ihr Herz zu öffnen, schlug ihr ihre innere Weisheit vor, Farbe einzuatmen, in diesem Fall die Farbe der Liebe: Rosarot.

Mithilfe dieser Erkenntnis und ein wenig weiterem Nachsinnen konnte Teresa einen inneren Dialog über ihre Gefühle und Bedürfnisse führen, der es ihr ermöglichte, ihr Herz zu öffnen und sich am nächsten Tag wieder zu ihren Freundinnen zu gesellen.

Gespräche mit Körperteilen: Teresa entdeckte, dass sie sich mit Gefühlen in Verbindung setzen konnte, die in verschiedenen Körperteilen lebten, und dass sie auf diese Weise ebenfalls mit inneren Konflikten umgehen konnte. »Ich habe gelernt, dass meine Gefühle wichtig sind. Ärger ist in meinem Kopf, und zwar dunkelgrau und verworren. Glücklichsein ist in meinen Armen und sieht helllila aus. Liebe ist kirschrot in meinem Herzen. Wenn meine Gefühle schlecht sind, ändere ich sie mit dem ›Thermometer‹.« Letzteres hatte Teresa ebenfalls als Geschenk erhalten. Es sah aus wie ein Thermometer, aber man konnte damit die Temperatur bestimmter Gefühle erhöhen oder verringern (zum Beispiel Ärger herunterfahren und Geduld verstärken).

Bei jedem Problem konnte ihr irgendein Körperteil mit Informationen weiterhelfen. Eines Tages war sie ganz unglücklich und hatte Angst vor der Schule. Sie hielt sich für dumm, doch dann schloss sie die Augen und wandte sich auf der Suche nach Rat und Hilfe nach innen.

»Oh, ich kann mein gammeliges Gehirn mit weißem Licht auswaschen und es sauber machen. Mein Gehirn vergammelt im Sommer, weil ich nicht an die Schule denke. Kurz bevor die Schule wieder anfängt, denkt es, ich hätte mehr Mathe üben sollen. Doch wenn ich es sauber gemacht habe, fühlt sich mein Gehirn gut an und ich komme mir leichter vor. Mein sauberes Gehirn ist wie eine Blume.«

Heilen mit Farben: Wir haben gesehen, dass Teresa bei ihren Heilungen auch Farben eingesetzt hat. Sie war da ganz klar. »Gefühle haben verschiedene Farben. Wenn man schlechter Laune ist, sind sie dunkler oder unheimlicher. Wenn man guter Laune ist, sind sie heller – bei mir ist es jedenfalls so. Wenn ich schlechter Laune bin und dunkelrot denke, stelle ich mir eine lustigere Farbe vor, vielleicht Goldglitzer, das erinnert mich daran, fröhlich zu sein. Ich bin lieber fröhlich. Bei anderen Kindern ist es hoffentlich genauso.«

Diese Ausschnitte aus Teresas Geschichte sollen Sie ermutigen und inspirieren, mit Ihren Kindern ihre eigene imaginative Werkzeugkiste anzulegen. Kinder lieben es, mit solchen Werkzeugen zu spielen und herauszufinden, was für ihre jeweilige Situation gerade am besten passt. Bitte schreiben Sie mir die Geschichten Ihrer Kinder oder schicken Sie mir ihre wunderschönen, bunten Bilder. Demnächst erzähle ich dann auch von dem neunten Werkzeug: Energie für Heilung.

Seien Sie gesegnet.

Die Indigo-Jugendlichen:
Erfahrungen einer College-Professorin
von Carolyn Hadcock

Es folgt der Bericht einer anderen College-Professorin, diesmal aus Ontario, Kanada. Jan und ich wenden uns oft an sie, wenn andere Pädagogen nur ratlos und frustriert mit den Schultern zucken und selbst gerne Antworten hätten. Carolyn hat immer praktikable Antworten für uns, wenn wir sie brauchen. Sie hat ihre Lehrmethoden mit großem Erfolg den heutigen Erfordernissen angepasst.

Carolyn Hadcock, Bachelor der Erziehungswissenschaften, lehrt in Toronto Früherziehung. Dadurch wirkt sie an einer Stelle, die großen Einfluss hat: Sie bildet zukünftige Lehrer und Erzieher aus. Sie erzählt, dass ihre Studierenden inzwischen zum großen Teil Indigos sind. Ihre Schwierigkeiten hat sie weniger mit den Studenten, eher mit dem überkommenen System und der alten Art, an Dinge heranzugehen.

Carolyn ist seit über 25 Jahren im Bereich Erziehungswissenschaften tätig. Sie begann als Vorschullehrerin in der Gegend um Toronto. Hier hatte sie reichlich Gelegenheiten, das Verhalten und die Entwicklung von Kindern zu beobachten. Nach fünf Jahren bot man ihr eine Stelle als Supervisorin an, wo sie noch mehr Erkenntnisse gewinnen konnte. Während der zehn Jahre als Supervisorin begann Carolyn Hadcock, im Verhalten der Kinder eine Veränderung festzustellen. Zuerst dachte sie, es liege an der mangelnden Kompetenz der Eltern. Doch im Lauf der Zeit erkannte sie, dass das veränderte Verhalten der Kinder mehr mit dem immer größer werdenden Anteil von Indigos zu tun hatte. Mit der Zeit wurde sie zu einer Pionierin auf diesem Gebiet.

In den vergangenen zehn Jahren lehrte Carolyn Hadcock im Bereich

Früherziehung am Seneca College in Toronto. Sie hat das Gefühl,
einen wichtigen Beitrag zu leisten, damit zukünftige Lehrer und
Erzieher kleiner Kinder die Indigo-Kinder besser verstehen und
geschickter mit ihnen umgehen. Unter ihren Studierenden sind viele
Indigos, manche von ihnen kennt sie sogar noch aus der Vorschule.
Daneben hat Carolyn eine eigene Beratungspraxis. Sie ist eine
begeisterte Referentin und Seminarleiterin für Erzieher und Eltern,
denen sie vermittelt, wie sie mit den manchmal komplexen Eigen-
schaften der Indigo-Kinder positiver umgehen können. Carolyn lei-
tet auch Seminare zum Thema Selbstvertrauen.

Einer der eindrucksvollsten Momente in meiner neunjährigen
Karriere als College-Professorin war gekommen, als ich Zeugin
wurde, wie die Indigo-Jugendlichen die Hochschulausbildung
erreichten. Was früher ein Studienraum gewesen war, in dem
jeder seine feste Rolle hatte und in dem es klare Grenzen zwischen Studierenden und Lehrkräften gab – Studenten sitzen
still auf ihren Plätzen und schreiben mit, was der Vortragende
erzählt –, entspricht nicht mehr dem typischen Szenario.
Die Indigos sind angekommen. Sie haben die Bühne mit der
ihnen eigenen Erhabenheit und Selbstverständlichkeit und mit
einem starken Selbstbewusstsein betreten. Nach meiner Einschätzung verdanken wir es vor allem den Indigos mit ihrer
systemerschütternden Haltung, dass die klassische Anordnung
nicht mehr greift und dass wir jetzt als Lehrkräfte die Wahl
haben: Wir können offen auf die neuen Bedürfnisse der Indigos
eingehen und unseren Lehrstil entsprechend anpassen, oder wir
können weiter versuchen, unsere alte Tour zu fahren, und uns
mit den Konsequenzen auseinandersetzen.
Ich wurde mir der Indigos unter den Studenten durch eine Reihe
von aufrüttelnden Situationen bewusst. Eines Tages zum Beispiel
kam eine Studentin nach einem Seminar zu mir und erklärte
mir selbstbewusst: »Ich fand Ihren Vortrag heute sehr gut, Frau

Hadcock, aber er hätte uns noch besser gefallen, wenn Sie mehr persönliche Beispiele gebracht hätten.« Solche Kommentare können einen leicht verunsichern ... Ich lernte jedoch schnell, meinen Verteidigungsimpuls zu unterdrücken, tief durchzuatmen und zu antworten: »Oh, danke sehr für den Vorschlag. Ich weiß das zu schätzen und werde es bedenken. Kann ich sonst noch irgendetwas für Sie tun?« Das schien der richtige Weg zu sein.

Die Indigo-Studentin hatte eine Meinung. Ich gab ihr das Gefühl, ernst genommen zu werden; ihre Ansicht war mir wichtig. Und ich versicherte mich, dass die Botschaft bei ihr ankam. Ich lernte auch schnell, dass es die Indigos merken, wenn das Interesse nur geheuchelt ist. Sie verlangen unter anderem, dass man aufrichtig mit ihnen umgeht. Das ist für eine gute Lehrer-Schüler-Beziehung von entscheidender Bedeutung. Je mehr Respekt man ihnen als Individuen mit einer Meinung und eigenen Werten entgegenbringt, desto besser ist die Verständigung. Respekt erzeugt Respekt – Mitgefühl erzeugt Mitgefühl. Schauen Sie ihnen ins Gesicht und lassen Sie sie spüren, dass es ihnen ernst ist, dass Sie auf ihrer Seite sind und ihr Wohlergehen im Sinn haben. Das Lernen sollte im Team geschehen, nicht in einer klassischen Dozent-gegen-Studenten-Situation.

Ein harmonisches Verhältnis erleichtert letztendlich die Arbeit als Dozent, weil die Studierenden offener sind für das Wissen, das Sie mitzuteilen haben. Die Studenten werden Ihnen vertrauensvoll die Führung überlassen, wenn es auf Ihre jahrelange Erfahrung ankommt – vorausgesetzt, Sie haben vorher mit ganzem Herzen zugehört. Dabei kann es auch um so simple Dinge wie die Verlängerung einer Abgabefrist gehen. Indigos bitten mit großer Selbstverständlichkeit um solche Dinge, manchmal sogar als ganze Gruppe.

Mit der gleichen Selbstverständlichkeit können sie auch den Sinn einer Aufgabe oder gar des ganzen Seminars infrage stellen. Erlaubt man den Indigos, ihre Meinung zum Ausdruck zu bringen, muss man nicht zwangsläufig auf jeden Vorschlag eingehen. Es ist jedoch hilfreich, offen für Verhandlungen zu sein. Das ist der Schlüssel. Als ich mich auf Verhandlungen einließ, zählte nicht mehr meine autoritäre Rolle, sondern nur noch meine fachliche Autorität. Diese Veränderungen haben sich fortgesetzt und zu einem Gleichgewicht zwischen den Indigo-Studenten und den Dozenten geführt. Nun kann sich das Lernen unbehindert von autoritären Dramen entfalten.

Ich habe beobachtet, dass die Dozenten, die weiter an einem autoritären Stil festhalten, viel Zeit damit verbringen, sich von ihren Kollegen Mitgefühl zu holen. Dann reden sie über ihre Schwierigkeiten mit den Studenten und dass es so ein Kampf sei, sie dauernd aufzufordern, die Regeln einzuhalten. Ein Semester von 14 Wochen kann dann für Dozenten und Studenten zu einer Ewigkeit werden.

Diese Professoren schleudern den »Aufsässigen« dann das gültige Regelwerk entgegen – und wie zu erwarten, entsteht daraus ein energetisches Tauziehen. Verspätete Abgaben werden ohne Pardon mit Notenabzügen bestraft. Diese Art des unbeugsamen, gnadenlosen Vorgehens vertieft noch den Graben. Wird den Indigos keine Flexibilität, kein Verhandlungsspielraum und keine Gesprächsbereitschaft entgegengebracht, äußern sie ihre Meinung nur noch lauter, bis die Lernatmosphäre für alle Beteiligten unerträglich wird.

In meinen Seminaren können Studenten durchaus um spätere Abgabetermine bitten, vor allem wenn sie gleichzeitig einen Vollzeitjob haben und ihr Studium absolvieren. Ich bin in solchen Dingen eher großzügig. Mir geht es vielmehr darum, Mitgefühl und Verständnis zu demonstrieren, statt auf Regeln zu pochen. Ich habe den Eindruck, dass die Indigos solche Gesten zu würdigen wissen, und hoffe, dass sie dann auch in ihrem eigenen Leben und Lehren mitfühlender sind.

Ich betrachte diese Demonstration von Mitgefühl als den höheren Sinn meiner Lehrtätigkeit. Jene unter uns, die bereit sind, ihren Lehrstil den Bedürfnissen der Indigos anzupassen, erleben eine kolossale Bereicherung ihrer Lehrtätigkeit. Wenn das Semester um ist und die Studierenden ins nächste Semester einsteigen, bedauern wir es, denn wir hängen wirklich an ihnen.

Es gibt eine Reihe weiterer Ansätze, mit denen die Professoren der Erziehungswissenschaften hier versuchen, auf die Bedürfnisse der Indigos einzugehen. Die neuen Lehrmethoden von Reggio Emilia und der Projektansatz von Sylvia Chard haben viel dazu beigetragen. Beiden Philosophien geht es um das Kind als Ganzes und beide richten sich mit den Lerninhalten nach den Interessen und Bedürfnissen des Kindes. Ich meine, dass wir diese Philosophien auch in der höheren Bildung anwenden können. Wenn die Studierenden äußern dürfen, was sie gerne lernen würden, wie ihnen eine Veranstaltung gefallen hat und was ihnen vielleicht fehlt, können sie zu einem gewissen Grad aktiv mitbestimmen, welche Inhalte bearbeitet werden.

Berücksichtigt wird auch, dass es Indigos oft schwerfällt, stillzusitzen. Manchmal sind Vorträge notwendig, aber es ist hilfreich, die Modalitäten hin und wieder zu wechseln. Bei der Arbeit in Kleingruppen können die Indigos ihre Fähigkeit und Vorliebe einsetzen, zusammenzuarbeiten und sich mit Gleichaltrigen auseinanderzusetzen. Sie übernehmen gerne Verantwortung, zum Beispiel für kleine Forschungsprojekte, die eine wirksame Alternative zu Podiumsvorlesungen darstellen. Angewandtes Lernen wird stark bevorzugt.

Meine Erkenntnis ist, dass Lernen in allen möglichen Varianten stattfinden kann. Mit einem weiteren Horizont können wir erkennen, dass unsere Bemühungen, auf die Bedürfnisse und Interessen der Indigos einzugehen, unsere Lehrtechniken deutlich weitergebracht haben – vielen Dank also an all die »Aufsässigen«, dass sie uns inspiriert haben, etwas zu verändern!

Wie können wir den Indigos helfen,
zu sich selbst zu finden?
von Pat Childers

Pat Childers' Doktorarbeit wurde unter dem Titel »The Indigo Grandmother: Communication Among the Generations« (Die Indigo Großmutter: Kommunikation zwischen den Generationen[7]) veröffentlicht. Sie hat Erziehungswissenschaften studiert und eine Zusatzausbildung als Hochbegabten-Lehrerin absolviert. Sie hat in der Mittelstufe, Oberstufe und auf dem College gelehrt.

Schon als sie selbst noch Schülerin war, begann Pat Childers, Menschen zu helfen, die sie um Rat baten. Mit sieben Jahren richtete sie sich in den Pausen auf dem Schulhof sogar ein »Büro« ein.

Sie lebt ein erfülltes Leben als Lehrerin, Heilerin, Referentin, Mutter, Großmutter, Coach, Netzwerkerin und Veranstalterin. Sie hat bei vielen Konferenzen, Vorträgen und Seminaren mitgewirkt, unter anderem bei Hay House, International Coach Federation, Omega Institute, Celebrate Your Life, International New Age Trade Show, New Life Expo und beim META Center in New York. Sie ist mit Deepak Chopra umhergereist und hat mit Autoren wie Sylvia Browne, Ted Andrews und Starr Fuentes zusammengearbeitet, um nur einige zu nennen.

Pat teilt sich gerne mit, sei es durch das geschriebene Wort, im Fernsehen, in Vorträgen oder im individuellen Gespräch. Kürzlich hat sie einen Beitrag für die Anthologie »Conscious Entrepreneurs« verfasst.

Die Frage lautet: »Wie kommen die Indigos in der heutigen Welt klar?« Ich habe mit Leuten von der Schulbehörde gesprochen, mit Schulleitern, Lehrern, Sonderschullehrern und Lehrern an alternativen Schulen. Es war ganz klar, dass alle diese Leute für die Kinder nur das Beste wollen. Doch während meiner Auseinandersetzung mit den Regeln des neuen Systems und durch die Gespräche mit den Eltern, die ihren Kindern häufig Medikamente wie Ritalin verpassen, wurde mir klar, dass viele Eltern die Konsequenzen ihrer Entscheidungen nicht überblicken. Zum Beispiel laden manche Schulen die Eltern ein, an den Lern- und Wachstumserfahrungen ihrer Kinder teilzuhaben, aber viele Eltern gehen nicht darauf ein. Manche von ihnen verhalten sich sogar vollkommen verantwortungslos, nehmen selbst Drogen oder Medikamente oder sind zu bequem, zu beschäftigt oder zu gleichgültig, um sich überhaupt um die Schule ihrer Kinder zu kümmern. Die Hauptverantwortung liegt bei den Eltern, die das Beste für ihre Kinder tun und gleichzeitig mit dem Schulsystem zusammenarbeiten sollten.

Leider bewirkt die *No Child Left Behind*-Kampagne der Regierung nur, dass noch mehr Kinder zurückbleiben, denn sie beruht auf einem System, in dem jeder den Regeln folgen und die Lektionen auf die langweiligste, rein mental ausgerichtete Weise pauken muss, um die Prüfungen zu bestehen. Jedes Jahr müssen die Schüler eine zentrale Prüfung ablegen, deren Ergebnisse ausschlaggebend sind für die Zuschüsse, welche die Schule bekommt. So bleibt keine Zeit, in der die Kinder im Klassenzimmer und in der Schule das zum Ausdruck bringen könnten, was ihnen seit ihrer Geburt innewohnt: die Verbundenheit ihres Wissens und ihrer Kreativität. Sie sind da, damit die Welt zu einem besseren Ort wird, an dem alle Menschen erkennen können, dass wir eins sind und dass Konkurrenz uns nicht dient.

Der Schlüssel zum Erfolg liegt in der Kommunikation. Eltern und Lehrer müssen bereit und fähig sein, das zu tun, was ich seit jeher mit jedem Menschen tue, mit dem ich spreche: dem anderen in die Augen sehen und sich wirklich auf das einlassen, was gesagt wird; über die Dinge so lange diskutieren, bis ein Erfolg versprechender Weg gefunden wird, dem man folgen kann, um zu lernen, zu wachsen und verantwortungsbewusst zu leben –

zum Wohl aller. Jeder muss bereit sein, wirklich zuzuhören, um zu verstehen, wo der andere gerade ist. Von dort aus kann man ein Einverständnis finden. Gehen Sie mit Ihrer Zeit, Ihren Ideen, Ihrer Zuwendung und Ihrer Liebe großzügig um. Die Ergebnisse werden phänomenal sein und ein Leben lang halten.

Ich wurde als »Indigo-Scout« geboren, deshalb konnte ich immer gut verstehen, was Kinder kommunizieren wollen. Ich kann sehen und verstehen, was dahintersteht. Als Englischlehrerin an der Mittel- und Oberstufe holte ich die Kinder da ab, wo sie waren, und ließ sie sich im Klassenzimmer entfalten, indem sie sich mit den Projekten verbinden durften, an denen wir jeweils arbeiteten. Ich ließ sie ihre eigenen kreativen Ideen und Gedanken einbringen und wir erarbeiteten gemeinsam eine zufriedenstellende »Lebenslektion«. Was auch immer anstand: Wir erarbeiteten es uns gemeinsam. Wenn ich jetzt »meinen Kindern« in der Stadt begegne, kommen sie immer auf mich zu und erzählen, was gerade bei ihnen los ist. Wir stehen immer in Verbindung. Alle müssen nur willens sein, zu lieben, sich mitzuteilen, zu vertrauen und sich einzulassen – so können wir gemeinsam die Welt verbessern.

Als ein Beispiel für das Gute, das Schüler tun können, einfach weil sie es wollen, nenne ich hier die Idee von zwei Geschwistern, alte Handys einzusammeln und gegen Telefonkarten für Soldaten einzutauschen. Es bildeten sich 1800 Sammelstellen, und zusammen mit AT&T wurden über 100 000 Karten im Wert von 1,4 Millionen Dollar gespendet.

Der Ausdruck »Alles fällt auf einen selbst zurück« trifft hier ganz klar zu, denn die Telefongesellschaft beschloss, den beiden Schülern jeweils ein Stipendium von 100 000 Dollar für ein College ihrer Wahl zu geben, um den Einsatz und die Liebe der Schüler zu würdigen. Dies war natürlich eine großartige Belohnung dafür, dass sie das gelebt hatten, was wirklich in ihnen ist und weshalb sie hier auf die Erde gekommen sind.

Einstein hat gesagt, dass wir ein Problem nicht mit derselben Denkweise lösen können, mit der wir es erzeugt haben. Es ist also Zeit, dass alle auf der Erde ihr volles Potenzial verwirklichen. Es ist Zeit, dass innovative Schulsysteme das intuitive Wissen der Lehrer nutzen, um mit den Kindern so zu arbeiten, dass die gemeinsame Kreativität und die gemeinsamen Interessen das Bewusstsein der Welt anheben. Mithilfe des Wissens der »alten Seelen« erschaffen wir eine neue Welt des Friedens. Finden Sie die Antworten in sich selbst und teilen Sie sie anderen liebevoll mit. Arbeiten Sie als Team zusammen, zum Wohl aller.

Ich freue mich, von ein paar weiteren tollen Projekten berichten zu können, die Indigos hier in Missouri initiiert haben. Die »Heart of the Dove Students of the Ozarks« (Die Schüler vom Herzen der Taube aus den Ozark-Bergen) haben eigene Theatergruppen gebildet. Sie arbeiten nach einem Konzept der »Charakterbildung«, bei dem sie Familien mit hilfsbedürftigen Neugeborenen helfen und Armbänder verkaufen, um im Rahmen ihrer Zusammenarbeit mit Krebshilforganisationen Geld für die Krebshilfe zu sammeln. Sie nehmen auch aktiv an Bildungsprojekten der Gemeinde teil. Dazu gehört zum Beispiel die Einrichtung und Pflege von »Klassenzimmern im Freien«, in denen etwas über die Natur, die Wildtiere und den Naturschutz vermittelt werden soll.

Eine weitere Initiative, die den Bedürfnissen der Indigos sehr entgegenkommt, gibt ihnen die Möglichkeit, eigene Videos zu produzieren – inklusive Tonbearbeitung, Animationen und Liveübertragungen. Dabei entwickeln die Schüler unter anderem ihre Ausdrucksfähigkeiten. Diese Gruppe hat bereits auf nationaler Ebene einige Preise gewonnen.

Im nächsten Beispiel zeigt sich deutlich, wie die Stadt und die Schüler zusammenarbeiten und reizvolle Lernsituationen erschaffen können. Eine Initiative der Lehrer hat dafür gesorgt, dass die Schüler eines Computer- und Wirtschaftskurses für ihren Erfindungsgeist und ihr Wissen Bestätigung bekommen, indem Kontakte zu Geschäftsleuten hergestellt werden, die eine neue Internetseite brauchen. Es entsteht eine Situation, aus der beide Seiten einen Gewinn ziehen und das Zusammenwirken genießen.

Ich freue mich ganz besonders über die Schule, die über ihren Abgeordneten eine Parlamentseingabe machte, um für ganz Missouri mehr Gelder für die Musik- und Kunsterziehung zu bekommen. Kunst- und Förderprogramme werden oft als Erstes gekürzt, wenn zu wenig Geld da ist. Die Schüler haben der Regierung gezeigt, was sie leisten können, wenn sie gut angeleitet werden. Sie wollten damit nicht zuletzt das Engagement ihrer Lehrer ehren. Sie haben auch alle jüngeren Schüler und andere Schulen in das Projekt eingebunden, indem sie Rundmails schrieben, in denen sie ihr Anliegen erklärt und um die Meinung der anderen gebeten haben. Sie stellten fest, dass 99,6 Prozent derjenigen, die geantwortet haben, den über den Lehrplan hinausgehenden musischen Aktivitäten eine positive Auswirkung auf die Lernleistung der Schüler zuwiesen. Die Schüler haben alle Fakten recherchiert, die Resolution entworfen und den Text verfasst.

Ich glaube an das »Phänomen des hundertsten Affen«, eine Theorie, die davon ausgeht, dass Wissen auch nonverbal von einem Individuum zum nächsten weiterwandert (das heißt, sobald eine bestimmte Anzahl von Affen etwas gelernt haben, wissen es in kürzester Zeit auch alle anderen). Ich glaube, dass die Indigos die Fähigkeit haben, sich auf der Seelenebene miteinander zu verbinden und die Welt zu heilen. Sie leben in Frieden, um zu sehen, welch wundervolle Dinge erreicht werden können.

Ich möchte mit den Worten eines früheren Präsidenten schließen, der aus Missouri kam, Harry S. Truman:

»Ich habe festgestellt, dass der beste Rat, den man Kindern geben kann, darin besteht, herauszufinden, was sie wollen, und ihnen zuzuraten, es zu tun.«

Seelenverbundenes Lernen: Die Alchemie tief empfundener Achtung

von Sue Haynes

Sue Haynes studierte Sonderpädagogik und begann dann ihre Karriere als Lehrerin und Direktorin der Newtowne Schule in Cambridge, Massachusetts. Sie verbrachte zwei Jahre an der Vorschule und ein Jahr als Spiel- und Lerntherapeutin am Kinderkrankenhaus Boston, wo sie mit T. Berry Brazelton (Arzt und Autor einer Reihe von Büchern über die Entwicklung von Kindern) die besonderen Bedürfnisse antriebsarmer und geschlagener Kinder erforschte. 1987 erwarb sie noch ihren Master-Abschluss in Alphabetisierung an der Universität von Maine.

Bei ihrer Lehrtätigkeit konzentriert sich Sue Haynes darauf, die Schüler zu stärken, indem sie ihre Fähigkeiten, Interessen und ihren schöpferischen Ausdruck fördert. Die meisten ihrer Schüler haben Schwierigkeiten mit der standardisierten Ausbildung. Viele wurden als »lernbehindert« eingestuft oder mit der Diagnose ADS (Aufmerksamkeits-Defizit-Syndrom) belegt. Indem Sue die Kinder in ihrer Einzigartigkeit würdigte, erkannte sie die hohe kreative Orientierung dieser Kinder und nannte sie schließlich die »kreativ Begabten«. Diese Kinder sind beim Lernen nicht dysfunktional – sie sind vielmehr Vorbilder für authentisches Lernen.

Der folgende Artikel ist ein Auszug aus Sues Buch »Creative Mavericks: Beacons of Authentic Learning« (Kreative Sonderlinge: Vorbilder für authentisches Lernen).

»Wir wissen alle, dass die Erziehung nicht durch eine andere Theorie, ein neues Buch oder eine brillante Formel transformiert werden wird, sondern durch eine transformierte Art, in der Welt zu sein. Mitten in den bekannten Fallen der Bildungswelt – wie Konkurrenz, intellektuelle Machtkämpfe, Scheuklappendenken

und Hierarchiehörigkeit – streben wir nach einem Leben
voller Geist und Seelenkraft.«

PARKER PALMER

In den letzten 30 Jahren meiner Lehrtätigkeit hatte ich die Ehre, mit einer besonderen Art von Lernenden zu tun zu haben, die ganz auf ihr eigenes inneres Programm eingestimmt sind. Leider passt Letzteres nicht immer zu den Zielen der traditionellen Lehrpläne. Ich habe diese Art von Lernenden, die häufig als »lernbehindert« oder »unter ADS leidend« abgestempelt werden, *kreativ Begabte* genannt. Bei meinen Nachforschungen über Indigo-Kinder fiel mir auf, dass sie sich sehr ähnlich zu sein scheinen. Sowohl die Kinder, auf die ich mich beziehe, als auch die als Indigo-Kinder beschriebenen Menschen tragen ein tiefes Gefühl einer Lebensaufgabe in sich, der sie unbedingt treu bleiben wollen. Während meiner Arbeit mit kreativ begabten Kindern (die sicherlich in das Spektrum der Indigos fallen) ist ein Lernansatz entstanden, der sowohl die ungewöhnliche Antriebskraft und Aufmerksamkeit der Indigos als auch das wachsende Bewusstsein aller Kinder berücksichtigt.

Meine »Sonderlinge« erkunden das Spektrum der Möglichkeiten, die außerhalb des bekannten Rahmens liegen. Die Beharrlichkeit, mit der sie sich weigern, auf die oberflächlichen und unehrlichen Lehrpläne der traditionellen Bildungseinrichtungen einzugehen, macht sie zu Vorbildern authentischen Lernens. Sie können die Transformation des Erziehungs- und Bildungswesens bewirken.

Die Qualitäten des authentischen Lehrens und Lernens, die ich hier beschreibe, lassen sich nicht auf die Lehrpläne übertragen, die an den meisten Schulen gelten. Die Philosophie der Akkulturation – in der Individuen dazu gebracht werden sollen, den kulturellen Status quo fortzusetzen – führt zu vorgefassten Lernzielen. Ein Lehr- und Lernansatz, der sich auf die inneren

84

Bedürfnisse und Zeitpläne eines Individuums bezieht, führt zu ganz anderen Zielen. Maxine Greene, Professor für Philosophie und Erziehungswissenschaften an der Columbia Universität, warnte in einem Artikel in *Language Arts:*

»Es gibt eine zunehmende Tendenz, Kinder als ›Ressourcen‹ zu betrachten und nicht als Personen, mit all den Konsequenzen wie ›Nutzwert‹ und sogar ›Tauschwert‹, die damit einhergehen. Vorschläge zur Verbesserung der Erziehung und Bildung werden dann mit der Wettbewerbsfähigkeit der Nation begründet; es geht also nicht um das persönliche Wachstum eines Menschen, der viele alternative Möglichkeiten in sich trägt und als ›Agent‹ über sein eigenes Werden bestimmt.«

Ein Lehrplan, der das Wachstum von Menschen als »Agenten des eigenen Werdens« unterstützt, kann nicht vorgefasst sein. Er muss organisch wachsen und auf die Qualitäten eingehen können, die aus unserem innersten Wesen stammen, das nach seinem eigenen Zeitplan individuellen Ausdrucks erblüht.

Im Gegensatz zur Philosophie der Akkulturation glaube ich, dass es das Ziel der Erziehung sein muss, diesen Schatz in uns, dieses innerste Selbst, zu erwecken und zu unterstützen und seine kreative Lebendigkeit und Weisheit in unsere funktionale Persönlichkeit einfließen zu lassen. In diesem Zusammenhang entsteht eine ganz andere Rolle des Lehrers:

»Wenn wir von einer ganz neuen Reihe von Annahmen über die inneren Fähigkeiten der Schüler ausgehen, entsteht eine neue Rolle für die Lehrer. Sie sind nicht mehr Verteiler von Informationen und Wissen, sondern werden zu Gärtnern, die dafür verantwortlich sind, die heranwachsenden Kinder zu hüten und gut zu versorgen, damit das innere Potenzial jedes Organismus blühen und Früchte tragen kann.« (E. T. Clark)

In meiner eigenen Tätigkeit als Sonderpädagogin habe ich vor allem mit Kindern gearbeitet, die sich im normalen Schulablauf dysfunktional verhalten, weil er ihnen den Zugang zum natürlichen Lernen verweigert. Ich gehe immer davon aus, dass sich die grundlegenden Rahmenbedingungen, die meine Schüler zum Lernen brauchen, aus ihrem Bedürfnis nach authentischem Lernen ergeben – einem persönlichen, interessanten und lebensbezogenen Lernen, das ihnen die schöpferische Initiative gibt, ihren selbst bestimmten Lehrplänen zu folgen.

Wir können die »Schwächen« dieser Kinder aus einer anderen Perspektive betrachten. Thomas Armstrong schlägt in seinem Buch *Das Märchen vom ADHS-Kind: 50 sanfte Möglichkeiten, das Verhalten Ihres Kindes zu verbessern – ohne Zwang und ohne Psychopharmaka* folgendes Umdenken vor:

Statt zu meinen, Ihr Kind sei ...,
betrachten Sie es doch lieber als ...

hyperaktiv	energiegeladen
impulsiv	spontan
leicht ablenkbar	kreativ
verträumt	fantasiebegabt
unaufmerksam	global denkend mit weitem Horizont
unberechenbar	flexibel
streitlustig	unabhängig
stur	geradlinig
reizbar	empfindsam
aggressiv	durchsetzungsfähig
ADS-gestört	einzigartig

Alle diese positiven Hinweise auf die Charakteristika von Kindern, die mit ADS diagnostiziert werden, treffen auch auf die kreativ Begabten zu.

Wenn ich neben meinen kreativ hochbegabten Kindern sitze, spüre ich, wie ihr Fokus kommt und geht, während wir gemeinsam herausfinden, welche Art von Lernen ihrem inneren Wesen entspricht und welche nicht. Ich biete diesen Kindern immer wieder Erfahrungen an, die auf ihre persönlichen Interessen eingehen und sie veranlassen, sich kreativ zum Ausdruck zu bringen. Aus der Ablenkbarkeit wird dabei allmählich eine fröhliche, konzentrierte Aufmerksamkeit. Wenn ich ihren eigenen »Lehrplan« würdige, kann ich zuschauen, wie Wunder persönlichen Wachstums stattfinden. Ein Beispiel dafür ist der folgende Fall einer Schülerin, die als lernbehindert eingestuft wurde, aber eigentlich überaus kreativ begabt ist.

Christina, Schülerin der vierten Klasse einer kleinen Inselschule vor der Küste von Maine, war kurz davor, sich aufzugeben. In der Schule fühlte sie sich völlig frustriert und als komplette Versagerin. Christinas Lehrerin wusste, dass das Mädchen trotz seiner Lernschwierigkeiten klug war, doch sie sah sich nicht in der Lage, Christinas Frustration entgegenzuwirken. Selbst ein Test, der ihr einen hohen IQ bestätigte, konnte Christinas Überzeugung, sie sei dumm, nicht erschüttern.

Bei einem Test wurde Christina in den Fächern Lesen, Schreiben und Rechnen als lernbehindert eingestuft. Ich wurde gebeten, einen Nachmittag pro Woche mit ihr zu arbeiten. Nachdem ich mit ihren Lehrern gesprochen und Christina in einer ersten Sitzung kennengelernt hatte, brachte ich meine Überzeugung zum Ausdruck, dass sie kreativ begabt sei. Diese Perspektive einzunehmen ist der erste Schritt, den ich in der Zusammenarbeit mit diesen geplagten Kindern unternehme. Ich sehe nicht nur Christinas offensichtliche Schwierigkeiten in der Schule, sondern auch ihre höchst kreative Orientierung in allen Aspekten des Lernens.

Christina liebte das Malen und Zeichnen. Ihre Bilder ragten durch gute Linienführung und Perspektive, herrliche Farben, interessante Details und Ausdrucksstärke hervor. Bei jeder Gelegenheit kritzelte sie vor sich hin. Ich ließ Christina während unserer gemeinsamen Arbeit viel malen und zeichnen, um ihr Talent zu würdigen und ihre Aufmerksamkeit bei der Stange zu halten. Ich organisierte auch Stunden bei einer Künstlerin für sie. Noch zwei Jahre später bildeten die Besuche bei der Künstlerin Gail den Höhepunkt von Christinas Woche.

Beim Lesen, Schreiben und Rechnen gab ich Christina zunächst die Möglichkeit, sich die Themen, die Bücher und die Formate unserer Übungsstunden auszusuchen. Kreativ Begabte haben beim Lernen das dringende Bedürfnis, jeden Aspekt ihres Lernens selbst bestimmen zu können. Und sie treffen intuitiv eine hervorragende Auswahl, die zu ihren Bedürfnissen passt. Es erstaunt mich immer wieder, wie sich diese Kinder in kürzester Zeit durch einen beachtlichen Stapel von Büchern arbeiten und sie nach »vielleicht jetzt«, »vielleicht später« und »uninteressant« sortieren.

Ich ließ Christina nicht nur die Wahl, welche Bücher wir zusammen lesen würden, sondern ermutigte sie auch, ihren umfangreichen Wortschatz, ihren ausgeprägten Sinn für Sprache und ihr Einschätzungsvermögen einzusetzen – der Kern des Leseprozesses. Nachdem sie ihre Sicht auf das Lesen in Richtung persönlicher Einbezogenheit verschoben hatte, hatte ich meine wahre Freude an ihrer Identifikation mit den Charakteren und Situationen der Geschichte und an ihrem tiefen Verständnis der Zusammenhänge. Sie suchte sich auch anspruchsvolle Erzählungen aus, die zu ihrem Charakter und ihrer scharfen Auffassungsgabe passten, wie die Flucht- und Entwicklungsgeschichte des Lagerjungen David mit seinem wachsenden Identitätsgefühl (*North to Freedom* von Anne Holm; dt.: *Ich bin David*) und die Geschichte des Inka-Jungen Cusi, der sich seinem Schicksal stellen muss (*Secret of the Andes* von Ann Nolan Clark; dt.: *Das Geheimnis der Anden*).

Ich führte mit Christina spontane Gespräche über unsere Reaktionen auf den Text, statt sie über ein rein mentales Verständnis auszufragen. Ihre persönliche Verbindung zu der Geschichte ließ sie manchmal mit den Figuren der Geschichte streiten. Als Cusi in *Secret of the Andes* lange umherirrt, wurde sie ungeduldig und meinte, er solle doch lieber herauszufinden versuchen, wer er ist, als sich darum zu bemühen, eine Familie zu finden. Nach der Lektüre schauten wir uns eine Dokumentation über die Inkas an und Christina belebte den eher trockenen Bericht mit Ausrufen wie »Das ist die Hütte von Cusis Mutter!« oder »Das ist Cusis Lama!«

Beim Schreiben ermutigte ich Christina, sich eine Geschichte auszudenken, die ihre Fantasie und ihr Interesse anfachte. Ihre bisherigen Schreibversuche hatten durch ihre Schwierigkeiten beim Buchstabieren, bei der Zeichensetzung und bei der Schriftführung sowie wegen der Themen, die ihr fremd waren, schnell in Frustration geendet.

Ich ließ Christina auf meinem Laptop tippen, um ihre Angst vor dem Schreiben zu umgehen. Das Interesse an dem Neuen half ihr, aber sie fand keine Idee, die ihr gefiel. Um irgendwie anzufangen, schlug ich vor, dass sie mit der Geschichte einer jungen russischen Einwanderin aus dem neunzehnten Jahrhundert weitermachen solle, die sie in der Schulzeitung begonnen hatte. Sie rang sich jeden Tag ein paar Zeilen ab und ließ das Mädchen nach Texas wandern, doch es blieb mühsam. Eines Tages dachte sich Christina aus, dass ihre Heldin ihre Aufgaben im Stich ließ und mit einer Freundin zu einem nahe gelegenen Bach lief. Dort trafen sie einen Mann. »Oder war es vielleicht ein Junge?«, fragte ich. »Irgendwie schon«, antwortete sie. »Es war ein etwas älterer schwarzer Junge, der vor einem grausamen Herrn davongelaufen war.« Begeistert von dieser Wendung der Ereignisse schrieb sie weiter. Sie hatte einen starken Sinn für Gerechtigkeit, und ihre Geschichte bot ihr die Chance, dies kreativ zu erkunden. In »Nataschas Abenteuer« half das russische Mädchen einem misshandelten Sklavenjungen, sich mit der Sklavenhilfsorganisation

»Underground Railroad« in Verbindung zu setzen. Es wurde ein schönes, reich bebildertes Büchlein. Christina entwickelte sich wunderbar von einem unter Schreibangst leidenden Mädchen zu einer ausdrucksstarken Autorin, nachdem sie sich selbst als eine fähige Autorin und Illustratorin entworfen hatte.

Christina und ich mussten uns noch den potenziell langweiligen Fächern Rechnen und Buchstabieren widmen. Durch meinen entwicklungsbezogenen Ansatz konnte ich genauer erkennen, wo sie feststeckte. Im Rechnen hatte sie keinen Sinn für Zahlen entwickelt. Bei vielen angeblich lernbehinderten Schülern scheint das Problem im Kurzzeitgedächtnis zu liegen. Meiner Erfahrung nach können sich die kreativ Begabten einfach an keine Dinge erinnern, die sie nicht persönlich verinnerlicht haben oder die für sie ohne Relevanz sind. Die Frage ist immer die nach dem Kontext.

Für das Rechnen erfanden wir Spiele, um den Sinn für Zahlen zu üben. Zuerst gingen wir die Regeln zum Thema »10 + irgendeine Zahl« und die Verdoppelung durch. Ich half Christina auch, in geraden und ungeraden Zahlen flüssig vorwärts und rückwärts zu zählen. Sobald sie diese beiden Dinge beherrschte, brachte ich ihr bei, wie sie fast jede Addition schnell ermitteln konnte, indem sie mit der Verdoppelung oder 10 + begann und je nach Notwendigkeit 1 oder 2 abzog (zum Beispiel 9 + 7 = 10 + 7 − 1 oder 8 + 6 ist 6 + 6 + 2). Multiplikation ist das Gleiche wie mehrfache Addition, also ermutigte ich sie, immer auf die ihr bekannten Tatsachen zurückzugreifen, die sie beim Addieren gelernt hatte (um zum Beispiel herauszufinden, wie viel 8 x 7 ist, erinnert sie sich an 8 x 6 = 48 und rechnet dann + 10 − 2). Sobald sie sich beim Addieren und Multiplizieren sicher war, ließen sich daraus auch Subtraktion und Division ableiten (17 − 8 wurde zum Beispiel zu 8 + was? = 17).

Nachdem ich herausgefunden hatte, wo Christinas Entwicklung beim Buchstabieren hängen geblieben war, übten wir Regeln nach den Richtlinien von Bear u.a., *Words Their Way,* und übten Wörter, die ihr eine gute Grundlage für ihren weiteren Wortschatz bieten würden. Endlose Rechenübungen und Diktate hätten bei Christina nur zu Widerstand geführt, aber sie war gut motiviert, an Spielen teilzunehmen, die wir gemeinsam entwickelt hatten, und änderte ständig die Regeln, damit es uns nicht langweilig wurde.

Heute, zwei Jahre später, hat Christina beim Lernen sehr viel mehr Selbstvertrauen. Sie ist besser im Lesen, Schreiben, Buchstabieren und Rechnen, auch wenn sie noch oft eine Art Stenoschrift anwendet, wenn sie es eilig hat. Sie hat ihren eigenen kleinen Laptop, auf dem sie ihre Hausaufgaben macht. Der Computer hilft ihr, sich auf ihre Gedanken zu konzentrieren, ohne zu sehr auf ihre Schönschrift achten zu müssen. Sie liest zwar immer noch nicht sehr flüssig, beeindruckt ihre Lehrerin aber mit der Tiefe ihres Verständnisses, ihren Schlussfolgerungen und ihrer Einschätzung der Bücher, die sie lesen. Sie schreibt leichter, braucht aber immer noch eine starke Inspiration.

Vor Kurzem fuhren Christina und ich gemeinsam mit dem Postboot, das ihre Insel bedient. Ich bemerkte, dass sie ganz in die Lektüre eines Handbuchs übers Babysitten vertieft war, das sie für ein Wahlfach brauchte. Ich lächelte, weil ich mich schon gefragt hatte, wie es wohl mit dem Lesen ging. Irgendwann schaute sie auf und sagte zu mir: »Manchmal fahre ich richtig gern mit dem Boot, weil ich dann so viel lesen und mich dabei entspannen kann.«

In der Darstellung meiner Arbeit mit Christina habe ich verschiedene Aspekte erwähnt, die von vielen ganzheitlichen Sprachlehrern angewandt werden: die Berücksichtigung der Entwicklungsstufe, die Möglichkeit der individuellen, eigenen Entscheidung in allen Stufen der Lernerfahrung und die Gelegenheiten für kreative Eigeninitiative. Doch über diese Grundsätze hinaus betrachtete ich Christina als ein Kind, das ein enormes Bedürfnis hat, seinen eigenen Interessen treu zu bleiben, und das die kreative Eigeninitiative *braucht,* um fürs Lernen genug Energie aufzubringen. Ihr Hauptproblem – das hatte ich begriffen – bestand darin, dass sie mit den Lehrplänen, die weder zu ihrer Entwicklung passten noch irgendeinen persönlichen Bezug boten, nichts anfangen konnte.

Kreativ hochbegabte Kinder verkümmern häufig in unserem akkulturierten Erziehungsmodell, in dem jeder angepasst sein oder werden soll. Eng interpretiert bewirken die heutigen Erziehungs- und Bildungskonzepte eher, dass auch noch das letzte bisschen Wachstum im Menschen unterdrückt wird. Wie wäre es wohl, wenn es im Lehrplan Lernziele gäbe wie »Der Lernende soll eine tiefe Verbundenheit zu selbst gewählten Geschichten entwickeln« oder »Er kann aus seinem inneren Wissen heraus Entscheidungen fällen«?

Ich war von Christinas Stärken, Talenten, Interessen und ihrer Begeisterungsfähigkeit überzeugt. Ich würdigte ihr Bedürfnis, ihrem inneren Lehrplan treu zu bleiben. Ich habe das Gefühl, dass es vor allem diese Sichtweise von ihr war, diese Würdigung *Christinas,* die sie in ihrer Entwicklung so bestärkte.

Kreativ Begabte und Indigo-Kinder sind sich ihrer inneren Lehrpläne sehr bewusst. Jeder von uns hat eine einzigartige Berufung. In jedem von uns ruht ein Juwel. Lehrer, die von ihrer authentischen Mitte her leben, können in allen ihren Schülern diese Selbsterkenntnis wecken.[8]

Der Unterschied – 1974 bis heute
von Quinn Avery

Quinn verwendet in diesem kurzen Bericht nicht den Begriff »Indigo«, aber allein die Tatsache, dass er ihn als seinen Beitrag zu diesem Indigo-Buch anbot, ist ein starker Hinweis darauf, dass er wirklich von den neuen Kindern spricht. Der Beitrag ist kurz, aber aufschlussreich. Diese Kinder sind zerebral viel weiter entwickelt als die älteren Generationen. Manche von ihnen spüren sogar zukünftige Ereignisse voraus. (Bevor Sie jetzt abwinken, erinnern Sie sich daran, dass die Existenz dieses Phänomens von Dr. Nelson an der Universität von Princeton bestätigt wurde – siehe Einleitung.)

Quinn Avery hat an der Universität von Arizona Sonderpädagogik studiert. Er unterrichtete drei Jahre lang, arbeitete dann acht Jahre als Verkäufer und kehrte 1985 in die Lehrtätigkeit zurück, die er seitdem ausübt. Seine Erfahrung erlaubt es ihm, über die Entwicklung von Kindern zu berichten. Gerade weil er als Lehrer pausierte, kann er noch besser als andere jeden noch so geringen Unterschied bemerken, der sich in den Kindern dieser Zeit abzeichnet.

Zurzeit unterrichte ich schwach lernbehinderte Schüler der sechsten Klasse einer Mittelschule auf Hawaii. Natürlich habe ich im Lauf der Jahre alle möglichen Veränderungen in den Kindern beobachtet, aber dieses Jahr erlebte ich eine Überraschung. Ich unterrichtete vier Schüler in Sprache und Kunst, als einer von ihnen behauptete, dass er im Voraus wüsste, wenn etwas geschehen würde. Er habe manchmal Träume und eine Weile später geschehe es genau so, wie er es geträumt hatte. Ich glaube an Träume und Vorhersagen, also erklärte ich ihm, dass das eine gute Sache sei, vor der er sich nicht zu fürchten brauche. Daraufhin erklärten die anderen drei Schüler, dass es ihnen genauso gehe. Noch nie zuvor hatte irgendeiner meiner Schüler so etwas berichtet.

Ich habe auch zwei Schüler, die sehr ernsthaft zeichnen. In jeder freien Zeit nutzen sie die Gelegenheit zum Zeichnen. Einer will Videos produzieren, der andere Geschichten schreiben und Filme daraus machen. Beide haben einen Traum, dem sie sehr motiviert nachgehen.

Natürlich sind auch andere Schüler an diesem und jenem interessiert, aber keiner von ihnen hat bislang in so jungem Alter so konkrete Pläne zur Umsetzung seiner Träume entwickelt.

Indigo-Kinder und ihre Emotionen
von Julie B. Rosenshein

Es war nicht leicht, zu entscheiden, welchen von Julies vielen Artikeln wir in dieses Buch aufnehmen sollten. Sie sind alle hervorragend und bringen die Sache auf den Punkt. Also wählten Jan und ich ein Thema aus, nach dem viele Eltern immer wieder fragen: Emotionen!

Julie B. Rosenshein hat sich als Psychotherapeutin, Elternberaterin und Supervisorin auf hoch empfindsame Kinder, Indigos und ADHS-diagnostizierte Kinder spezialisiert. Mithilfe ihrer medizinischen Intuition und ihrer Fähigkeit des Channelings kann Julie Eltern und älteren Indigos gute praktische Hinweise geben, sogar per Telefon. Sie wird wohlwollend »Indigo-Doc« genannt, weil sie landesweit Vorträge hält, in denen sie von ihren eigenen Erfahrungen als hoch empfindsames Kind berichtet und Ratschläge gibt, deren Umsetzung funktioniert. Sie hat ihre Arbeit im Fernsehen vorgestellt und ist Autorin des Buches »The Highly Sensitive Kids Guide« (Ratgeber für den Umgang mit hoch sensitiven Kindern).

Was haben diese Kinder? ADS (Aufmerksamkeits-Defizit-Syndrom)? ADHS (Aufmerksamkeits-Defizit-Syndrom mit Hyperaktivität)? Sind sie manisch-depressiv? Oder leiden sie unter einer oppositionellen Verhaltensstörung? Welches Etikett wird man den Indigos und den hoch empfindsamen Kindern der heutigen Welt als Nächstes verpassen?

Sam ist vier Jahre alt und geht in den Kindergarten, wo ich als

Verhaltenstherapeutin arbeite. Er zeigt starke Emotionen, Wutausbrüche, Schreianfälle, aufsässiges Verhalten, Unaufmerksamkeit und extreme Lärmempfindlichkeit. Er hat auch die wundervollen Charakterzüge der Indigos: Er kann hervorragend musizieren und mit Legosteinen bauen, geht geschickt mit dem Computer um und kann viele Dinge gleichzeitig im Blick behalten. Seine Sprachentwicklung ist verlangsamt, was er mit vielen Indigos gemeinsam hat.

Sam schlägt andere Kinder, verbarrikadiert sich unter dem Tisch und weigert sich, am Singkreis teilzunehmen, vor allem wenn er auf dem Teppich nicht auf dem Buchstaben S sitzen darf. Er musste schon mehrfach den Kindergarten wechseln, weil die Erzieher nicht mit seiner Gefühlintensität, seinen Stimmungsschwankungen, seiner Unaufmerksamkeit und seinem aggressiven Verhalten zurechtkamen. Er ähnelt vielen Kindern und Jugendlichen, die in meine private Praxis kommen.

Nach einer gründlichen psychosozialen Bestandsaufnahme entwickelten wir einen Verhaltensplan, in dem er sich bestimmte Vorrechte verdienen konnte, wenn er niemanden schlug. Wir legten ihm nahe, möglichst oft in den Musikraum zu gehen, und setzten seinem aggressiven Verhalten deutliche, liebevolle Grenzen (zum Beispiel, dass es nicht in Ordnung ist, andere Kinder anzurempeln oder von der Schaukel zu stoßen). Wir ermutigten ihn, sich möglichst oft im Beschäftigungstherapie-Raum eine Abkühlungspause zu gönnen. Er lernte, selbst zu merken, wann er überfordert war, und dann um eine Pause zu bitten, in der er schaukeln, tanzen, stampfen, klettern und Ball spielen konnte, um seine Gefühle und Energien zu verarbeiten und nicht in negatives Verhalten münden zu lassen.

Sie können lernen, sich ins Gleichgewicht zu bringen

Sobald Sam mir sein »Pausenzeichen« machte, stand ich mit ihm auf, nahm ihn an der Hand und hüpfte, marschierte oder stampfte mit ihm in »unseren Raum«. Auf dem Weg dorthin merkte ich an seinem Stottern, seinen lautstarken Beschwerden über andere Kinder oder an der Art, wie er mit dem Körper an der Wand entlangrieb, wie seine emotionale Welt in die Brüche ging. Sobald wir in dem Raum angelangt waren, kam ein anderer Sam zum Vorschein. Ich schaltete das harte Neonlicht aus und öffnete das Fenster, um frische Luft hereinzulassen, und dann sprangen wir auf dem Trampolin oder hüpften auf großen Bällen über den Teppich. Manchmal baute er sich aus vielen Kissen eine Art Schutzburg, um den Lärm und die anderen, ihn überfordernden Sinnesreize abzublocken. Manchmal schrie er auch nur, schlug auf Kissen ein oder wiegte sich hin und her. Oder er rief: »Ball schmusen! Ball schmusen!«, dann legte er sich hin und ich nahm einen großen, gelben Yogaball und rollte ihn mit sanftem Druck über seinen Rücken und seine Beine.

Ich konnte zusehen, wie er meistens innerhalb von 15 bis 20 Minuten von totaler Überforderung zu einer gewissen Entspannung fand. Wenn wir den Raum betraten, schien er Feuer zu spucken – und wenn wir ihn verließen, lächelte er meistens bis über beide Ohren. Am Anfang brauchte er täglich etwa vier solcher Pausen, um es bis zum Abholen um 13 Uhr zu schaffen. Seine Mutter erzählte, dass er jeden Tag nach dem Nachhausekommen erst einmal zwei Stunden schlief.

Nach drei Wochen hatte Sam jedoch nur noch einen Schreianfall pro Tag. Er war viel weniger körperlich aggressiv und fing an, am Singkreis teilzunehmen, wenn er sich selbst seinen Platz aussuchen und notfalls aufstehen durfte. Er war immer noch sehr impulsiv und unaufmerksam, aber er machte Fortschritte und schien etwas ausgeglichener.

Nach einem Monat riefen seine Eltern an und fragten die Erzieherin, ob sie in der letzten Woche einen Unterschied bei Sam bemerkt habe. Das sei schwer zu sagen, erwiderte sie; die Verbesserungen fänden in kleinen Schritten statt. »Aber wir sind sehr froh, Fortschritte zu erkennen.«

Die Eltern erklärten dann, dass sie das Kind seit einer Woche auf Ritalin gesetzt hätten – auf Anraten des Kinderarztes, der meinte, das Kind habe ADS und das Medikament würde ihm helfen, mit seiner Unaufmerksamkeit und Impulsivität besser fertig zu werden.

Ich kann gar nicht beschreiben, wie traurig mich diese Nachricht machte. Unsere Interventionen würden durch diese zweite Variable sehr unklar, aber vor allem fragte ich mich, was wohl aus einem Kind werden sollte, das schon unter Drogen gesetzt wird, bevor es ganze Sätze sprechen kann ...

Ursachen, nicht Symptome

In diesem Fall wusste ich, dass es um Ursachen ging und nicht um Symptome. Wir hatten es hier mit einem hoch empfindsamen Indigo-Kind zu tun, das vom Zusammenwirken von Neonlicht, Lärm, Autoritäts- und Abgrenzungsproblemen überfordert war. Der Junge brauchte viel Bewegung, um all die Reize zu verarbeiten, und benötigte Hilfe, um zu lernen, mit seinem Ärger und seiner Frustration umzugehen. Und es gab Probleme in der Familie.

Als sich Sam im Kindergarten drei Monate später mal wieder falsch verhalten hatte, weinte er untröstlich. »Wenn Papa das hört, steckt er mich in den Mülleimer!«, wiederholte er mehrfach zwischen seinen Schluchzern.

Es stellte sich heraus, dass das Kind von seinem Vater verbal misshandelt wurde. Die Ursache seiner emotionalen Instabilität und seiner Unaufmerksamkeit lagen nicht in einer Aufmerksamkeitsstörung oder einer anderen psychiatrischen Krankheit. Er war ein hoch empfindsames Indigo-Kind, das mit gutem Grund verängstigt und verstört war und ohne Hilfe nicht mit seinen Gefühlen und seiner Familiensituation umgehen konnte.

Es ist sehr wichtig zu wissen, dass nicht jedes unaufmerksame Kind unter ADS leidet. Es kann viele Gründe dafür geben, dass sich ein Kind nicht konzentrieren kann. Ist Ihnen schon aufgefallen, dass auch solche Kinder stundenlang Tieren zuschauen, Dinge bauen oder Musik machen? Diese Kinder sind nicht unaufmerksam, sie sind selektiv aufmerksam. Sie brechen aus, wenn sie gezwungen werden, sich auf für sie bedeutungslose Dinge zu konzentrieren.

Keine schnelle Lösung

Sam wird immer noch mit Ritalin behandelt. Seine Eltern mussten zu einem Erziehungskurs gehen und bekamen angemessene Techniken zur Disziplinierung gezeigt. Ich wünschte, ich könnte erzählen, dass die Geschichte ein besseres Ende genommen hat. Und ich wünschte, ich könnte behaupten, dies sei ein Einzelfall. Dem ist leider nicht so. Ich begegne vielen solcher Kinder, die auf Gedeih und Verderb uninformierten, altmodischen Eltern ausgeliefert sind; Kinder, die die Schule unter Kontrolle bringen will und die zu Kinderärzten geschleppt werden, die nach schnellen Lösungen suchen. (In meiner privaten Praxis kann ich mehr bewirken, aber aus rechtlichen Gründen und aus Rücksicht auf Eltern und Schule habe ich an den Schulen weniger Spielraum.)

Gut möglich, dass Sam auch weiterhin unaufmerksam und stark stimmungsabhängig sein wird. In der ersten oder zweiten Klasse schleppen ihn seine Eltern dann wieder zum Arzt und sagen, das

Medikament reiche nicht aus, weil das Kind immer noch Probleme macht. Er wird dann mehr für die Schule tun müssen und kann sich nicht mehr wie im Kindergarten eine Auszeit nehmen. Seine unverarbeiteten Gefühle führen dazu, dass sein Verhalten aggressiver und unangemessener wird. Irgendwann wird er es nicht mehr packen und jemanden schlagen. An der Schule wird man damit nicht umgehen können. Meistens erhält das Kind dann eine neue Diagnose: bipolare Störung. Dann bekommt er außer Ritalin noch ein weiteres Medikament, das seine Ausbrüche abmildern soll.

Er wird weiterhin Probleme beim Lernen und mit Autoritäten haben. Im Lauf der Zeit wird er immer wütender werden und sich im Hinblick auf seine Gefühle und seine Entscheidungsmöglichkeiten immer ohnmächtiger fühlen. Man wird es weiterhin mit verschiedenen Medikamenten versuchen. (Ein Kind, mit dem ich an einer Schule gearbeitet habe, hatte neun verschiedene Kombinationen von Psychopharmaka hinter sich und war schließlich im Krankenhaus gelandet!)

Aus den Missverständnissen von heute entstehen die Probleme von morgen

Ungefähr in der fünften Klasse wird Sam allen Erwachsenen und Autoritäten gegenüber misstrauisch geworden sein – und das nicht grundlos. Er wird hassen, was er tun muss, und in der Schule verbal ausfällig werden. Seine Lehrer werden alles versucht haben und ihn dann ratlos nach Hause oder ins Büro des Schulleiters schicken. Er wird weder zur Schule noch nach Hause gehen wollen. Er wird auf alles und jeden wütend sein.

An dieser Stelle erhält er dann möglicherweise sein letztes Etikett: Störung des Sozialverhaltens mit oppositionellem, aufsässigem Verhalten. Dieses Etikett trifft auf mehr oder weniger alle Indigos zu, die ich kennengelernt habe und denen nicht die Möglichkeit von eigenen Entscheidungen, angemessenen Grenzen und viel Bewegungsfreiheit gegeben wurde. »Wir werden einfach nicht mehr mit ihm fertig. Er tut nie, was man ihm sagt. Vielleicht wäre er besser auf einer anderen Art von Schule aufgehoben, wo man ihn eher betreuen kann ...« So geht es immer weiter.

Falls es Sam bis in die Highschool schafft, wird er dort wahrscheinlich mit anderen Drogen experimentieren, um mit seinen Gefühlen der Einsamkeit, Wut, Verzweiflung und des Versagens umzugehen. Viele dieser Kinder enden in Drogenkliniken.

Manisch-depressiv oder nur empfindsam?

Als klinische Therapeutin muss ich sehr deutlich sagen: Nur weil ein Kind starken Stimmungsschwankungen unterworfen ist, ist es noch lange nicht manisch-depressiv. Hinter den Stimmungsschwankungen von Kindern (ob Indigo oder nicht) können viele Ursachen stecken: eine Kombination von sehr logischen, biochemischen und vom Temperament abhängigen Gründen. Es kann um emotionale Probleme gehen, um fehlgeleitete Wut, hohe Sensibilität, Schilddrüsenprobleme, Ernährungsmängel, Familienangelegenheiten, Schulschwierigkeiten. Vielleicht leidet das Kind unter chronischem Schlafmangel, weil es häufig schlecht träumt oder mit Erinnerungen aus der Vergangenheit kämpft. Viele Indigo-Kinder tragen die ganze Wut des Planeten, die ganze Last ihrer Familien und sämtliche unverarbeiteten Gefühle ihrer Schulkameraden auf ihren Schultern.

Indigos ziehen Energien magnetisch an, und wenn diese Energien nicht geklärt und verarbeitet werden, wirken sie zerstörerisch. Ich stelle häufig fest, dass hinter starken Stimmungsschwankungen und häufigen Zusammenbrüchen ein unverarbeiteter Ärger steckt, der mal aggressiv nach außen (Wut) und mal depressiv nach innen (Niedergeschlagenheit und Verzweiflung) gewendet wird. Helfen wir diesen Kindern, mit ihrer Wut gut umzugehen, haben sie die Kraft, ihre Aufgabe in dieser Welt zu erfüllen. Wenn wir es nicht tun, wissen sie sich vielleicht irgendwann nicht anders zu helfen, als mit Waffengewalt um sich zu schießen oder sich selbst einen »goldenen Schuss« zu setzen, um dem Leiden ein Ende zu bereiten.

Im Chaos Sinn finden

Ich erhalte oft E-Mails von Jugendlichen oder jungen Erwachsenen. Sie erzählen mir Geschichten, deren Verlauf dem Schicksal von Sam ähnelt. Nach jahrelangen Kämpfen finden sie eines Tages einen Artikel über Indigos und können es nicht fassen. »Bin ich ein Indigo?«, fragen sie mich. »Das klingt genau nach mir ... Meinen Sie, dass das die ganze Zeit das Problem war? Dass ich nicht schlecht oder dumm bin, sondern nur anders?« Und dann weinen sie am Telefon. Plötzlich verstehen sie vieles, das zuvor sinnlos erschien. Sie spüren eine so starke Verbindung mit diesem Konzept, dass sie intuitiv wissen: Es ist wahr.
Alle diese jungen Erwachsenen brauchen eine gute emotionale und spirituelle Unterstützung, unkonventionelle Beratung und Ermutigung, um Schritt für Schritt zu einem produktiven, kreativen und sinnerfüllten Leben zu finden.
Viele dieser Jugendlichen haben irgendwann die Schule abgebrochen und wurden entweder zu Hause von einem der Großeltern unterrichtet oder haben eine andere Art von Ausbildung gefunden. Wenn sie die Schule überlebt und etwas gefunden haben, das ihren Interessen entspricht, können sie weitergehen. Dann haben sie die Möglichkeit, den Mut für das zu finden, worum es ihnen seit jeher ging: ihre Lebensaufgabe.

Was können wir tun?

Wie können wir die abwärts gerichtete Spirale von Kindern wie Sam stoppen? Es ist machbar. Man braucht dazu Geduld und muss sich als Eltern oder Lehrer eines Indigo-Kindes klarmachen, dass man etwas weiß, das die Ärzte vielleicht nicht wissen. Vertrauen Sie sich selbst und ihrem Bauchgefühl, wenn es darum geht, was für Ihr Kind richtig ist. Überlassen Sie die Entscheidungen nicht anderen, auch wenn die in der mächtigeren Position zu sein scheinen (auch das ändert sich im Lauf der Zeit). Bleiben Sie Ihrer eigenen Meinung treu und orientieren Sie sich immer wieder an Ihrer inneren Führung und an der Meinung Ihres Kindes. Meistens wissen die Kinder ganz gut, was richtig für sie ist – wenn sie in ihrer Mitte sind.

Die folgenden Hinweise und Methoden können Ihnen und Ihrem Kind helfen, mit dem Ärger und der Wut umzugehen, die viele Indigos in sich tragen. Viele dieser Methoden werden am besten von Leuten angewendet, die darin ausgebildet sind. Manche sind jedoch bewusst so einfach gehalten, dass Sie sie auch selbst zu Hause anwenden können.

Möglichkeiten, Kindern beim Umgang mit Emotionen (insbesondere Wut) zu helfen

Versichern Sie sich, dass keine biochemischen Ungleichgewichte dahinterstecken. Finden Sie einen Heilpraktiker, Homöopathen oder Naturheilkundigen, einen Akupunkteur oder Kinesiologen, um festzustellen, ob die Reizbarkeit oder die Stimmungsschwankungen Ihres Kindes durch biochemische Ungleichgewichte ausgelöst werden. Ein Mangel an Magnesium, B-Vitaminen, Calcium, Vitamin D oder der Schilddrüsenhormone kann den Körper des Kindes durcheinanderbringen. Auch Nahrungsmittelallergien lösen zuweilen emotionale Turbulenzen aus (Weißmehl, Zucker, Milchprodukte und Süßstoffe können genauso Auslöser sein wie Allergien auf bestimmte Umweltgifte).

Versichern Sie sich, dass Ihr Kind in der Schule keine Lernstörungen hat. Wenn das Lernen für Ihr Kind so frustrierend ist, dass es darüber die Gewalt über sich selbst verliert, gilt es, nach anderen Wegen zu suchen, wie Ihr Kind die Schule absolvieren kann und gleichzeitig das Lernen gut erträglich findet.

Probieren Sie Körperarbeit aus. Osteopathie, Reiki, Energiearbeit und Sport – all das kann Ihrem Kind helfen, seine Gefühle zu verarbeiten. Die Energie staut sich in ihm und muss abgeleitet werden.

Schenken Sie dem Lehrer oder der Lehrerin ein Buch über Indigo-Kinder.

Lassen Sie möglichst viel Raum für eigene Entscheidungen. Diese Kinder sind in Hochform, wenn sie ihr Leben und ihre Zukunft mitbestimmen können. Wenn sie an den Entscheidungen ihres eigenen Lebens nicht mitwirken dürfen, werden sie wütend und frustriert. Es ist schwer, als alte Seele in einem jungen Körper zu sein.

Setzen Sie möglichst sensorische Integrationsmethoden ein. Erkundigen Sie sich, was Beschäftigungstherapeuten mit Kindern tun, die sensibel sind. Diese Übungen sind für Indigos sowohl zu Hause als auch in der Schule äußerst nützlich.

Richten Sie daheim einen Bereich ein, in dem das Kind seine Gefühle verarbeiten und Druck ablassen kann. Ihr Kind braucht einen Platz, an dem es die Anstrengung seines Tages loslassen und verarbeiten kann. Es sollte dort eine alte Matratze, Kissen und Decken geben, in die es sich einmummeln kann, vielleicht sogar einen großen Karton oder etwas Höhlenartiges, in dem es sich vor den Reizen der Welt geschützt fühlt. Das hilft seinem Körper, sein Gleichgewicht wiederzufinden. Dort darf es wüten, schlagen, schreien oder still sein – oder sich einfach mal halten lassen. Ihr Kind braucht das!

Helfen Sie Ihrem Kind, Aktivitäten zu entwickeln. Tagebuch schreiben, malen, eine Kissenschlacht, springen, schreien, auf einen Boxsack hauen, trommeln, Kampfkünste üben, Ball spielen, Umarmungen, Reiki empfangen, schaukeln, Yoga, baden, Gewichte stemmen, ans Meer oder in den Wald gehen, reden, Trampolin springen, dichten und singen – all das sind gute Möglichkeiten.

Finden Sie heraus, wie es zu dem jeweiligen Zusammenbruch oder der Frustration kam. Das Problem begann wahrscheinlich schon lange vor dem eigentlichen Ausbruch. Gehen Sie detektivisch vor und finden Sie die Ursachen, welche die Gefühle hervorgerufen haben.

Achten Sie darauf, ob vielleicht eine verborgene klinische Depression vorliegt. Bei Kindern und Jugendlichen sehen Depressionen ganz anders aus als bei Erwachsenen, und bei Mädchen wiederum anders als bei Jungen. Hinter Ärger, Hyperaktivität, Lethargie oder Gleichgültigkeit gegenüber dem Leben kann auch eine Depression stecken.

Gehen Sie detektivisch vor. Führen Sie ein Tagebuch, in welchem Sie die Stimmungen, Zusammenbrüche, Frustrationsanfälle oder Ausbrüche Ihres Kindes verzeichnen. Wenn Sie einige der Auslöser dafür vermeiden können, ersparen Sie Ihrem Kind die Qual des ständigen Auf und Ab. Helfen Sie Ihrem Kind, die Auslöser auch selbst zu erkennen, sodass es zu seinem Wohlbefinden selbst etwas beitragen kann.

Entspannen Sie sich. Ihr Kind fängt auch alle Ihre Stimmungen auf. Je ausgeglichener Sie sind, desto besser für Ihr Kind. Wenn Sie selbst Raum brauchen, um Ihre Gefühle zu verarbeiten, erklären Sie Ihrem Kind aufrichtig, was los ist – es weiß es ohnehin intuitiv. Geben Sie also ruhig zu, dass Sie auch nur ein Mensch sind. Gleichzeitig zeigen Sie ihm damit, wie man auf gute Art mit seinen Gefühlen umgeht. Sie können von Ihren Kindern nichts erwarten, das Sie selbst nicht tun – praktizieren Sie also selbst, was Sie Ihrem Kind vorschlagen, oder tun Sie es gemeinsam. Sie werden eine riesige Veränderung erleben, wenn Sie sich von Ihrem Kind genauso führen lassen, wie Sie es führen. Ihre Kinder brauchen Ihre Beständigkeit, emotionale Verfügbarkeit und Strukturiertheit, um sich in ihrer eigenen Haut wohlzufühlen.

Ich beglückwünsche Sie zu Ihrer Entscheidung, einem oder mehreren dieser besonderen Kinder zur Seite zu stehen. Seien Sie gesegnet und seien Sie sich bewusst, dass Sie letztendlich nicht nur diesem Kind, sondern dem ganzen Planeten helfen, der Art, wie wir alle leben und lieben wollen, einen Schritt näher zu kommen.

Jan und Lee: Wir können hier nicht einfach aufhören. Julie ist so bewandert in diesem Thema, und alles, was sie sagt, ist so richtig. Also kommt hier noch ein Auszug aus einem ihrer anderen Artikel:
Indigo-Kinder spüren in der Regel den Stress, die Unruhe oder den Druck, der in ihrer Familie, Schule oder ihrer Umwelt

herrscht, und sie lehnen sich dagegen auf. Das ist auch gut so; es ist ihre Bestimmung und wir tun gut daran, ihnen zuzuhören, wenn wir etwas verändern wollen. Sie sind hier, um die Systeme unserer Gesellschaft zu transformieren, die nicht mehr funktionieren – auch unsere Familiensysteme. Die Indigos brauchen das Gefühl, sowohl mit ihrem Zuhause als auch mit einer größeren Gemeinschaft von gleichgesinnten Kindern und Jugendlichen verbunden zu sein. Überall bilden sich Indigo-Netzwerke und -Gruppen, in denen sich diese besonderen Seelen wertgeschätzt und verstanden fühlen. Sie können Sie im Internet, durch Heilungs- oder Meditationszentren finden. Bitten Sie das Universum, Ihnen die richtigen Leute, den richtigen Ort und die richtigen Dinge zukommen zu lassen, damit Sie und Ihre Familie so unterstützt werden, wie Sie es brauchen.

Hier sind ein paar einfache Tipps, die Sie mit Ihren Indigos ausprobieren können:

- Sammeln Sie in einem Schuhkarton Zeitungsausschnitte und Flyer über Aktionen, die Sie gerne mit Ihren Kindern unternehmen würden. Am Sonntag fischen Sie dann einfach irgendetwas aus der Kiste und ziehen los.

- Richten Sie eine Dankbarkeitsliste ein oder spielen Sie am Abendbrottisch das »Hoch-Tief«-Spiel: Jeder erzählt das Beste und das Schlimmste, das ihm an diesem Tag widerfahren ist. Wenn Ihre Kinder künstlerisch begabt sind, können sie die Szenen auch durch Bilder ausdrücken, die Sie an den Kühlschrank hängen.

- Seien Sie Ihren Kindern gegenüber so authentisch, wie Sie können (allerdings unter Berücksichtigung ihres Alters). Erklären Sie Ihre Gefühle und Gedanken über bestimmte Dinge. Erzählen Sie, welche Gedankengänge Sie zu bestimmten Entscheidungen geführt haben. Hören Sie auch Ihren Kindern zu, wenn sie Ideen oder Gefühle

zum Ausdruck bringen wollen. Machen Sie deutlich, dass
Sie ihren Standpunkt gehört haben, ohne deswegen not-
wendigerweise Ihre Entscheidung oder Ihre Grenzen zu
ändern.

- Stellen Sie eher Fragen, als Antworten zu geben.
- Wenn Ihr Kind aggressiv ist oder herumtobt, versuchen
  Sie herauszufinden, welcher Schmerz oder welche Verletzung dahintersteckt. Versuchen Sie, auf das Bedürfnis
  einzugehen, das hinter seinem Verhalten verborgen liegt.
- Denken Sie daran, dass *Nein* ein wichtiges Wort ist, auch
  wenn es nicht auf Begeisterung stößt. Wenn Sie Ihrem
  Nein treu bleiben, werden die Kinder lernen, Ihre Gren-
  zen zu respektieren, und Sie als jemanden erleben, dem
  man vertrauen kann, weil er sich nicht manipulieren lässt.
  Das gibt ihnen Sicherheit, selbst wenn sie sich dagegen
  auflehnen.
- Denken Sie daran, dass Menschen wichtiger sind als
  Dinge oder Zeitpläne. Tun Sie nur die Hälfte dessen, was
  Sie meinen, an einem Tag tun zu müssen, und schenken
  Sie die gewonnene Zeit sich selbst oder Ihrer Familie.
- Essen Sie wenigstens einmal pro Woche gemeinsam zu
  Hause eine selbst gekochte Mahlzeit. Laden Sie Nachbarn
  oder Verwandte ein, wenn es Ihnen Freude bereitet. Las-
  sen Sie die Kinder auch mal unter der Woche lange auf-
  bleiben, um gemeinsam etwas Besonderes zu erleben.
- Halten Sie regelmäßig Familienkonferenzen ab, bei denen
  alle ihre Gefühle loswerden oder über ihre Probleme reden
  können. Legen Sie Wert auf »Ich-Aussagen«, zum Beispiel:
  »Wenn ich gerade alles aufgeräumt habe und dann fünf
  Minuten später wieder solche Unordnung herrscht, fühle
  ich mich völlig frustriert. Ich brauche Hilfe, um für diese
  Situation eine bessere Lösung zu finden. Hat jemand eine
  Idee?«

- Lassen Sie in jeder Situation so viel Entscheidungsfreiheit wie möglich.
- Versuchen Sie, nicht wie eine kaputte Schallplatte zu klingen, die den Kindern ständig das Gleiche sagt. Schreien bewirkt immer weniger, je häufiger man es anwendet. Nach einer Weile hören die Kinder es gar nicht mehr. Wenn Sie etwas zu Ihrem Kind sagen, legen Sie ihm dabei die Hand auf die Schulter, schauen Sie ihm in die Augen und bitten Sie es, zu wiederholen, was Sie gerade gesagt haben. Und belassen Sie es dann dabei.
- Denken Sie daran, dass Ihre Indigos besser als Sie wissen, was gut für sie ist. Fragen Sie sie, was sie meinen, und wenn es möglich und angemessen erscheint, folgen Sie dem Vorschlag.
- Richten Sie jedes Wochenende eine Zeit ein, die nicht verplant ist und in der sich Spiel oder Kommunikation völlig zwanglos und natürlich ergeben können. Beschränken Sie die Zeit am Computer und vor dem Fernseher. Gehen Sie in die Natur.
- Finden Sie eine sportliche Betätigung für die ganze Familie. Bieten Sie Ihren Indigos drei verschiedene Möglichkeiten an, aus denen sie sich eine aussuchen dürfen. Wenn Sie bemerken, dass die Kinder bei einer Aktivität zu ausgelassen werden und überdrehen, beschränken Sie die Zeit dafür und sorgen Sie hinterher für eine »Abkühlphase«, in der sie die Gefühle verarbeiten und sich wieder beruhigen können.
- Denken Sie daran, dass Zeit eine menschliche Erfindung ist. Sie müssen sich Ihr Leben nicht von der Uhr diktieren lassen. Verstecken Sie mal alle Uhren in Ihrem Haushalt oder übernachten Sie mal im Schlafsack im Freien. Machen Sie einen altmodischen Ausflug, indem Sie sich ins Auto setzen, ohne zu wissen, wohin Sie fahren. Erkun-

den Sie unbekanntes Terrain, wo Sie Leute nach dem Weg
fragen müssen. Lassen Sie sich vom *Geist* lenken. Lassen
Sie die Kinder bestimmen, wann Sie wo abbiegen wollen.
Machen Sie ein Picknick. Vergessen Sie Ihr Handy.

Die neuen Kinder – aus der Nähe betrachtet
von Carol Crestetto

*Carol Crestetto kennt sich in der Erziehung wahrlich aus. Nach
über 25-jähriger Tätigkeit als Erzieherin und Beraterin für Kinder,
Jugendliche und junge Erwachsene mit verschiedenen Lernproblemen (von Schwerbehinderten bis zu Hochbegabten), verfasste Carol
Crestetto ihre Doktorarbeit unter dem Titel »The ›New Children‹:
A Multidisciplinary Study of Humanity's Shifting Sensitivity« (Die
neuen Kinder: Eine multidisziplinäre Studie der sich verändernden
menschlichen Sensibilität).*
*Sie ist sowohl in traditioneller als auch in Montessori-Pädagogik
ausgebildet, hat einen Master-Abschluss in ganzheitlicher Erziehungsberatung und sitzt im Vorstand der amerikanischen Organisation für Behinderten-Analyse ABDA. Von daher ist Carol Crestetto
hervorragend befähigt, Menschen aller Altersgruppen hinsichtlich
des Lernens und der Erziehung zur Seite zu stehen. Ihr wesentliches
Anliegen besteht darin, praktisches Lernen und Verhaltensbedürf-
nisse mit einem erweiterten Verständnis der oft bemerkenswerten,
aber unerkannten Talente ihrer Klienten zu verbinden.*
*Seit Carol Crestetto im Ruhestand ist, arbeitet sie an einer Reihe
von Geschichten für kleine Kinder (und für das kleine Kind in uns
allen), die ein Verständnis und eine Brücke schaffen zwischen den
immer rascheren Veränderungen unserer Zeit und den dahinterste-
henden spirituell-energetischen Verschiebungen und Empfindsamkeiten, die immer mehr Menschen erfahren.*

Die »neuen« Kinder (sehr weise Geistwesen, die in Kinderkörpern schwierigen Familien-, Schul- oder Weltsituationen ausgesetzt sind) stehen heutzutage im Rampenlicht. Wir sagen, dass sie hierhergekommen sind, um die Welt zu verändern. Sie sind Heiler und Heilerinnen und medial begabt. Sie gereichen jeder Mutter zur Ehre. Bald werden Sprüche wie »Mein Kind hat lauter Einser im Zeugnis« ersetzt werden durch »Mein Kind ist ein Indigo«. Das Bedürfnis, diese Kinder zu verstehen, ist groß. Leider gibt es auch viel Rummel um dieses Thema. Wie kann man die Spreu vom Weizen trennen? Wie können wir diesen Kindern helfen? Das Folgende ist einfach ein Standpunkt zu diesem Thema.

Ich weiß nicht genau, wann ich zu erkennen anfing, dass ich in vielen meiner Schüler und Klienten etwas wahrnahm, das über ihre Diagnose hinausging. Ich bin schon immer recht intuitiv gewesen und betrachtete meine Schüler und Klienten oft anders als andere. Als Erzieherin und Beraterin arbeitete ich in den letzten 15 Jahren meistens mit Kindern und Jugendlichen, die große Probleme mit dem gewöhnlichen Bildungswesen hatten. Die Schulbehörde schickte mir manche dieser Kinder zum Sonderunterricht. Manche waren krank oder konnten aus anderen Gründen eine Zeit lang nicht am regulären Unterricht teilnehmen. In meiner Praxis begegnete ich auch Kindern, die mit verschiedenen Lern-, Verhaltens- und Gesundheitsproblemen kämpften. Daneben mussten sich diese jungen Leute mit Fragen ihres Selbstverständnisses, ihrer Familienzugehörigkeit, ihres sozialen Umfelds und ihres Alltags auseinandersetzen. Jedes Kind hatte eine eigene Geschichte, dennoch waren Gemeinsamkeiten festzustellen. Manche galten als behindert: Sie hatten Lernstörungen (LS), nonverbale Lernstörungen (NLS), Aufmerksamkeits-Defizit-Syndrom mit und ohne Hyperaktivität (ADS und ADHS) und dergleichen. Wieder andere konnten aus sonstigen Gründen nicht am regulären Unterricht teilnehmen.

Eines der Kinder wurde von der Schulverwaltung einfach als »merkwürdig« bezeichnet.

Da stand ich also Mitte der 1980er-Jahre und begann Kinder zu sehen, die sich von denen unterschieden, mit denen ich bislang gearbeitet hatte. Sie kamen immer noch mit den gleichen Diagnosen und Etiketten und wurden nach wie vor auf die gleiche Weise behandelt, aber aus meiner Sicht waren sie anders – nicht unbedingt »unfähig«, sondern eher »anders fähig«. Diese Kinder lernten anders, funktionierten anders, hatten eine andere Wahrnehmung und wurden von einem oder mehreren Erwachsenen in ihrem Umfeld nicht verstanden.

Damit will ich die Diagnosen, die ihnen gestellt wurden, nicht per se infrage stellen. Manche waren auf jeden Fall zutreffend. Andere Kinder waren dagegen eher im Hinblick auf die Umstände, in die sie geraten waren, »behindert«. Viele waren von ihren Eltern, Lehrern und der Gesellschaft so frustriert oder desillusioniert, dass sie schlechte Verhaltensweisen entwickelten und in der Schule versagten. Ich will auch nicht behaupten, dass die meisten Eltern nicht alles taten, was in ihrer Macht stand, um das Leben für ihre Kinder zu regeln. Die meisten Mütter und Väter widmeten ihnen alle Energie, die sie hatten. Ich merkte jedoch, dass bei vielen dieser Klienten etwas im Gange war, das nicht in das bekannte Bild passte.

In der Schulverwaltung begann man zu realisieren, dass ich diese Kinder auf einer Ebene zu erreichen schien, während es anderen nicht glückte. Für einen intuitiven Menschen war es nicht schwer, einige ihrer Verhaltensweisen zu durchschauen. Ich sah sie eher so, wie sie wirklich waren – und auf irgendeiner Ebene spürten sie es. Die Eltern sagten Dinge wie: »Sie kriegen sie dazu, Sachen zu machen, die sie sonst nie machen würde«, oder: »Bei Ihnen scheint er immer viel ruhiger zu sein.« Eine junge Klientin sagte sogar einmal zu mir: »Wenn jeder, der Probleme hat, zu Ihnen gehen würde, wäre es sicher sehr viel netter in der Welt.«

Lange Zeit verwendete ich keine Etiketten wie »Indigos« und dergleichen. Ich arbeitete einfach so mit den Kindern, wie sie zu mir kamen. Dann fing ich an, auch mit solchen Kategorien zu arbeiten – wahrscheinlich zu viel. Die Jugendlichen brachten mir jedoch schnell bei, dass solche Benennungen nicht hilfreich sind. Mein eigener Sohn sagte des Öfteren: »Mama, das sind doch auch nur Schubladen!« Ich sehe keine Energien, ich kann also nicht behaupten, wer ein Indigo-Kind ist und wer nicht. Die Beschreibungen aus den Indigo-Büchern trafen sicherlich auf viele meiner Schüler und Klienten zu. Doch ich erkannte auch Muster, die nicht erwähnt wurden oder die ich anders interpretierte.

Auf jeden Fall dachten diese jungen Menschen nicht in den bekannten Kategorien. Sie schienen komplexe Themen und Prozesse verstehen zu können, ohne die üblichen Schritte bei der Aneignung von Lerninhalten zu durchlaufen. Sie wussten es einfach. Manche betrachteten soziale Konflikte, Erziehungs-, Politik- und Umweltthemen von sehr unüblichen Standpunkten. Ihre Lösungsansätze waren irgendwie jenseits der gewöhnlichen Redewendungen und Regeln angesiedelt.

Viele dieser Kinder schienen sich ihrer Körperlichkeit unsicher zu sein oder sich in ihrem Leib unwohl zu fühlen, als hätte ihnen nie jemand beigebracht, wie man in einem Körper lebt. Manche waren in ein oder zwei Dingen äußerst geschickt und in anderen sehr unbeholfen. Anderen fehlte es bei allen Tätigkeiten an Koordination. Wieder andere hatten räumlich-visuelle Probleme, die nicht unter die üblichen Diagnosen fielen. Manche konnten Informationen auf eine besondere visuelle Weise aufnehmen, die wir nicht begreifen können, doch sie konnten Dinge nur schwer auf gewöhnliche Weise sehen. Oft wussten sie gar nicht, dass andere Menschen anders sehen (normale Aktivitäten zur visuellen Integration halfen ihnen ein wenig, aber nicht vollständig). Ihr Körper tat einfach nicht, was andere von ihm erwarteten und was wir für normal und selbstverständlich halten.

Das Problem lag jedoch häufig eher in der Wahrnehmung anderer, als dass sie selbst Probleme damit gehabt hätten, nicht tun zu können, was andere von ihnen erwarteten. Die folgende Geschichte von Kirby (Name wurde geändert) zeigt sehr gut, wie so etwas aussieht und wie man im Leben so eines Kindes Veränderungen bewirken kann.

Kirby: Behindert oder einfach nur anders?

Kirby war ein Kind, das in praktisch jeder öffentlichen Schule sein Etikett verpasst bekommen hätte. Angesichts seines Energieniveaus hätten ihn vielleicht manche unter dem Stichwort ADHS eingestuft, andere wären vielleicht nach langen Tests zu dem Ergebnis gelangt, er leide unter NLS (nonverbale Lernstörung). Er hatte alle Symptome. Sein Vater meinte, er sei »unfallträchtig«, da er ständig an Möbel stieß, einfach so stolperte und seitwärts vom Stuhl kippte. Beide Eltern berichteten, er habe schon verschiedene Unfälle gehabt, mit Knochenbrüchen, Prellungen und mehreren Gehirnerschütterungen. Kirby las leidenschaftlich gern und ging mit Vorliebe seinen frühreifen Interessen nach. Rechnen und Schreiben fielen ihm jedoch schwer. Stillzusitzen und in einer Klasse eine Aufgabe zu bewältigen, war für ihn eine große Herausforderung. Und: Kirby konnte reden – schneller, aufgeregter und über mehr Themen als jedes Kind, das mir je begegnet ist. Er schien sich alles merken zu können, was er je gelesen oder gehört hatte.

Ich schaute Kirby zu, wie er etwas schrieb oder seine Rechenaufgaben löste. Er hockte dabei auf seinem Stuhl wie ein Vogel, die Zehen vorne um die Stuhlkante gekrallt. Er konnte einfach nicht normal sitzen. Dann lehnte er sich über den Tisch und sobald er den Stift in die Hand nahm, um zu schreiben, fiel er vom Stuhl auf den Boden. In den meisten Büchern über nonverbale Lernstörungen wird so etwas genau beschrieben.

Aber Kirby hatte Glück. Er war das einzige Kind seiner Eltern. Sie liebten ihn sehr und waren auch mit so viel Wohlstand gesegnet, dass sie ihrem Sohn ein interessantes Leben bieten konnten. Die Familie verbrachte etwa die Hälfte des Jahres an der Küste Floridas und den Rest des Jahres an der US-amerikanischen Nordwestküste. Der Vater arbeitete den größten Teil der Woche an einem dritten Ort, am nördlichen Ende der Ostküstenregion. An den Wochenenden »pendelte« er nach Hause. Kirby hatte nicht unbedingt das, was man eine durchschnittliche amerikanische Kindheit nennen würde.

Er verbrachte die meiste Zeit an einer Privatschule, doch im Frühjahr zog er mit seiner Mutter heim ans andere Ende des Kontinents. Den Rest des Schuljahres wurde Kirby dann zu Hause unterrichtet. Kirbys Kindergarten und Vorschule waren im Sinne der Montessori-Pädagogik geführt worden, er hatte also gelernt, unabhängig und gemäß seinen Interessen zu lernen. Die private Grundschule, die er jetzt besuchte, war zwar traditioneller strukturiert, förderte jedoch persönliche Neigungen, solange sie sich mit dem Lehrplan und den Erfordernissen der Klassenstruktur vereinbaren ließen. Die Lehrer versorgten die Eltern bereitwillig mit Material, damit Kirby den Stoff des jeweiligen Schuljahres zu Hause bearbeiten und für sich vervollständigen konnte.

Im Montessori-Unterricht haben Kinder in der Regel die Möglichkeit, auch auf dem Fußboden zu arbeiten (auf kleinen Matten oder Teppichen); deswegen hatte niemand die Gelegenheit, Kirbys Schwierigkeiten beim Sitzen auf einem Stuhl zu beobachten. Auch seine Eltern ließen ihn auf dem Boden lesen und spielen, allerdings erwähnten sie, dass es bei den Mahlzeiten oft Probleme gab, weil er auf seinem Stuhl hockend versuchte, die Gabel zu greifen, und dabei immer herunterfiel. Insgesamt war er ein glückliches und beredtes Kind, von dem niemand annahm, dass es behindert sei. Seine Eltern betrachteten ihn als einzigartig, sehr klug und talentiert. Sie förderten seine Begabungen und machten sich keine Sorgen, weil er in ein paar Dingen anders war.

Wahrscheinlich ist er ein Indigo-Kind, allerdings habe ich nie sein Energiefeld gesehen. Er funktioniert anders, nimmt anders wahr, ist aber keinesfalls behindert. Er hatte Glück mit seinen Eltern. In einer anderen Familie, in einer anderen Schule, die ihn als »falsch« angesehen hätte, wäre er wahrscheinlich mit den Lehrern in Konflikt geraten, von den Schulpsychologen untersucht und mit einer bestimmten Diagnose versehen worden. Möglicherweise hätte man ihm Medikamente verpasst, um seine Absonderlichkeiten wegzukriegen – was in ihm aus Frustration und Depression vielleicht nur noch schwierigere Verhaltensweisen provoziert hätte.

Wie können wir das verstehen?

Der entscheidende Schlüssel zum Verständnis aller unserer Kinder ist, dass jedes von ihnen – genauso wie jeder von *uns* – einzigartig ist. Natürlich gibt es viele schreckliche Behinderungen, doch einige dieser sogenannten »Behinderungen« entstehen eher aus der Unfähigkeit der Kinder des ausgehenden 20. und beginnenden 21. Jahrhunderts, sich den Regeln, Strukturen und Lehrplänen anzupassen, die im späten 19. und frühen 20. Jahrhundert entstanden sind. Viele kluge, begabte Schüler fühlen sich von strikten, unflexiblen Schulsystemen gelangweilt, enttäuscht, unterdrückt und behindert. Andere sind in ihren Lebensumständen gefangen, in heruntergekommenen städtischen Schulen und schwierigen Wohnvierteln, in denen ihnen der Kampf ums Überleben keine Zeit lässt, über das Leben und ein höheres Bewusstsein zu philosophieren.

Viele führende Fachkräfte sind sich einig, dass in unseren Schulen eine der Brutstätten für die Schwierigkeiten unserer Kinder liegt. Wie schrecklich muss es dann erst für Kinder sein, welche die Dinge aus einer höheren Warte betrachten können? Wie schwer muss es für Jugendliche sein, die Energien um Menschen sehen, Gedanken lesen und die Gefühle ihrer Lehrer wahrnehmen können und deren Erziehungsberechtigte keinerlei Verständnis für diese Sensibilität haben? Könnte das ein wesentlicher Faktor für die Probleme und Frustrationen dieser Kinder und Jugendlichen sein?

Zuerst haben wir gemerkt, dass diese neuen Kinder »Systemkiller« sind. Sie sind hier, um uns aufzurütteln und die Welt zu verändern. Doch dann wurde es Mode, jede Eigenart eines Kindes als Indigo-Charakteristik einzuordnen. Manche behaupteten, alle diese Kinder seien medial begabt oder natürliche Heiler. Das entspricht nicht meiner Erfahrung mit ihnen. Natürlich gibt es solche besonderen Kinder, aber die meisten, denen ich begegnete, zeichneten sich durch andere Merkmale aus. Sie sehen die Welt einfach anders, aber weil das nicht in unsere Systeme und Vorstellungen passt, behaupten wir, diese Kinder hätten ein Problem. Es ist bedauerlich, dass viele Kinder mit ernsthaften Schwierigkeiten und korrekt diagnostizierten Lernstörungen oder Gesundheitsproblemen von verzweifelten Eltern oder verwirrten Lehrern als Indigos abgestempelt wurden. Wahrscheinlich ließ sich der Schmerz so leichter ertragen, denn natürlich möchten Eltern, dass ihr Kind auf eine »gute« Art etwas Besonderes ist. Aber nicht alle lernbehinderten Kinder sind Indigos und nicht alle Indigos sind lernbehindert. Alle Kinder dieser Erde sind in ihren Fähigkeiten und Begabungen einzigartig. Die sogenannten »neuen« Kinder verfügen potenziell über die gleiche Bandbreite von Möglichkeiten wie alle anderen.

Und wir dürfen nicht vergessen: Sie haben ihre Eltern und ihre Lebensumstände auf der geistigen Ebene gewählt, um uns eine Botschaft zu übermitteln. Wenn unsere Kinder »gute« Begabungen wie Telepathie oder Heilkraft mit sich bringen, finden wir das vielleicht zunächst etwas beängstigend, aber grundsätzlich wundervoll. Doch wenn sie nicht in unser Bild von Vollkommenheit passen und wenn sie sich nirgendwo positiv hervortun, kann das als sehr leidvoll erfahren werden.

Gesamtgesellschaftlich haben wir versucht, ein höheres Verständnis unserer Kinder in eine alte Denkart zu pressen. Wir stellen uns Indigo-Kinder als »besondere«, »bessere« oder »weiter entwickelte« Kinder vor – wie Statussymbole. Doch die heutigen Kinder zeigen uns, dass die neue Vision nicht so einfach mit der alten Geisteshaltung zu vereinbaren ist. In ähnlicher Weise, wie es den Hippies der 1960er-Jahre nur beschränkt gelang, ihre Ideale von Freiheit und Liebe in das Bewusstsein ihrer Zeit zu integrieren, versuchen wir heutzutage, das Indigo-Phänomen in unser Leben einzubauen, ohne unser Verständnis von Elternschaft, Bildung und Erwerbstätigkeit zu überdenken. Die Hippies hatten eine Vision von wahrer Freiheit und bedingungsloser Liebe, doch heraus kamen verbrannte Büstenhalter und Flaggen und eine als freie Liebe verbrämte Promiskuität. Sie ahnten etwas Neues, aber man kann keinen »neuen Wein« in »alte Schläuche« füllen, wie es schon in der Bibel heißt.

Was man jedoch kann – und was auch geschah: Türen öffnen, die »Fesseln« lockern und ein paar dunkle Stellen besser ausleuchten. Heutzutage haben wir es mit einer Vision von »neuen Kindern« und einem »höheren Bewusstsein« zu tun, aber viele versuchen, diese Vision in die »alten Schläuche« unseres niederen Bewusstseins zu füllen. Wir werden vieles an unserer Lebensart verändern müssen, wenn wir wollen, dass diese Kinder so frei leben, dass sie uns an ihren Gaben teilhaben lassen können.

Wie können wir helfen?

Im Lauf der Jahre habe ich einige Dinge herausgefunden; sie können diesen Kindern, die uns ein höheres Bewusstsein vermitteln wollen, helfen. Ähnlich wie Kirbys Eltern beachtete ich zuerst ihre Begabungen und Stärken und betrachtete ihr Anderssein als einen Ausdruck ihrer Einzigartigkeit. Wenn ich ihnen begegnete, behandelte ich sie nicht wie jemanden, dem ich überlegen bin, sondern wie jüngere Kameraden oder Kollegen. Wenn ein Kind eine Idee hatte, die stark von der eigentlichen Aufgabenstellung abwich, redeten wir darüber, wie es die Arbeit auf seine eigene Weise machen und trotzdem die Lehrplanziele erreichen konnte. Wenn ein anderes Kind eine Regel für »dumm« hielt, erkundeten wir gemeinsam, warum die Regeln und Vorschriften so waren, wie sie sind, und wozu sie gut sein sollten. Manchmal lachten wir auch gemeinsam über die Absurdität mancher Regeln. Wir blieben immer dran und arbeiteten an dem Problem, bis wir eine Vereinbarung fanden, die es uns ermöglichte, die Anforderungen der Schule und des Lehrplans auf angemessene Weise zu erfüllen.

Wenn nötig, diente ich als Kontaktperson zwischen Lehrern, Schulverwaltung und Schülern, um zu verdeutlichen, wie man auf jedes Kind individuell eingehen und ohne extra Lehrzeit trotzdem alle Bedingungen des Lehrplans und der Schulordnung einhalten kann. Indem ich diesen Kindern half, das »System« besser zu verstehen, und ihnen zeigte, dass es unterschiedliche Wege gibt, die an sie gestellten Anforderungen zu erfüllen, konnten sie sich in unserer gemeinsamen Arbeit wirklich selbst zum Ausdruck bringen. So lernten sie, innerhalb der Grenzen zu funktionieren, die zu ihrer eigenen Sicherheit nötig sind, und den Erwartungen entgegenzukommen, die zu Hause und in der Schule an sie gestellt werden.

Im Lauf all der Jahre, in denen ich Kinder (und ihre Eltern) beobachtete und ihnen zuhörte, erkannte ich auch verschiedene Modalitäten, die verheißungsvoll erschienen. Ich entwickelte daraus einen Behandlungsansatz, den ich »Integrative Repatterning«[9] nannte und der schon vielen Kindern in ihrem Umgang mit Wut, Frustration, körperlichen Störungen und Lernproblemen half. Aus meiner Sicht ist die Methode so erfolgreich, weil sie auf körperlicher, mentaler, emotionaler und geistiger Ebene auf die Bedürfnisse der Kinder eingeht. Ich habe in diesem Ansatz verschiedene Komponenten vereint, um ein breites Fundament für nachhaltige Veränderungen zu schaffen, aber ich bin davon überzeugt, dass auch jede einzelne Komponente sehr wirksam sein kann, wenn sie den Bedürfnissen des Kindes entspricht.

»Integrative Repatterning« ist ein sanfter, non-invasiver Weg der Verarbeitung von Emotionen, bei dem störende und hinderliche Verhaltensmuster, die dem Wohlbefinden und Lebenserfolg der Person im Weg stehen, endlich umgedeutet und losgelassen werden können. Im Lauf dieses Prozesses werden mentale und emotionale Spannungen losgelassen – was persönliche Energie freisetzt, die auf produktivere Art verwendet werden kann. Spezifisch geführte Augenbewegungen, bestimmte Akupressurpunkte, begleitete Atemarbeit, interaktive, geführte Imaginationen und verbale Anleitungen bilden den Kern dieses zutiefst entspannenden Prozesses. Die Sitzungen werden von einer besonderen Musik gestützt, welche die Integration der beiden Hirnhemisphären fördert. Wenn die Sehfähigkeit beeinträchtigt ist, werden spezielle Sehübungen eingesetzt.

So sind viele Klienten Ängste, schlimme Erinnerungen, Phobien, Depressionen, Gefühle der Ohnmacht und der Minderwertigkeit und einen Mangel an Selbstvertrauen losgeworden. Jeder Mensch empfindet und braucht die einzelnen Schritte des Prozesses auf seine eigene Weise. Es ist ein natürlicher und ganzheitlicher Heilungsweg sowohl zur Verarbeitung traumatischer Erfahrungen als auch zum Umgang mit alltäglichem Stress. Er stimuliert einen Selbstheilungsprozess und hilft, eine integrierte, angemessene und funktionale Perspektive wiederzufinden. Die meisten Klienten beschreiben die Wirkung als tief entspannend und wohltuend. Während dieser Arbeit lerne ich ständig hinzu und binde immer wieder neue Erkenntnisse mit ein.

Jedes Kind, das in die heutige Welt geboren wird, kommt nicht darum herum, die politischen, ökonomischen und persönlichen Spannungen und die Unruhen dieser Zeit zu spüren. Als alte, weise Seele in einem kindlichen Körper schwierigen familiären, schulischen oder sozialen Situationen ausgesetzt zu sein, macht die Sache wahrlich nicht leichter. Die einzelnen Aspekte des »Integrative Repatterning« kommen da zu Hilfe. Spezielle angeleitete Augenbewegungen lösen und desensibilisieren intensive Gefühle, die in den neuralen Verbindungen des Gehirns gespeichert sind. Diese Verbindungen stehen dann für friedvollere und kreativere Prozesse zur Verfügung. Es können sich sogar neue neurale Verbindungen bilden, die mehr Zugang zu den eigenen Möglichkeiten und Potenzialen bieten. Akupressurpunkte und Atemarbeit dienen seit Jahrhunderten als Bestandteil der indischen und chinesischen Heilkunde zur Lösung blockierter Lebensenergie (Chi) und verhelfen Körper, Geist und Seele zu Gesundheit und Ausgeglichenheit. Die Atemarbeit hilft auch, sich zu entspannen, hinderliche emotionale Belastungen loszuwerden und Klarheit und Wohlbefinden zu erlangen. Die interaktiven geführten Imaginationen verwenden die eigenen inneren Bilder eines Menschen zu seiner Heilung und Weiterentwicklung.

Forschungsarbeit

Ich begann mich damals zu fragen, wodurch die Wahrnehmungen dieser jungen Leute so anders wurden als jene, die wir bislang von unseren Kindern gewohnt waren. Gab es eine

Möglichkeit, objektiv zu verstehen, was wir intuitiv empfanden? Diese Gedanken führten mich zu meinen Forschungsarbeiten für meine Dissertation und ein daraus folgendes Buch über ein *wissenschaftliches* Verständnis dieser Kinder. Ich habe viele Informationen über die heutigen Kinder und Jugendlichen und ihre verschiedenen Lebensaspekte gesammelt. Meine Fragen drehen sich um Bildungs- und Lernerfahrungen, soziales Bewusstsein und soziale Erfahrungen, Gesundheit, Gefühle und Identität sowie die Klassifizierung seitens der Kinder oder ihrer Eltern als Indigo-Kind, Kristallkind, Sternenkind oder dergleichen.

Aus den Antworten auf diese Fragen hoffe ich Muster ableiten zu können, die eine Verbindung zwischen den verschiedenen Lebensaspekten und der Klassifizierung als »neues Kind« zeigen. Natürlich sind alle diese Antworten sehr subjektiv, egal ob es jetzt die Eltern sind, die den Fragebogen für ihre kleineren Kinder ausfüllen, oder ob die älteren Kinder und jungen Erwachsenen selbst ihre Einschätzung abgeben. Jeder, der möchte, kann den Fragebogen ausfüllen, ob er nun meint, zu diesen »neuen Menschen« zu gehören oder nicht, oder sich unsicher ist. Das erlaubt mir Vergleiche und vermittelt mir einen tieferen Eindruck in das Verständnis, das die Leute von diesem Konzept haben. (Immer wieder höre ich von Menschen aller Altersgruppen, dass sie sich selbst als Indigo, Kristallkind oder sonst etwas in dieser Richtung empfinden.) Freundlicherweise hat Susan Gale, die zusammen mit Peggy Day ein Buch über Edgar Cayce und die Indigo-Kinder verfasst hat, den Fragebogen auf ihrer Internetseite zur Verfügung gestellt (www.placeoflight.net)[10]. Aus dieser ersten Erhebung werde ich dann wahrscheinlich einzelne Personen auswählen, mit denen ich vertiefende Interviews führe, um ihre subjektiven Erfahrungen noch besser zu verstehen.

Diese Forschungsarbeiten stecken noch in den Kinderschuhen, und obwohl sich bereits gewisse Tendenzen abzeichnen, möchte ich keine voreiligen Schlussfolgerungen ziehen. Während ich dies hier schreibe, treffen nach wie vor Fragebogen ein. Erst wenn sie alle ausgewertet sind, lassen sich möglicherweise Muster ablesen. Bereits jetzt ist jedoch klar, dass es über diese Kinder viele Missverständnisse und Fehlinformationen gibt. Manche Menschen sind sehr verwirrt über die ganzen Begriffe, mit denen diese Kinder bezeichnet werden. Wohlmeinende Menschen setzen die tollsten Mythen und Legenden in Umlauf. In dieser immer chaotischer werdenden Welt sehnen wir uns alle nach einer »neuen« Gruppe von Menschen, die uns alle »retten« werden. Brauchen wir solche Verheißungen, um unseren Alltag zu ertragen? Sind die Veränderungen, die von diesen Kindern ausgehen, vielleicht bereits in vollem Gange, ohne dass wir es recht bemerken? Vielleicht haben ihre hohe energetische Schwingung und ihr neues Bewusstsein eine Wirkung auf uns, die sich leicht mit physikalischen Gesetzen erklären lässt.

Sie haben vielleicht schon einmal den Begriff »Entrainment« gehört. In der Physik wird damit der Effekt beschrieben, dass zwei oszillierende Systeme eine gewisse Synchronizität entwickeln. In der Psychologie bedeutet dieser Begriff, dass eine Person auf eine andere reagiert oder sie nachahmt. Anders gesagt, Entrainment ist die Tendenz zur Synchronizität der Schwingung, die sich bei Kräften, Feldern, Menschen oder Systemen zeigt, die einander nahe sind (zum Beispiel weil sie zusammenleben oder miteinander arbeiten). Pendeluhren schwingen nach einer Weile im gleichen Rhythmus, wenn sie dicht beieinanderstehen; Frauen, die zusammenarbeiten, haben nach einer Weile zeitgleich ihren monatlichen Zyklus, und so weiter. Ich bin davon überzeugt, dass diese Kinder bereits in jungen Jahren unsere Schwingungen, unser Bewusstsein anheben, damit sie sich den ihren angleichen. Das ist einer der Gründe, weshalb sich viele Erwachsene, die definitionsgemäß keine Indigos sein können, doch als solche empfinden. So findet menschliche Evolution statt. Das ist die Richtung, in die meine Forschungen zielen.

Fazit

Es ist dringend notwendig, dass wir unsere Erfahrungen mit dem sich ständig erweiternden Bewusstsein unserer neuen Kinder genau betrachten. Intuitive Menschen haben uns sehr geholfen, uns des Phänomens bewusst zu werden, und sie unterstützen uns durch ihre Bücher und Internetseiten. Während am Anfang nur wenige Menschen merkten, dass sich etwas verändert, beschäftigen sich inzwischen auch viele gestandene Wissenschaftler und traditionelle Medien mit dem Thema. Wir hoffen, dass es immer mehr abgesicherte Forschungsergebnisse und Studien geben wird, die zu weiteren Informationen führen. Schon bald wird sich die Entwicklung nicht mehr leugnen lassen. Es ist unsere Aufgabe, die Wahrnehmung der Menschen unserer persönlichen Umgebung dafür zu öffnen.

Wir sollten uns klarmachen, dass wir uns an Regeln und Vorschriften halten, ohne zu fragen, ob sie angemessen sind; wir behalten schulische Strukturen bei, die aus dem frühen 20. Jahrhundert stammen; und wir machen die gleichen Fehler in der Erziehung unserer Kinder, die schon unsere Eltern und Großeltern machten. Es dürfte damit deutlich werden, dass hier viel Raum für Entwicklung ist. Bewusste Eltern und Pädagogen haben andere Ansätze ausprobiert. Aber es ist nicht leicht, Kinder wie ebenbürtige Kameraden zu behandeln, wenn man vor 20 bis 30 lärmenden, johlenden Schülern steht. Ähnlich schwierig ist es, sich in Ruhe hinzusetzen und die Notwendigkeit bestimmter Regeln zu erklären, wenn man doch gerade versucht, gleichzeitig Abendessen zu machen, Hausaufgabenhilfe zu leisten, die Wäsche aufzuhängen und ein jüngeres Geschwisterkind zu Bett zu bringen.

Wir müssen einfach möglichst viel Zeit einräumen, um den Kindern zuzuhören, und ihnen erlauben, ihre Ideen und Bedenken zum Ausdruck zu bringen. Wir müssen sie lehren, sich respektvoll auszudrücken, und dann einen Weg finden, der es ihnen erlaubt, sich in ihrer ganzen Genialität zu zeigen. Sich mit weniger zufrieden zu geben bedeutet, im Denken des 19. und frühen 20. Jahrhunderts stecken geblieben zu sein.

Früher meinte man, Kinder sollte man weder sehen noch hören. Heute wissen wir, dass junge Menschen einen wertvollen Beitrag leisten können. Die jungen Erwachsenen der 1960er-Jahre waren wahrscheinlich die erste Generation, die sich kollektiv der Vorstellung von stillen, zufriedenen Jugendlichen, die fraglos jeder Regel folgen, widersetzten. Die heutigen Kinder gehen noch eine Stufe weiter. Sie haben viel zu sagen und anzubieten. Aber um das zu merken, müssen wir ihnen zuerst zuhören. Sie werden nicht immer recht haben. Sie liegen vielleicht manchmal komplett daneben. Aber wenn wir nicht zuhören, merken wir auch nicht, was sie denken, und können ihnen nicht helfen, ein klareres Verständnis zu entwickeln. Und das Schlimmste ist, dass es uns dann auch entgeht, wenn sie eine grandiose Idee haben, die wirklich etwas verbessern könnte. Wenn wir sie ihre ganze Kindheit lang nur kontrollieren, vorwärtsdrängen oder ignorieren, verpassen wir das Geschenk, das sie uns mitgebracht haben.

Zehn weit verbreitete Missverständnisse
von Jan Hunt

Jan Hunt ist die Leiterin von »The Natural Child Project« (naturalchild.org), Elternberaterin und Autorin der Bücher »The Natural Child: Parenting From the Heart« (Das natürliche Kind: Von Herzen Eltern sein) und »A Gift for Baby« (Ein Geschenk für das Baby).[11] Gemeinsam mit ihrem Sohn Jason hat sie gerade ein weiteres Buch herausgegeben: »The Unschooling Unmanual« (Die unschulische Nichtgebrauchsanleitung), eine Sammlung von Aufsätzen von Jan und sieben weiteren Autoren.

Jan Hunt schreibt seit mehr als 20 Jahren über Eltern- und Schul-

probleme. Sie bietet telefonische Beratungen an und sucht dabei nach Lösungen, die sowohl den Bedürfnissen der Eltern als auch den Bedürfnissen der Kinder entsprechen. Ihre Internetadresse lautet: www.naturalchild.org/counseling

1. Wir erwarten von Kindern, Dinge zu tun, für die sie noch nicht reif sind. Wir verlangen von einem Baby, ruhig zu sein.  Wir verlangen von einem Zweijährigen, stillzusitzen. Wir fordern eine Vierjährige auf, ihr Zimmer aufzuräumen. In all diesen Situationen ist unser Wunsch unrealistisch. Er führt nur zu Enttäuschungen für die Erwachsenen, und das Kind macht die Erfahrung, dass es nicht fähig ist, uns zufriedenzustellen. Viele Eltern fordern ein kleines Kind zu einer Tätigkeit auf, die selbst für ältere schwierig wäre. Kurz gesagt, wir verlangen von den Kindern, sich nicht altersgemäß zu verhalten.

2. Wir ärgern uns über ein Kind, das sich nicht unseren Bedürfnissen entsprechend verhält. Ein Kind kann nur tun, was ein Kind tun kann. Wenn ein Kind etwas nicht schafft, worum wir es gebeten haben, ist es unfair, mehr zu verlangen, und Ärger macht die Sache auch nicht besser. Ein zweijähriges Kind kann sich nur wie ein Zweijähriges verhalten, eine Fünfjährige kann sich nicht wie eine Zehnjährige verhalten und ein Zehnjähriger kann sich nicht wie ein Erwachsener verhalten. Mehr zu erwarten, als möglich ist, ist wenig hilfreich. Ein Kind hat nur begrenzte Fähigkeiten, und die Missachtung dieser Begrenzungen führt zu nichts als Frustrationen.

3. Wir unterstellen den Kindern negative Beweggründe. Wenn ein Kind nicht auf unsere Bedürfnisse eingeht, nehmen wir an, es widersetze sich uns. Doch um der Wahrheit auf den Grund zu gehen, müssen wir uns die Situation aus der Sicht des Kindes ansehen. Das widerborstige Kind ist vielleicht krank, müde, hungrig, hat Schmerzen, leidet unter einer emotionalen Belastung oder kämpft mit einem unsichtbaren Problem wie etwa einer Nahrungsmittelunverträglichkeit. Wir neigen dazu, alle diese Möglichkeiten zu übersehen und eher dem Kind eine mangelhafte Persönlichkeit zu unterstellen.

4. Wir lassen unsere Kinder nicht einfach Kinder sein. Irgendwie vergessen wir, wie es für uns selbst war, Kind zu sein, und erwarten von dem Kind, sich wie ein Erwachsener zu verhalten. Ein gesundes Kind ist manchmal wild, laut, ausdrucksstark und hat eine kurze Konzentrationsspanne. Das ist überhaupt nicht problematisch; es sind normale Eigenschaften eines normalen Kindes. Unsere Gesellschaft mit ihren Erwartungen perfekt erzogener Kinder ist jedoch nicht mehr normal.

5. Unser Verständnis ist verkehrt. Wir fordern von unseren Kindern, dass sie unseren Bedürfnissen entsprechen: nach Ruhe, ungestörtem Schlaf, Gehorsam und so weiter. Statt unsere Rolle als Eltern zu akzeptieren, deren Aufgabe es ist, für die Bedürfnisse des Kindes zu sorgen, erwarten wir von dem Kind, sich nach unseren Bedürfnissen zu richten. Manchmal vergessen wir vor lauter unerfüllter Bedürfnisse und Frustrationen, dass wir es mit einem Kind zu tun haben, das eigene Bedürfnisse hat, für die es noch nicht selbst sorgen kann.

6. Wir beschuldigen und kritisieren ein Kind, das einen Fehler macht. Kinder verfügen über wenig Lebenserfahrung und machen unausweichlich Fehler. Das ist ein natürlicher Bestandteil des Lernens. Statt dem Kind verständnisvoll zu helfen, beschuldigen wir es, als sollte es in der Lage sein, alles gleich perfekt zu können. Irren ist menschlich, und als Kind zu irren ist nicht nur menschlich, sondern auch unvermeidlich. Doch wir begegnen jedem Fehler, jeder Regelüberschreitung und jedem sogenannten Fehlverhalten mit Überraschung und Enttäuschung. Es nutzt nichts, zu verstehen, dass Kinder Fehler machen, wenn man sich gleichzeitig so verhält, als sollte das Kind immer perfekt sein.

7. Wir vergessen, wie tief Kritik und Anschuldigungen ein Kind verletzen können. Viele Eltern haben inzwischen begriffen, dass es falsch ist, ein Kind körperlich zu züchtigen, doch die meisten sind sich nicht bewusst, dass auch harte Worte, Beleidigungen und Anschuldigungen ein Kind sehr verletzen und ihm vermitteln, dass es unfähig, unzulänglich und ungeliebt ist.

8. Wir vergessen, wie heilend eine liebevolle Geste sein kann. Wir verfangen uns in Teufelskreisen von Anschuldigungen und Fehlverhalten, statt innezuhalten und dem Kind mit Umarmungen und freundlichen Worten Liebe, Sicherheit und Selbstwertgefühl zu vermitteln. Wie Mutter Teresa schrieb: »Freundliche Worte mögen kurz sein und leicht auszusprechen, doch ihr Echo ist endlos.«

9. Wir vergessen, dass unser Kind am meisten aus unserem Verhalten lernt. Das Kind nimmt sich weniger zu Herzen, *was* wir sagen, als *wie* wir uns verhalten. Nehmen wir an, ein Kind hat jemanden geschlagen, und nun schlägt der Vater das Kind, um ihm zu vermitteln, dass es das nicht darf: Dann demonstriert er dem Kind, dass Schlagen zulässig ist – zumindest für die Stärkeren. Ein Vater, der mit Problemen auf eine friedvolle Weise umgeht, zeigt seinem Kind dagegen, wie man ein friedfertiger Mensch sein kann. Probleme und Schwierigkeiten sind die besten Gelegenheiten, um den Kindern Werte zu vermitteln, denn Kinder lernen am meisten, wenn es um echte Lebenssituationen geht.

10. Wir schauen nur auf das äußere Verhalten des Kindes und nicht auf die Liebe und die gute Absicht, die dahinterstehen. Wenn uns das Verhalten eines Kindes enttäuscht, sollten wir vor allem immer »das Beste« annehmen. Wir sollten davon ausgehen, dass es das Kind gut meint und sich so gut benimmt, wie es das unter den gegebenen Umständen (den offensichtlichen und den verborgenen) und in Anbetracht seiner Lebenserfahrung eben kann. Wenn wir bei unserem Kind immer vom Besten ausgehen, ist das Kind frei, sein Bestes zu geben. Wenn wir nur Liebe geben, werden wir nur Liebe empfangen.

Lee: Jan und ich möchten hier am Ende dieses Kapitels anfügen, dass wir viel mehr Beiträge erhalten haben, als wir abdrucken konnten. Manche »Erziehende« haben uns sogar mehrere Artikel geschickt. Die positiven Beiträge aus der Welt der Lehrer, Erziehenden und Pädagogen waren überwältigend und wir möchten ihnen von Herzen dafür danken, vor allem all jenen, deren Arbeiten wir hier aus Platzgründen nicht aufnehmen konnten.

2

Indigos in der Arbeitswelt

»Oh mein Gott, sie sind in der Arbeitswelt angekommen!«
LEE CARROLL

Ich würde das obige Zitat gerne jemand Bedeutendem zuordnen, jemandem, der als weise gilt. Die Bemerkung stammt jedoch von mir selbst, Lee Carroll, und ich machte sie, als mir langsam klar wurde, dass die Indigos überall, wo ich mich aufhielt, mein Berufsleben beeinflussten.

Jan und ich kommen viel herum, aber ich bin der Reisekönig. Ich fliege sicher siebenmal im Monat, nehme pro Jahr an mindestens 50 Veranstaltungen in den USA und an ungefähr 10 internationalen Seminaren und Konferenzen teil, sogar an Orten wie Moskau oder in Lettland. Im Lauf der Jahre habe ich daher gut gelernt, mich unterwegs zurechtzufinden. Ich weiß, wie man sich durch einen Flughafen navigiert, wie man es sich unterwegs auf allen Stationen halbwegs bequem machen kann und wie ich kriege, was ich brauche – jedenfalls wusste ich das, bis die Indigos kamen.

Vielleicht stört es manche, aber es scheint immer jemanden zu stören, wenn ich meine, dass sich die menschliche Rasse verändert. Ich möchte mich also von vornherein entschuldigen, wenn ich mich unsensibel ausdrücke oder politisch inkorrekt verhalte. Ich meine, die neuen Kinder fangen an, an Stellen zu arbeiten, die für ihre Arbeitgeber nicht ideal sind. Denn wie wohl schon deutlich wurde, sind die Indigos nicht die geborenen Dienstboten. (Musste ich das wirklich erwähnen? Sie wussten es ohnehin, oder?)

Sie wollen einfach nicht Diener sein

Ich begegne Indigos im Restaurant, wo sie meine Bestellung entgegennehmen, an der Hotelrezeption und in anderen Dienstleistungspositionen. Ihre Arbeitgeber haben offensichtlich keine Ahnung, dass sie Menschen angeheuert haben, denen nicht das Geringste daran liegt, lächelnd Anweisungen entgegenzunehmen.

Das soll keine Anklage gegen die Indigos sein, es ist einfach eine Tatsache. Diese Kinder sind nicht dazu da, solche Aufgaben zu erledigen; sie sind nicht dafür geeignet. Sie wissen noch nicht einmal, dass sie es nicht können. Sie merken nur, dass sie ständig gefeuert werden – wegen fehlendem Arbeitseifer. Tatsächlich mangelt es ihnen einfach an dem Verlangen, eine Dienstleistung zu erbringen. Wenn man ihnen mitteilt, was das Problem ist, können sie es oft kaum fassen. »Wie, ich soll lügen, mich verstellen, so tun, als liebte ich meine Umgebung und meine Mitarbeiter? Ich soll vor Leuten den Staub küssen, die es nicht verdienen? Kunden bedienen, die sich wie Idioten benehmen, und all das noch schnell und effizient?«

»Allerdings«, sagen die Chefs. »Das gehört zum Job. Und viele andere vor Ihnen haben es ja auch geschafft.«

»Vergiss es!«, rufen sie, lassen alles liegen und bewerben sich woanders, wo sie das Gleiche erleben.

Ich kann es nicht mehr zählen, wie oft ich abends nach 23 Uhr in einer Großstadt ankam und in mein Hotel einchecken wollte: An der Rezeption werde ich von einem jungen Mann oder einer jungen Frau »empfangen«, denen das Wort *Indigo* praktisch auf die Stirn tätowiert ist. Ich stehe da also, mit zwei Reisetaschen, einem Projektor und meinem Mantel (zwischen den Zähnen). Ich habe mich gerade durch diese verflixten gläsernen Doppeltüren gezwängt (selbst in vielen der besten Hotels findet man noch keine selbstöffnenden Türen) und bin jetzt mit dem einzigen Verbindungsglied zwischen mir und dem Präsidenten der Hotelkette konfrontiert, dem ich je begegnen werde. Die junge Person sieht oft nicht unbedingt aus, wie die Leute früher an Rezeptionen aussahen oder wie es das Hotelmanagement vielleicht gerne hätte. Am liebsten würde ich fragen: »Was ist denn mit Ihrem Haar passiert?« Oder: »Wie ist denn das Stück Metall in Ihre Lippe geraten? Ist es schwierig, damit Spaghetti zu essen?« Das wollte ich schon immer mal wissen – und natürlich, wie man sich damit küssen kann, ohne sich zu verhaken. Aber nein, ich verkneife mir etwas so Urteilsschwangeres. Wir hatten auch so unsere Sachen, als wir jung waren. Allerdings haben wir ungefähr im Collegealter aufgehört, uns die Haare grün oder rosa zu färben, und hätten es niemals gewagt, so zu einem Bewerbungsgespräch zu erscheinen.

»Wow, was haben Sie denn da für lange weiße Spaghettifäden aus den Ohren hängen? Hören Sie sich gerade ein Fußballspiel an?« Das sage ich auch nicht, aber mir ist bewusst, dass ich die Aufmerksamkeit meines Gegenübers mit der Musik eines MP3-Players teilen muss und dass die Prioritäten klar verteilt sind. Es sei denn, ich verdiene mir mehr Aufmerksamkeit.

Erste Begegnung: Stille, aber mit Blickkontakt.

Spätestens jetzt weiß ich, mit wem ich es zu tun habe. Stiller Blickkontakt ist unter Fremden nicht üblich, es sei denn, man ist eine Geisel. Aber ein Indigo schätzt einen erst einmal ein und wartet ab.

Weiterer Kontakt: Der oder die Indigo wartet ab, was ich wohl will.

Man könnte meinen, meine Erscheinung mit all meinem Gepäck zu später Stunde in einer Hotellobby ließe keine Fragen offen, aber diese Dame oder dieser Herr am Empfang wartet, bis ich meine Bedürfnisse zur Sprache bringe. Vorbei die Tage, an denen man mit den Worten »Wie kann ich Ihnen helfen?« begrüßt wurde.

Nun, ich habe mich eben daran gewöhnt, meinerseits das Wort zu ergreifen und zu sagen: »Ich möchte Sie um Hilfe bitten.« »Wollen Sie einchecken?«, fragt mein Gegenüber.

Ich widerstehe der Versuchung, zu sagen: »Nein, ich bin Reisetaschenvertreter und möchte gerne an alle Zimmertüren klopfen, bis mir jemand eine meiner alten Taschen abkauft«, und sage stattdessen: »Ja bitte«, und füge lächelnd hinzu: »Ich bin so dankbar, dass Sie hier sind.«

Bingo! Die Atmosphäre verändert sich sofort. In dem Augenblick, wo ich meinem Gegenüber zeige, dass ich ihn oder sie (ob männlich oder weiblich ist bei der Frisur und der Kleidung manchmal schwer zu erkennen) achte, ändert sich seine oder ihre Haltung. Es ist eigentlich nicht üblich, dass der Kunde dem Dienstleistenden dient. Aber hier gilt es zu zeigen, dass ich mich in keiner Weise wichtiger nehme. Also fahre ich mit meiner Indigo-Kommunikation fort: »Mensch, das muss echt hart sein, so spät hier noch arbeiten zu müssen.«

Ich meine das durchaus ernst. Ich würde den Job nicht machen wollen. Aber wie oft sagt man das schon? Ich frage mein Gegenüber nach seiner Lebenssituation, nach seinen Zielen, vielleicht nach seinen Träumen (aber auf keinen Fall nach seiner Frisur).

Jetzt kommt zu dem Blickkontakt ein Lächeln – ich habe es geschafft. Und schon bricht ein Wortschwall über mich herein: Mein Gegenüber hat unverhofft mitten in der Nacht einen Freund gefunden! Ich bekomme eine Flasche Trinkwasser, ein zusätzliches Kopfkissen und so weiter. All das nur, weil ich mein Gegenüber als ebenbürtig behandelt habe und nicht mit der zwischen Kunden und Dienstleistenden üblichen Herablassung.

Wenn man nur einen Hamburger bestellen will, ist das manchmal etwas schwieriger. Oha, jetzt habe ich mich verraten. Nun ja, wenn ich unterwegs bin, esse ich, was gerade zu haben ist und am besten riecht. In solchen Fällen rede ich dann mit dem Angestellten auf eine Weise, als würden wir gemeinsam darunter leiden, dass wir jetzt hier sein müssen (auch wenn es mir eigentlich in diesem Flughafen gerade ganz gut geht). Das ist nicht so schwer und man erntet ein Lächeln. Es geht nur darum, zu vermitteln, dass man nicht auf sie herabschaut, dass man mit ihnen im gleichen Boot – vielmehr auf dem gleichen Flughafen – sitzt. Auf jeden Fall sollte man nicht erwarten, bedient zu werden. Sie glauben mir nicht? Achten Sie mal selbst darauf. Eines Tages werden Sie merken, dass Sie sich plötzlich um Dinge bemühen müssen, die zuvor selbstverständlich waren. Glauben Sie mir, die guten alten Tage von »Wie kann ich Ihnen helfen?« werden bald vorbei sein. Sie werden lernen müssen, selbst Ihr Anliegen vorzutragen – und zwar mit einem Lächeln, nicht mürrisch grunzend. Wenn Sie bedient werden wollen, werden Sie es sich verdienen müssen. Ganz neue Idee, oder?

Und Beschwerden? Können Sie vergessen! Das kommt einfach nicht an. Stattdessen ernten Sie eine Haltung, die Ihre Daseinsberechtigung infrage stellt; genau das Gegenteil von dem, was Sie erreichen wollen. Früher galt vielleicht: Wer am lautesten schreit, kriegt auch am meisten. Bei Indigos hat man damit schlechte Karten. Hier gilt eher: Wer am lautesten schreit, kriegt als Letzter. Ich habe so oft beobachtet, wie sich jemand beim Bestellen eines Hamburgers beschwert hat. Mit jeder Bemerkung wurde seine Situation vertrackter und hoffnungsloser. Am Ende bekommt man einen kalten Burger mit matschigen Fritten. Dann kann man höchstens noch den Filialleiter rufen, aber bis der auftaucht, ist der Indigo längst verschwunden und hat den Job jemandem überlassen, »der sich dafür bezahlen lässt, dass er sich um solche Sachen kümmert«.

Was meinen die Chefs dazu?

Hinzu kommt ein Aspekt, den mir verschiedene Arbeitgeber anvertraut haben. Sie hatten oft keine Ahnung, dass ich mich mit Indigo-Kindern befasse. In Flugzeugen oder bei Einladungen komme ich immer wieder mit Managern oder Betriebsleitern in Kontakt, die mir davon erzählen, was sich bei ihnen so tut. Und fast alle beklagen sich über die neuen Arbeitskräfte: Die Jungen wollen nicht einfach so ihre Pflicht erfüllen. Sie fordern nach drei Monaten die erste Gehaltserhöhung. Viele halten das für eine überzogene Anspruchshaltung, aber das ist es eigentlich nicht. Diese jungen Leute sind nicht verwöhnte, anspruchsvolle Blagen – sie haben vielmehr das Gefühl, ihren Anspruch bereits erworben zu haben. Sie haben das tiefe Empfinden, dass ihre Kompetenz weit über dem liegt, was man an einem Hamburger-Tresen zu tun hat. Fragen Sie sie nur! Sie werden es Ihnen sagen – wenn Sie sich ihr Vertrauen erworben haben.

Es geht immer wieder um Achtung, Würdigung und Respekt. Das wird Ihnen in diesem Buch immer und immer wieder begegnen. Lassen Sie solche Dinge wie Floskeln, Altersunterschiede und sozialen Status beiseite. Diesen neuen Menschen ist so etwas egal. Falls Sie darauf bestehen, dass alles wie früher sein müsse, werden Sie eine Menge Frustrationen einstecken.

Eine vertrauliche Geschichte

Ich will Ihnen eine lustige Geschichte über Indigos im Dienstleistungssektor erzählen. Pst ..., das Ganze ist höchst vertraulich! Die Geschichte ist nur den Einwohnern eines gewissen, vollständig von Wasser umgebenen Bundesstaates bekannt, in dem die Leute Schweine in der Erde rösten und in Baströckchen herumtanzen.

Jedes Jahr machen wir eine Kreuzfahrt zusammen mit all jenen, die gerne eine Woche mit uns zusammen reisen und Spaß haben wollen. Wir halten dabei auch ein Seminar ab, reden über Indigos, Metaphysik und Wissenschaften, genießen schöne Musik und lassen es uns gut gehen. Im Lauf der Jahre haben wir reichlich Erfahrungen mit Kreuzfahrten gesammelt. Wir wissen, wie so etwas abläuft, aber auf der Reise, von der ich erzählen möchte, kam es anders.

Die Ausgangssituation: Die Kreuzfahrtlinien verbrauchten regelmäßig enorme Mengen an Treibstoff und Zeit, um von diesem US-Inselstaat zu einem winzigen Atoll im Pazifik zu fahren. Es gibt nämlich ein Gesetz, demzufolge jedes Schiff, das unter fremder Flagge fährt, in bestimmten Abständen einen nicht-US-amerikanischen Hafen anlaufen muss. Die meisten Kreuzfahrtlinien sind in norwegischer Hand, weil (laut Aussage des Kapitäns!) die Norweger die Einzigen sind, die wissen, wie man richtig mit einem Kreuzfahrtschiff umgeht. Die Schiffe fuhren 1200 Seemeilen pro Strecke – allein der Treibstoffverbrauch! Jemand hat mir mal erzählt, so ein Ding verbraucht 90 Tonnen Schweröl pro Tag oder so etwas Verrücktes.

Die Kreuzfahrtgesellschaften machten also einen Handel mit den Grasröckchen-Behörden: Sie würden nicht mehr die üblichen Filipinos, Jamaikaner und Rumänen beschäftigen, sondern junge Leute von der Insel, und im Gegenzug bräuchten sie keinen ausländischen Hafen mehr anzulaufen. Prima Deal, alle waren zufrieden.

Als Passagiere dieser speziellen Kreuzfahrt hatten wir allerdings keine Ahnung, dass wir uns auf einem der ersten Schiffe befanden, die mit den frisch ausgebildeten neuen Angestellten bestückt waren. Sie ahnen es schon: Es waren zum größten Teil Indigos.

Wir brauchten ungefähr eine Woche, um herauszufinden, warum jede Mahlzeit bis zu drei Stunden dauerte und die Betten nie ordentlich gemacht, ja manchmal nicht mal richtig sauber waren. Und es gab keine Handtuchtiere! (Jedes Mal, wenn der Zimmerservice die Kabine reinigt, dreht er frische Handtücher in tierähnliche Gestalten.) Das alleine ließ uns schon fast über Bord springen. Eine Kreuzfahrt ohne Handtuchtiere!

Die Kellner in den feinen, edel gedeckten Restaurants konnten kaum die Namen der Gerichte aussprechen, geschweige denn jene der Weine, und die Handschuhe schienen ihnen auch kaum zu passen. Die Salatsoße wurde eine halbe Stunde nach dem Salat serviert, und wenn sie endlich kam, wurde deutlich: Die Kellnerin hatte keine Ahnung, dass sie zu dem Grünzeug gehörte. Alle Gäste waren in langen Kleidern und Schlips und Kragen, aber beim Personal schienen die Schürzen nur knapp die Jeans zu verdecken.

Sie gaben sich Mühe. Sie gaben sich wirklich Mühe, denn es waren gut bezahlte Jobs. Aber Indigos eignen sich einfach nicht als Dienstpersonal. Als wir mit ihnen ins Gespräch kamen, mussten wir lachen. Keiner von ihnen wollte den Job in der nächsten Saison weitermachen! Sie hatten es versucht, und es reichte ihnen. So würde es schwierig werden, mehr als 1000 Jobs mit Leuten von der Insel zu besetzen.

Das war vor über einem Jahr. Ich weiß nicht, wie die Geschichte weiterging. Jemand erzählte mir, dass sich plötzlich eine Menge Filipinos, Jamaikaner und Rumänen einbürgern ließen, um auf den Schiffen arbeitsberechtigt zu sein. Das wäre eine lustige Wendung der Geschichte – wenn es wahr ist.

Und so geht es hier weiter ...

Im Folgenden wird nun ernsthafter dargestellt, was passiert, wenn Indigos am Werk sind. Die Berichte stammen von den Profis, von Leuten, die andere anstellen und entlassen. Auch sie erzählen, dass sich etwas verändert. Überall in der Welt höre ich Geschichten, die meinen Beobachtungen sehr ähneln.

Schauen Sie sich gut an, wer da schreibt. Jan und ich haben Leute ausgewählt, die nicht nur eine Personalabteilung verwalten, sondern große Unternehmen leiten. Wir sind ihnen sehr dankbar, dass sie sich die Mühe gemacht haben, etwas zu diesem Buch beizutragen.

Erkenntnisse einer Studie über Indigo-Highschool- und -Collegeschüler
von Bruce I. Doyle III

Bruce I. Doyle III ist der Präsident von Growth Dynamics International (GDI), einer Gesellschaft, die Interim Management, Unternehmensberatung, Schulungen und Coaching für zukunftsorientierte Führungskräfte zur Förderung von Transformationen im Wirtschaftssektor betreibt und die sich bestimmten Werten, hoher Integrität und der Leidenschaft der Arbeitnehmer verschrieben hat. Bruce Doyle war Ingenieur und Projektmanager bei GE; Manager für weltweites Marketing bei Ingersoll Rand; Geschäftsführer bei Varian Semiconductor Equipment Associates Inc.; Abteilungsleiter und Leiter der neuen Technologien bei Pulse Engineering Inc.; Senior Vizepräsident für strategische Entwicklung bei Scientific Control Systems und unter anderem im Vorstand bei Systems Control und Impres.

Als Betriebsberater hat Doyle mit Firmen wie IBM, Nortel Networks, TI, Apple Inc., Sumida Corporation, WD-40 Company, Tres-Ark Inc., Smartmicros, TCG Energy, CuraPharm Inc., RDX Technology und Maxim Systems Inc. in den Bereichen strategische Planung, Führungsentwicklung und Veränderungen der Organisationsstruktur zusammengearbeitet.

Er hat Elektroingenieurwesen studiert und in Organisationstrans-

formation promoviert. Der Titel seiner Doktorarbeit lautet »Indigo-Führungskräfte und die unsichtbare Verbindung: Der Schlüssel zur Überbrückung von Lücken im Unternehmen«.

Neben all seinen – hier nicht einmal vollständig aufgelisteten – Tätigkeiten in Unternehmen interessiert sich Doyle leidenschaftlich für die menschliche Entwicklung – auch seine eigene. Er hat an dem Warner Erhard Training (heute Landmark Education), am Avatar® Masters Kurs und am Wizards Progamm teilgenommen und hat Ausbildungen in Hakomi und Jin Shin Jyutsu® gemacht. Er interessiert sich sehr dafür, welchen Einfluss die Indigos auf unsere Zukunft nehmen werden, vor allem in der Arbeitswelt. 2008 erschien sein Buch »Indigos in the Workplace: Paving the Way for Tomorrow's Leaders« (Indigos am Arbeitsplatz: Wegbereiter für die Führungskräfte von morgen).

Er hat erkannt, dass Menschen und Unternehmen nach dem folgenden Prinzip begleitet werden müssen: Lebenserfahrungen werden selbst erzeugt. Dieses Verständnis führt zu enormer persönlicher Kraft. Doyle hilft den Menschen, mit denen er arbeitet, ihr volles Potenzial zu erreichen, indem sie erkennen, dass ihre Überzeugungen ihr Leben erschaffen.

Sein 1994 erschienenes Buch »Before You Think Another Thought« wurde ins Spanische, Deutsche und Portugiesische übersetzt.[12] Seine Internetadresse: www.indigoexecutive.com

»Die Studienergebnisse von Bruce enthalten die besten Informationen über Indigos, die ich je zu Gesicht bekommen habe.«
NANCY ANN TAPPE

Es gibt eine Fülle von dokumentierten Beweisen, dass die Indigos für die Einzigartigkeit ihrer Talente anerkannt werden. Sie bestätigen den Einfluss, den Indigos bereits in jungen Jahren auf die Gesellschaft ausüben. Nach mehr als 25 Jahren, die ich in Führungspositionen von Wirtschaftsunternehmen verbracht habe, fragte ich mich, was wohl geschehen wird, wenn die Indigos immer stärker in der Arbeitswelt erscheinen.

Ich dachte mir, der beste Weg, um herauszufinden, wie sie denken, was sie bewegt und wie sie ihre Zukunft sehen, wäre es wohl, sie selbst zu fragen. Ich nutzte meine Doktorarbeit als Rahmen, um eine Studie über Highschool- und Collegeschüler durchzuführen. Das geschah mittels eines Fragebogens, in dem es um die persönlichen Werte, Berufswünsche, Vorstellungen vom zukünftigen Arbeitsplatz, Vorlieben beim Führungsstil und allgemeine Erwartungen ging. Der Fragebogen wurde durch die von Wendy H. Chapman (Erziehungspsychologin und Leiterin der Metagifted Education Resource Organisation in Nashua, New Hampshire) entwickelte Liste von Charaktereigenschaften ergänzt, die für Indigos typisch sind. Die Studierenden wurden gebeten, jene Qualitäten aus der Indigo-Liste zu wählen, die sie selbst am besten beschrieben. So wollten wir erfahren, in welchem Umfang die Teilnehmer der Studie den Indigo-Kriterien entsprachen.

Die Fragen waren offen formuliert, um Voreingenommenheit meinerseits vorzubeugen. Sie wurden per Post und übers Internet an Freunde und Geschäftspartner in aller Welt verschickt, die sie wiederum an Schüler weitergaben. Ich selbst verteilte Fragebogen an Schüler, denen ich bei der Ausübung ihrer Jobs in Banken, Restaurants und Cafés oder bei Seminaren begegnete. Insgesamt wurden einhundert vollständig ausgefüllte Fragebogen ausgewertet. Es folgt eine Zusammenfassung der Ergebnisse. Der ausführliche Bericht kann unter www.indigoexecutive.com eingesehen werden.

Zusammenfassung der Studie

Die Fragebogen wurden von etwas mehr Collegeschülern (51 Prozent), etwas mehr weiblichen Teilnehmern (57 Prozent) und mehrheitlich weißen US-Amerikanern (59 Prozent) ausgefüllt. Darüber hinaus waren Schüler aus Mexiko, England, Frankreich, Australien, Japan, Korea, Indonesien, Laos und von den Philippinen vertreten.

Indigos haben eine starke Neigung zum Selbstausdruck. Die Frage »Was begeistert dich im Leben?« beantworteten 29 Prozent der Schüler mit Selbstausdruck in den Bereichen Kunst, Musik und Schreiben. Selbstausdruck durch soziale Leistungen nannten 21 Prozent, während 17 Prozent Sport oder Outdoor-Aktivitäten wählten. Die übrigen Schüler begeisterten sich für Dinge wie den Ausdruck ihrer Individualität, den Einsatz für Lebensziele oder für liebevolle familiäre Beziehungen.

Indigos wollen etwas verändern. Die Frage »Wofür setzt du dich in deinem Leben ein?« beantworteten 57 Prozent mit der Aussage, sie wollten etwas verändern oder sich für etwas einsetzen, was das Leben insgesamt besser macht. 30 Prozent hielten das Erreichen persönlicher Ziele für das Wichtigste und 13 Prozent wollten vor allem sie selbst sein.

Indigos haben starke Werte. Auf die Frage »Was sind deine wichtigsten persönlichen Werte?« reagierten 25 Prozent mit Aussagen, die sich auf positive Aspekte ihrer selbst beziehen wie »authentisch bleiben«, »Freiheit und Unabhängigkeit« oder »Offenheit«. Werte aus dem Bereich Vertrauen, Ehrlichkeit und Loyalität nannten 23 Prozent. Die drittstärkste Gruppe (19 Prozent) bezog sich auf positive persönliche Eigenschaften im Umgang mit anderen wie Mitgefühl, liebevolles Verhalten, Freundlichkeit, Einfühlungsvermögen und »Respekt vor allen – egal, wer es ist«. Die übrigen Antworten umfassten Werte wie Familie, Freunde, Glauben und eine gute Ausbildung.

Indigos haben ein starkes inneres Selbst und sind wenig auf materiellen Besitz fixiert. Bei der Beantwortung der Frage »Was ist dir gar nicht wichtig im Leben?« ging es vor allem um die Trivialität von Dingen, die häufig zur Steigerung des Selbstwertgefühls dienen. Da hieß es zum Beispiel: »Berühmtheit – ich möchte lieber nicht berühmt sein«, »Zu einer bestimmten Gruppe zu gehören«, »Was andere von mir denken«, oder: »Das, was alle wollen.« In 26 Prozent der Antworten spiegelte sich eine geringe Wertschätzung materieller Güter wider, zum Beispiel wenn es hieß: »Geld – weil es mich nicht glücklich macht«, »Materielle Leistungen«, »Tolle Autos«, oder: »Das Anhäufen von Reichtümern.«

Indigos wollen für Leute arbeiten, denen sie als Individuum wichtig sind, und interessieren sich mehr für das »Sein« der Führungskräfte als für ihr Wissen oder ihr Können. 58 Prozent beantworteten die Frage »Welche Eigenschaften und Fähigkeiten wünschst du dir am meisten beim Chef des Unternehmens, für das du arbeitest, um dich unterstützt zu fühlen, deine Talente zum Ausdruck zu bringen?« mit Kommentaren, die das Bedürfnis nach einer persönlichen, zugewandten Beziehung zum Ausdruck brachten. Häufig wurden Qualitäten genannt wie: offen und ansprechbar, zugewandt, gute soziale Fähigkeiten, unterstützend, respektvoll und freundlich. Die mit 13 Prozent zweitgrößte Gruppe bat um Integrität, Ehrlichkeit und Vertrauen. Intelligenz und Fachwissen wurden mit 7 Prozent an dritter Stelle genannt.

Auszüge aus den Fragebogen

Marc, ein Highschool-Schüler aus San José in Kalifornien, schrieb zu der Frage nach den Eigenschaften der Führungskräfte:

»Zum einen sollten sie sich ihrer Entscheidungen sehr sicher sein. Sie sollten aufgeschlossen sein und bereit, jedes Thema zu diskutieren, das bei der Arbeit aufkommt. Ich meine, dass sie Regeln folgen müssen, aber sie sollten sie auf freundliche Weise durchsetzen. Sie sollten menschlich sein und auch Sinn für Humor haben, damit sie nicht einschüchternd wirken. Sie sollten sich selbst und alle im Unternehmen als gleichberechtigt ansehen. Wenn jemand autoritär Druck macht, würde mich das nur stressen, sodass ich wahrscheinlich den Arbeitsplatz verlassen würde.«

Annette, eine Schülerin aus Frankreich, schrieb:
»Ich möchte ihm wichtig sein und das Gefühl haben, dass er mir etwas beibringen möchte und dass er mir bereitwillig erklärt, was ich wissen muss. Er soll auch interessante Aufgaben weitergeben, Spannungen auflösen, Sinn für Humor haben und nicht bei jedem Problem gleich in Stress geraten. Er sollte vertrauenswürdig sein und mir helfen, mich zu entwickeln, indem er mir den Weg weist und mir Chancen gibt. Er soll gut kommunizieren, mir Rückmeldung geben und Geduld haben. Er sollte wissen, was er tut, und es mit Integrität tun.«

Berufswünsche der Indigos

Die Berufswünsche der Indigos umfassen ein breites Spektrum. 22 Prozent wollen im Bereich der Unternehmen Einfluss auf die Welt nehmen, 19 Prozent wollen im Bereich Erziehung und Bildung etwas bewirken, 14 Prozent möchten die Freiheit der Selbstständigkeit genießen, 11 Prozent wollen in den Bereich der Unterhaltung, 10 Prozent ins Gesundheitswesen oder in den Sozialbereich, 9 Prozent bevorzugen es, in kleinen Unternehmen tätig zu sein, 8 Prozent wollen in die Politik und 7 Prozent ins Rechtswesen.

Indigos wollen mit möglichst viel Freude in effektiv geführten Unternehmen arbeiten, in denen Selbstausdruck und Autonomie gefördert werden. Die Frage »Wie soll dein Arbeitsumfeld aussehen, damit du deine Begabungen zum Ausdruck bringen

und dich erfüllt fühlen kannst?« beantworteten 43 Prozent mit
Aussagen wie: Es soll »lustig, friedlich und gut organisiert sein,
mit Chancen zur Selbstverwirklichung und zur Selbstständigkeit«. Weitere 36 Prozent bezogen sich auf Dinge wie Flexibilität, Teamarbeit, Fortbildung und den Kontakt mit erfahrenen,
ehrlichen Mitarbeitern. Zu den repräsentativen Aussagen zählte,
es solle »nicht zu ernst« zugehen, »optimal geführt« sein und die
Möglichkeit bieten, »ich selbst zu sein, keine Maske aufsetzen zu
müssen«.

Empfindlichkeit gegen Urteile

Indigos fühlen sich vor allem von unterschiedlichen Werten,
Scheuklappendenken und den großen sozialen und ökonomischen Problemen unserer Zeit herausgefordert. Auf die Frage
»Was sind deiner Meinung nach die größten Herausforderungen
für deine Generation?« antworteten 37 Prozent mit der Befürch-
tung, von anderen unfair beurteilt zu werden. Sie schrieben zum
Beispiel: »Alle schauen mehr auf die negativen Dinge als auf die
positiven«, »Die Leute meiner Generation werden oft verurteilt«,
»Die Leute urteilen, ohne die ganze Geschichte zu kennen«,
»Unsere Generation wird mit so vielen Etiketten versehen, dass
wir unsere wahre Identität verloren haben«, und: »Allgemeine
Verunsicherung und der Mangel an Vorbildern.« Die zweitgrößte Gruppe (25 Prozent) widmete sich vor allem der harten
Wirklichkeit des persönlichen Lebens. Dazu gehörten Antworten wie: »Unseren Selbstwert zu finden und ihn in der harten
Wirklichkeit des Lebens beizubehalten, während wir versuchen,
in der politischen Atmosphäre, die uns umgibt, unsere Nische zu
finden«, »In der Schule mitzukommen, sich dem Gruppenzwang
zu verweigern (Drogen, Alkohol) und den richtigen Job zu finden«, und: »Die Konkurrenz mit anderen.« Die mit 20 Prozent

drittgrößte Gruppe bezog sich auf die sozialen Probleme: »Das anzugehen, was vor unserer Nase ist«, »Wege zu finden, die zu der notwendigen Einheit führen – Einssein mit uns selbst, Einheit in unseren Familien (die Scheidungsrate ist viel zu hoch), Einheit zwischen den Nationen (militärische Waffen sind zu zerstörerisch) und Einheit mit der Natur.«

Neue Wege des Denkens und des Tuns

Indigos wünschen sich, dass ihre Generation ihre Visionen, Fähigkeiten und Ideen beiträgt, um in der globalen Arbeitswelt eine neue Haltung in Bezug auf Vielfalt, Werte, Ethik, Technologie und Sinn zu kreieren. Die Frage »Welche wichtigen Beiträge erhoffst du von deiner Generation für die Arbeitswelt und die persönliche Zufriedenheit am Arbeitsplatz?« beantworteten 39 Prozent mit Aussagen zur Wertschätzung von Menschen, zur Unterstützung von Gleichberechtigung, Vielfalt und der Förderung der Zusammenarbeit. »Ein vielfältigeres Arbeitsumfeld entwickeln«, hieß es da zum Beispiel, oder: »Darauf achten, andere zu würdigen«, und: »Ich wünsche mir, dass mehr auf das Team und weniger auf den Helden geschaut wird, denn ohne das schwächste Glied in der Kette könnte auch das stärkste Glied nichts bewirken.«

Die zweitstärkste Gruppe (20 Prozent) brachte den Wunsch zum Ausdruck, einen neuen Sinn einzubringen und mit ihren Fähigkeiten und Ideen eine neue Vision und ein neues Denken zu begründen. Da hieß es zum Beispiel: »Ich erwarte, dass sich unsere Generation bemüht, diese Welt und das Leben der Menschen zu verbessern. Was sich ändern sollte, ist die Armee – wir brauchen keinen Krieg.« »Eine neue Sichtweise oder eine neue Art, Dinge zu tun.« »Sich klar darüber zu sein, warum man etwas tut.« Und: »Vielleicht werden die Leute meiner Generation nicht danach ausgesucht, wie sie aussehen oder welche Hobbys sie haben, sondern nach dem, wie sie den Betrieb und seine Arbeitsethik bereichern könnten.«

Profil der Indigo-Eigenschaften

Ich überprüfte die Anzahl der Schüler, deren Antworten den Qualitäten der unten aufgeführten Indigo-Liste entsprachen, um abschätzen zu können, in welchem Umfang die Teilnehmer der Studie Indigo-Eigenschaften aufwiesen. Die Analyse der selbst eingeschätzten Verhaltensweisen der Schüler entspricht ungefähr der normalen Verteilung. Die Spitze lag bei 55 Prozent. Ich gehe davon aus, dass eine größere Anzahl von Teilnehmern eine Kurve anzeigen würde, die völlig im durchschnittlichen Bereich liegt. Je mehr Indigos in das entsprechende Alter kommen, desto mehr wird sich die Kurve nach rechts verschieben, da seit Mitte der 1970er-Jahre konstant immer mehr Indigos geboren werden. Eine Schülerin, Maria Hilario, entsprach zu 100 Prozent den Indigo-Eigenschaften. Diese hübsche, energiegeladene junge Frau ist mit ihrem Teilzeitjob in einer Pizzeria und mit ihren Studien am Grossmont College voll beschäftigt. Sie möchte gerne Sozialarbeiterin werden. Es ist ihr größtes Anliegen, »andere zu inspirieren und ihnen zu helfen, ein gesundes, sinnerfülltes Leben zu führen und die Dinge zum Positiven zu verändern«. Ihr Lieblingszitat stammt von Elisabeth Kübler-Ross: *Menschen sind wie Bleiglasfenster. Wenn die Sonne scheint, glänzen und leuchten sie, aber wenn es dunkel wird, ist ihre wahre Schönheit nur zu erkennen, wenn im Inneren ein Licht scheint.*

Liste der Eigenschaften von Indigos

- Starkes Selbstwertgefühl
- Ein offensichtliches Gespür für sich selbst
- Schwierigkeiten mit Disziplin und/oder Autorität
- Befolgen ungern Befehle oder Anweisungen
- Sehr ungeduldig
- Strukturierte Systeme, Routine und wenig kreative Prozesse führen zu Frustration
- Erkennen oft bessere Wege, Dinge zu tun (sei es zu Hause, in der Schule oder am Arbeitsplatz)
- Mögen sich nicht den Wünschen anderer oder den allgemeinen Trends anpassen
- Wollen immer wissen, »warum«, vor allem, wenn sie aufgefordert werden, etwas zu tun
- Routinearbeiten werden schnell langweilig
- Sehr kreativ
- Sehr gute mentale Multitasker; können gut viele Dinge gleichzeitig tun
- Starke Intuition
- Starkes Einfühlungsvermögen oder gar kein Einfühlungsvermögen
- Bereits in jungen Jahren fähig, abstrakt zu denken
- Begabt, talentiert und/oder hoch intelligent
- Möglicherweise mit ADS oder ADHS diagnostiziert
- Begabte Tagträumer und/oder Visionäre
- Spirituelle Intelligenz und/oder mediale Fähigkeiten
- Oft zornig oder ärgerlich, manchmal Probleme mit Wutanfällen
- Braucht möglicherweise Unterstützung, um sich selbst zu entdecken

- Ist hier, um zu helfen, die Welt zu verändern – damit wir in mehr Harmonie und Frieden miteinander leben und das Leben auf diesem Planeten besser wird

Dies ist eine leicht veränderte Version der ursprünglich von Wendy H. Chapman entwickelten Qualitäten, die unter www. metagifted.org einzusehen sind.

Die fünf am häufigsten genannten Qualitäten waren:
1. Starkes Einfühlungsvermögen (wählten 84 Prozent)
2. Offensichtliches Gespür für sich selbst (76 Prozent)
3. Erkennen oft bessere Wege, Dinge zu tun (sei es zu Hause, in der Schule oder am Arbeitsplatz) (74 Prozent)
4. Begabte Tagträumer und/oder Visionäre (72 Prozent)
5. Sehr kreativ (70 Prozent)

Es sieht so aus, als wiesen die Indigo-Jugendlichen und jungen Erwachsenen immer noch die Eigenschaften auf, die Lee Carroll und Jan Tober vor rund zehn Jahren in ihrem Buch *Die Indigo-Kinder* aufführten.

Fazit der Studie

Die Ergebnisse der Untersuchung geben uns zusätzlichen Einblick in die älter werdenden Kinder, die Jan und Lee beschrieben haben, und in das Jäger-Gen-Verhalten, das Thom Hartmann in seinem Buch *The Edison Gene*[13] beschreibt.

Die Indigos haben ein starkes Bedürfnis nach uneingeschränktem Selbstausdruck und wollen anderen helfen, ebenfalls ein Leben in Gleichberechtigung und Selbstverwirklichung zu leben. Ihre Werte spiegeln ein starkes Selbst wider, das darauf drängt, mit großer persönlicher Integrität nach Freiheit, Wahrheit, Offenheit, Zugehörigkeit, Achtung vor allen Dingen und Selbstausdruck zugunsten des Ganzen zu streben. Ihr starkes

Selbstverständnis fördert ein selbstbestimmtes Leben, dessen Erfolg sich mehr an Erfahrungen als an Besitz misst. Sie sind an Berufen interessiert, die ihnen viel Freiraum für Selbstausdruck lassen und ihnen ermöglichen, Wahrheit in Situationen zu bringen, denen es an Integrität mangelt.

Man könnte vermuten, dass die Auseinandersetzungen der letzten Zeit um große Unternehmen die Indigos davon abschrecken, sich auf die Wirtschaftswelt einzulassen. Glücklicherweise scheint es nach unseren Ergebnissen nicht so zu sein. Sie sehen diese Situation mehr als einen notwendigen Schritt einer umfassenderen Entwicklung. Wir brauchen die Kreativität und die kühnen Gedankengänge der Indigos, um die Abgründe unbefriedigter Erwartungen zu überbrücken. Viele werden das Unternehmertum jedoch als einen Weg nutzen, die notwendige Autonomie zu gewinnen, die sie brauchen, um ihre kreativen Ideen ungehindert zu verwirklichen.

Indigos geht es am besten, wenn ihre Vorgesetzten ein persönliches Interesse an ihrem Leben und ihrer beruflichen Entwicklung zeigen. Vorgesetzte sind aus ihrer Sicht dazu da, um zu dienen, anzuleiten und zu begleiten. Als effektiver Vorgesetzter oder Leiter von Indigo-Angestellten muss man äußerst integer sein, hervorragend kommunizieren können und das Team inspirieren, zum Wohl aller sein Bestes zu geben.

Indigos wollen in einem Umfeld arbeiten, das Freude macht, gut organisiert ist und effizient arbeitet. Sie wollen Verantwortung, Selbstbestimmung und eine Atmosphäre der Flexibilität. Vor diesem Hintergrund werden sie starke Beziehungen zu ihren Kollegen entwickeln. Gemeinschaft spielt für die Indigos eine wichtige Rolle. Sie unterstützen einander mit Integrität, Offenheit und Mitgefühl.

Die Studienergebnisse weisen genauso wie andere Bücher, Artikel und Interviews zum Thema darauf hin, dass Indigos »Brückenbauer« sind. Auf einem Fundament der Wahrhaftigkeit errichten sie eine neue Infrastruktur, um die Lücken und Abgründe in unseren Betrieben, in unserer Wirtschaft und in unseren sozialen Institutionen zu überbrücken. Sie kommen mit neuen Visionen, entwickeln eine ungebremste Kreativität und liefern mit himmlischer Inspiration die Lösungen, die wir brauchen, um die Gesellschaft auf die nächste Bewusstseinsebene zu heben.

Die Frage, die sich jetzt stellt, lautet: »Wie können die Führungskräfte von heute die Indigos in ihrer Entwicklung und im Ausdruck ihrer Gaben unterstützen?« Dieser Frage widme ich mich in meinem nächsten Buch *Indigos in the Workplace: Paving the Way for Tomorrow's Leaders* (Indigos am Arbeitsplatz: Wegbereiter für die Führungskräfte von morgen).

Indigos am Arbeitsplatz
von Gates McKibbin

Hier meldet sich ein Profi aus der Welt der Unternehmen zu Wort.

Gates McKibbin ist die Gründerin und Leiterin von McKibbin Inc. Sie verfügt über große Erfahrung als Beraterin für strategische Planung, Führungsentwicklung, effektive Organisationsplanung und Change Management. Ihre Fähigkeiten liegen vor allem in den Bereichen Coaching von Führungskräften, Kommunikation, Teambildung und zwischenmenschliche Beziehungen.
Gates McKibbin arbeitet seit 1982 als Unternehmensberaterin. Damals kam sie als Forschungsberaterin zu McKinsey & Company. Kurz darauf erschien das Buch »In Search of Excellence« (Auf der Suche nach hervorragender Qualität), in dem viele der Praktiken von McKinsey beschrieben wurden. Es wurde ein solcher Erfolg, dass McKibbin die nächsten sechs Jahre damit verbrachte, weitere

Forschungsarbeiten anzuleiten, Management-Training-Videos zu produzieren und international Vorträge und Seminare abzuhalten. Ihre Beratungsprojekte bezogen sich in letzter Zeit vor allem auf die Entwicklung von Erfolgsstrategien auf der höchsten Führungsebene. Seit 2001 ist sie Vorstandsmitglied von TrueBlue Inc. Sie half dem Unternehmen, Strategien zu entwickeln, die den Umsatz in fünf Jahren von 1 Milliarde auf 2 Milliarden Dollar steigerten.

Vor zehn Jahren nahm McKibbin ein Sabbatjahr von ihrer Beratungstätigkeit und ging noch einmal in die Welt der Unternehmen. Sie war Vizepräsidentin der Treuhandgesellschaft für Gesundheitsforschung und Erziehung der American Hospital Association und danach Vizepräsidentin des Change Managements der Bank of America.

McKibbin hat acht Artikel über Führungswesen und Veränderungen geschrieben. Sie hat auch eine siebenbändige Reihe über persönliche Entwicklung veröffentlicht, darunter zu Themen wie Mut, Hoffnung, Liebe und Glauben. An der Universität von Illinois hat sie Diplome in diversen Fächern und den Doktortitel erworben.

Es breitet sich aus wie eine Seuche. In den letzten paar Monaten habe ich von zahlreichen meiner Klienten fast identische Anrufe erhalten. Egal ob sie ein kleines Unternehmen oder einen Multimilliarden-Dollar-Konzern führen, sie haben die gleichen Sorgen. Kurz gesagt, sie erleben mit ihren neuen Angestellten eine Art Kulturschock, vor allem mit denen, die jünger als 25 sind. Diese jungen Arbeitnehmer gehen ihren Vorgesetzten auf die Nerven. Sie sind ...

- unrealistisch selbstbewusst, was ihre Fähigkeiten angeht, da sie nur wenig oder gar keine Arbeitserfahrung haben;
- so darauf aus, etwas zu lernen, dass sie zuerst ihre Fähigkeiten verbessern – und dann zum Geschäft etwas beitragen wollen;

- entschlossen, um fünf Uhr nach Hause zu gehen, auch wenn dadurch wichtige Arbeiten aufgeschoben werden müssen;
- überzeugt, dass sie bereits im ersten Jahr eine Beförderung erhalten sollten;
- ohne Scheu, um mehr Gehalt zu bitten, damit sie mit ihren Freunden Schritt halten können;
- bereit, jeden Moment zu kündigen, wenn ihren Erwartungen nicht entsprochen wird.

Der Begriff, den viele Manager wählen, um diese neuen Angestellten zu beschreiben, ist *»anspruchsvoll«*. Ihre Haltung lässt sich in folgenden Sätzen zusammenfassen: »Ich weiß, wer ich bin, und ich werde mich nicht krumm machen, um hierher zu passen. Wenn ich Piercings oder Tattoos habe, dann soll das niemanden stören. Mein Leben außerhalb des Betriebs ist mir wichtig und ich werde meine Freizeit nicht den Göttern des Profits opfern. Ich bin eine wertvolle Arbeitskraft und ich erwarte, dass man mir Gelegenheit gibt, mich weiterzuentwickeln. Wenn man mir immer die gleiche Aufgabe gibt, langweile ich mich schnell und verliere die Motivation. Ich erwarte, schnell befördert zu werden und ständig neue Chancen zu bekommen, meine Fähigkeiten und damit meinen Marktwert auszubauen.«
Wenn ich meinen Klienten so zuhörte, klang es tatsächlich nach einem akuten Fall von Anspruchshaltung. Meine Intuition sagte mir auch, dass diese Situation zu erwarten war, wenn die Indigos mit all ihrer Unabhängigkeit, Ungeduld, Skepsis und Selbstbezogenheit massenweise auf den Arbeitsmarkt strömen. Die Arbeitswelt bekam es deutlich zu spüren.
Die Unternehmenskultur beruhte bislang eher auf dem Gegenteil. Seit Jahrzehnten waren die Babyboomer dankbar, einen Arbeitsplatz abzukriegen, bereit, hart dafür zu arbeiten, und willig, sich dem Firmencharakter anzupassen, um erfolgreich

zu sein. Sie lernten, mit einem gewissen Maß an Bürokratie zu leben, und akzeptierten die notwenigen Kontrollhierarchien. Sie investierten ihre Zeit und Energie, um gute Führungskräfte zu werden, Prozesse effizienter zu machen und das Arbeitsumfeld zu verbessern. Nichtsdestotrotz scheint die neue Generation entschlossen, diesen Status quo nicht nur infrage zu stellen, sondern ihn geradezu unter Beschuss zu nehmen.

Ich habe im Internet nachgesehen, was dort über die »Generation Y« steht (mit diesem Begriff wird diese junge demografische Gruppe oft bezeichnet). Ich erwartete, eine Verbindung zwischen der Generation Y und den Indigos zu finden. Tatsächlich bestätigten meine Nachforschungen, dass Generation Y nur ein anderer Begriff ist für Indigos, die zwischen 1980 und 1994 geboren wurden.

Zweifelsohne sind die Mitglieder dieser Gruppe – immerhin 60 Millionen weltweit – ziemlich anders als ihre Vorgänger:

- Ein Drittel ist nicht kaukasischer Abstammung.
- Die Hälfte kommt aus Haushalten von Alleinerziehenden.
- 80 Prozent haben berufstätige Mütter.
- Über 2 Prozent haben Eltern, die schon einmal im Gefängnis waren.
- Über die Hälfte der 20- bis 24-Jährigen bleibt nicht länger als 12 Monate an einem Arbeitsplatz. Bei den 16- bis 19-Jährigen sind es 78 Prozent.[14]

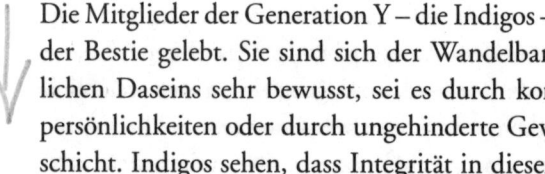

Die Mitglieder der Generation Y – die Indigos – haben im Bauch der Bestie gelebt. Sie sind sich der Wandelbarkeit des menschlichen Daseins sehr bewusst, sei es durch korrupte Führungspersönlichkeiten oder durch ungehinderte Gewalt in der Unterschicht. Indigos sehen, dass Integrität in dieser Gesellschaft die Ausnahme und dass Gerechtigkeit käuflich ist. Sie balancieren auf dem schmalen Grat zwischen unverblümter Direktheit und zynischer Nüchternheit. Während die Babyboomer dachten, es sei eine revolutionäre Idee, Autoritäten infrage zu stellen, ist Autorität ohne Hintergrund für die Indigos so sinnlos, dass es sich nicht mal mehr lohnt, sie zu hinterfragen.

Angesichts einer unvorstellbaren Staatsverschuldung und einer Generation von Babyboomern, die sich auf die Rente vorbereiten, lebt die Generation Y für den heutigen Tag, in dem vollen Bewusstsein, dass die Zukunft völlig offen ist. Sie sind im Dunstkreis von Kinderpornografie und AIDS aufgewachsen und haben bis zu acht Stunden täglich manipuliertes Fernsehen gesehen. Als technologische Alleskönner kommunizieren sie miteinander via Pager, Handy, SMS, E-Mail und in Chatrooms. Was können solche jungen Menschen zu einem Betrieb beitragen? Und wie können Arbeitgeber diesen Beitrag sinnvoll nutzen? Hier sind ein paar Ansätze, die bei meinen Klienten funktioniert haben:

Erkunden Sie ihre Welt. Schauen Sie sich an, wie sich diese Generation in den Einkaufspassagen verhält, sehen Sie sich ihre Filme an, lesen Sie ihre Zeitschriften und schalten Sie ab und zu auf MTV. Sie werden beide Seiten ihrer Weltsicht erkennen: ihr geradezu mutwilliges Bedürfnis nach Unabhängigkeit und ihr tiefes Bedürfnis, von etwas Sinnvollem inspiriert zu sein. Reden Sie offen mit ihnen über ihr Leben und spicken Sie das Gespräch ruhig mit provokanten Fragen.

Fordern Sie sie. Wenn die Indigos an ihrem Arbeitsplatz möglichst viel lernen wollen, ermöglichen Sie es ihnen. Finden Sie heraus, worin sie gut sind, und geben Sie ihnen reichlich Gelegenheit, darin noch besser zu werden. Seien Sie bereit, ihr Arbeitsfeld auszuweiten. So können sie sich weiterentwickeln und tragen gleichzeitig zum Wohl des Unternehmens bei.

Seien Sie Coach und Mentor. Erschließen Sie ihr volles intellektuelles und zwischenmenschliches Potenzial. Sorgen Sie für ehrliches Feedback bezüglich Haltungen oder Verhaltensweisen, die ihre Glaubwürdigkeit verbessern oder verschlechtern. Helfen Sie ihnen, zu verstehen, wie sie professioneller werden können, ohne ihr Selbstgefühl zu verlieren. Unterstützen Sie starke kollegiale Beziehungen und fördern Sie die Effektivität der Teams.

Hinterfragen Sie Ihre eigenen selbstverständlichen »Wahrheiten«. Seien Sie bereit, »heilige Kühe« zu schlachten oder zumindest deren Bedeutung öffentlich zu überprüfen. Lassen Sie sich auf lebhafte Debatten über Quellen von Ineffizienz und die Verbesserung des Arbeitsplatzes und der Arbeitsprozesse ein. Bleiben Sie gegenüber den Standpunkten der Indigos aufgeschlossen, selbst wenn sie auf respektlose Weise freimütig sind. Versuchen Sie, selbst flexibler und offener zu werden.

Unterstützen Sie ihre Werte. Selbstgenügsamkeit ist ihnen selbstverständlich, und ihre Selbstbestimmung ist nicht verhandelbar. Erkennen Sie, dass diese Werte an einem Arbeitsplatz, der Eigeninitiative verlangt, sehr nützlich sein kann. Entdecken Sie, was den Indigos sinnvoll erscheint und wie sie mehr davon in ihre Arbeit einfließen lassen können. Fördern Sie Wege, auf denen ihre Werte in die Kultur Ihres Unternehmens einfließen können.

Finden Sie immer neue Herausforderungen. Wenn Sie sie aufgefordert haben, die Grenzen ihrer Fähigkeiten zu testen, und sie sie erfolgreich erweitert haben, stellen Sie sie vor neue Herausforderungen. Diese jungen Leute lieben es, zu experimentieren. Das Risiko von Fehlschlägen fühlt sich für sie nicht nach einer Einschränkung ihrer Karriere an (auch wenn Sie es vielleicht so empfinden).

Halten Sie sich an den Wert der Arbeit. Versuchen Sie, nicht einfach aufgrund Ihrer Autorität Kontrolle auszuüben oder Anordnungen zu erteilen. Indigos werden Sie dafür verachten und alles Vertrauen, das Sie mühsam aufgebaut haben, wird dahin sein. Wenn etwas getan werden muss, erklären Sie lieber, wie es zum Erfolg des Unternehmens – und damit zu ihrem eigenen Erfolg – beitragen wird.

Äußern Sie Ihre Anerkennung für ihren Beitrag. Wie jeder Mensch brauchen Indigos Wertschätzung für das, was sie sind, und das, was sie tun. Nutzen Sie jede Gelegenheit, bei der Sie beobachten oder erfahren, dass sie etwas richtig machen, und erkennen Sie es an. Sie werden feststellen: Trotz des ganzen »Gepolters« möchten die Indigos doch gerne, dass Sie ihre gute Leistung bemerken.

Die Aufgabe des Arbeitgebers besteht darin, das Potenzial jedes Arbeitnehmers zu erschließen und zu nutzen. In dieser Hinsicht sind Indigos nicht anders als andere Menschen. Ihr Potenzial manifestiert sich nur auf eine andere Weise, als wir es gewohnt sind. Wenn die Arbeitgeber einsehen, dass sie von der Generation Y viel lernen können, selbst wenn deren Beiträge zunächst kontraproduktiv wirken mögen, sind sie in einer guten Position, aus jedem das Beste herauszuholen.

Lernen lernen
von Kimberly Kassner

Das Leben dieser Autorin ist ein Zeugnis von der Macht des Lernens. Jan und ich überlegten, ob ihr Beitrag nicht eher in das Kapitel der Pädagogen gehört – auch das hätte gestimmt. Aber Kimberly Kassners Stimme kommt mitten aus der amerikanischen Unternehmenswelt mit einer Botschaft besonders für all die jungen Erwachsenen, denen irgendwann »Lernstörungen« attestiert wurden.

Kimberly Kassner begann erst im letzten Jahr ihres Studiums an der Central Michigan University, ihre Lernfähigkeit so zu entwickeln, dass sie gute Noten erhielt und nie mehr nach 17 Uhr oder am Wochenende lernen musste. Die ganzen Jahre zuvor hatte sie mit ihrer Andersartigkeit gekämpft und endlose Stunden damit verbracht, um sich auch nur auf einen Test vorzubereiten. Dann entdeckte sie das Geheimnis ihrer Lerntechnik. Sie schloss in Kommunikation und Psychologie »cum laude« ab.

1982 begann Kassner ihre Berufslaufbahn bei PepsiCo Inc. Sie wurde in sieben Jahren fünfmal befördert und galt in ihren letzten vier Positionen als eine der zehn Besten im Land. In ihrer letzten Position als Leiterin der nationalen Rechnungsabteilung war sie für die Abrechnungen der landesweiten Abfüllanlagen und Nahrungsmittelketten verantwortlich. Zwei Jahre lang ragte sie als die Achtbeste des Landes und als die Beste in ihrer Region heraus. Sie arbeitete weniger als 35 Stunden die Woche und lehrte gleichzeitig Dale Carnegies Kurs »Wie man im Geschäftsleben Freunde und Einfluss gewinnt«. In der gleichen Zeit wurde sie von der Michigan Business & Professional Women's Foundation für ihre Karriere ausgezeichnet.

1994 schrieb Kassner das Buch »You're a Genius and I Can Prove

It« (Du bist ein Genie und ich kann es beweisen). Schon nach vier Monaten war es ein Bestseller. Sie erschien damit in über 100 Radio- und Fernsehshows.

1998 veröffentlichte sie eine Reihe von drei Videos bzw. fünf Audio-kassetten unter dem Titel »EmpowerMind for Teens«®. Auch dieses Produkt überzeugte so sehr, dass es zweimal im Fernsehen vorgestellt und zu einem Bestseller wurde.

Kimberly Kassner arbeitet zurzeit an der Fertigstellung ihres zweiten Buches, »Discovering Your Child's Divine Purpose« (Entdecken Sie den göttlichen Lebenssinn Ihres Kindes), und beginnt gerade eine Filmdokumentation zu »You're a Genius and I Can Prove It«. Der Film erforscht die Philosophie von EmpowerMind und zeigt viele erstaunliche Erfolgsberichte.

Kimberly Kassner erhielt für ihre Arbeit die Anerkennung der California Association of Student Councils und der Educational Media Group of California. Derzeit lebt sie mit ihrem Mann und ihrem sieben Jahre alten Sohn in Commerce, Michigan.

Ist dies die Lösung für unsere Erziehungs- und Bildungskrise oder nur ein neuer Medienrummel? Ich habe 16 Jahre lang versucht, das Rätsel der »Lernstörungen« zu lösen. Nachdem ich direkt mit über 1000 legasthenischen, hyperaktiven, aufmerksamkeitsgestörten und »hoffnungslos lernbehinderten« Schülern und Studenten zusammengearbeitet habe, glaube ich, dass vieles, was als »Lernbehinderung« bezeichnet wird, eigentlich ein Defizit der Lehrmethoden und Lehrpläne ist.

Ich war so eine »lernbehinderte« Schülerin. Ich konnte keine Multiple-Choice-Tests bestehen und nur schlecht lesen und auswendig lernen. Ich kämpfte mit allen Anzeichen von ADS. Ich war eine Tagträumerin, redete exzessiv und konnte mich auf nichts konzentrieren – außer es reizte mich oder ich spürte aus mir selbst heraus das Interesse, es zu lernen. Mich hat allerdings nie jemand formell mit ADS diagnostiziert. Erst zehn Jahre nach meinem Collegeabschluss begriff ich, dass ich kinästhetisch lerne. Ich lerne im Tun. Mein Mann lacht oft über mich und sagt: »Du hast zwar keine Ahnung, wo Bhutan oder Tansania liegen, aber wenn es um Praktisches geht, bist du ziemlich schlau.« Ich lerne durch Tun, durch Ausprobieren.

In meinem zweiten Semester am College lernte ich, zu welcher Tageszeit mein Gehirn am besten Informationen aufnimmt und wie ich meine negativen Selbstgespräche in positive umwandle. Ich lernte auch, mit zwei meiner Professoren direkt über meine Art des Lernens zu kommunizieren. Sie waren dadurch bereit, mir andere Prüfungen vorzulegen als dem Rest der Klasse. Allein diese Erkenntnisse bewirkten, dass ich nur noch halb so viel Zeit mit Lernen verbringen musste wie zuvor und dass gleichzeitig meine Noten besser wurden. Ich war nicht klüger geworden, ich hatte nur begriffen, *wie ich lerne.*

Nehmen wir mal eine Analogie. Angenommen, Gehirne sind wie Computer. Wir haben also ein Klassenzimmer voller Computer. Viele Lehrer stopfen Apple-Software in IBM-Geräte. Da kann keine Verbindung entstehen, also findet auch kein Lernen statt. Doch wenn ein Konverter eingebaut wird, der den Schülern zu erkennen hilft, *wie* sie lernen können, dann *werden* sie auch lernen. Zu erkennen, wie man lernt, ist der Schlüssel zu effektiver Bildung. Dadurch lernen die Schüler, selbst zu denken.

Wenn ein Schüler visuell lernt und ein gutes Vorstellungsvermögen hat, kann er aus gehörten Informationen mentale Bilder machen. So habe ich zum Beispiel zwölf »hoffnungslosen« Schülern den Prolog zu »Romeo und Julia« beigebracht. Sobald ich ihnen gezeigt hatte, wie sie in ihrem Kopf aus den Worten Bilder machen können, konnten sie sich besser daran erinnern. Wir haben dem Prolog auch einen Rapmusik-Rhythmus unterlegt, der all jenen half, die besser rhythmisch lernen. Jetzt hatten sie Bilder und Rhythmus.

Je mehr Sinne ins Lernen einbezogen werden, desto besser stehen die Chancen, dass die Informationen hängen bleiben. Diese Schüler lernten die 14 Zeilen des Prologs in einer einzigen Sitzung und konnten sie noch vier Wochen später fehlerfrei wiederholen. Und weil die Schüler lernen, dies selbst zu tun, sind sie hinterher im Besitz ihres mentalen Konverters. Sie brauchen mich nicht mehr, um die Informationen für sie aufzubereiten. Sie können es selbst und können die Verantwortung für ihren Lernprozess übernehmen, unabhängig vom jeweiligen Lehrer, der Schulform oder dem Inhalt, um den es geht.

Hier ist ein Beispiel für die Umkehrung, die in den Schülern stattfinden kann, ohne dass ich in der Nähe sein muss: Am Ende der dritten Klasse konnte der achtjährige Zacharias immer noch kein kleines Einmaleins. Die Multiplikationsreihen waren ihm auf linkshirnige Weise beigebracht worden, aber er war ein rechtshirniger Lerner. Also zeigte ich ihm, wie er die Informationen eigenständig umkehren kann. Zach schaute sich bei 7 x 7 die beiden Siebener an. Sie sahen in seinen Augen wie zwei auf den Kopf gestellte Beine aus. Er merkte sich das Bild. Dann schaute er sich die Lösung 49 an. Die Zahl erinnerte ihn an das San Francisco 49er Footballteam. Dann verband er die beiden Bilder miteinander. Die Beine gehörten in seiner Vorstellung zu den 49ern, die alle auf dem Kopf umherrannten. Wenn er dann irgendwann die 7 x 7 sah, durchlief er denselben Denkprozess. Mithilfe solcher Assoziationen konnte er innerhalb von zehn Minuten alle acht Multiplikationsreihen lernen, die er sich vorher so erfolglos zu merken versucht hatte. Und er konnte sich auch weiterhin ohne viel Üben an die Ergebnisse erinnern.

Ein weiteres Beispiel: Vor wenigen Monaten begleitete ich den zehn Jahre alten Garrett, der zwölf Multiplikationsreihen nicht auswendig wusste. Seine Mutter war mit ihrem Latein am Ende. Seit dem Kindergarten hatte sie viel Geld in eine wöchentliche Lernbegleitung und in unendliche Stunden leidvoller Hausaufgabenbetreuung investiert, die Schule hatte extra Hilfe angeboten, aber nichts hatte funktioniert. Ich konnte Garrett gut verstehen. Als zehn Jahre alter kinästhetischer Lerner lag die Zauberformel für ihn in Körperfunktionen und Körperbewegungen. Ich fragte ihn zum Beispiel, wie in seinen Augen die Vier aussieht, ob sie ihn an irgendetwas erinnere. Er liebte Hunde und sie erinnerte ihn an die vier Beine eines Hundes, also sagte er: »An einen Hund.« (Das mag sich für manch einen weit hergeholt anhören, aber wenn es für ihn funktioniert, dient es vollkommen dem Zweck.) Also krabbelten wir beide auf allen vieren (4 x 4) auf dem Boden herum und bellten wie die Hunde. Dann schauten wir nach oben und stellten uns vor, wie ein »sick Teen« (ein kranker Jugendlicher, in Assoziation zu englisch »sixteen« = 16) ins Zimmer kommt. (Zum Glück habe ich in meinem Behandlungszimmer keine Überwachungskameras, sonst käme ich am Ende noch selbst in Erklärungsnot.) Auf jeden Fall lernte Garrett in 75 Minuten alle zwölf Multiplikationsreihen perfekt auswendig und sagte sie seiner Mutter vor, als sie ihn abholte. Sie konnte es kaum glauben und hatte Tränen in den Augen. Kinder lernen so leicht, wenn man es ihnen auf die Weise beibringt, die ihnen liegt.

Der 12-jährige Donald hatte einen IQ von 168, aber das Schulsystem stufte ihn als lernbehindert ein. Er wurde mit ADHS diagnostiziert und redete unablässig. Aber als ich ihm erlaubte, herumzukritzeln und mit Wäscheklammern zu spielen, während er einem Tonbandtext zuhörte, konnte er nach einmaligem Hören 22 von 24 Fragen korrekt beantworten. Im Klassenzimmer, wo er nicht in Bewegung sein durfte, fielen seine Ergebnisse genau gegenteilig aus. Die Lehrer in der Schule staunten über Donalds Kenntnisse! Sie riefen seine Mutter an, um zu erfahren, was geschehen sei. Er hatte einfach gelernt, wie er lernen kann. Jetzt lassen sie ihn auch in der Schule kritzeln.

Wäre im Lehrplan der Schule vorgesehen, dass die Kinder herausfinden, *wie* sie lernen, lägen ihre Erfolgschancen bedeutend höher. Dies könnte bereits in der Grundschule beginnen und in der Mittel- und Oberstufe fortgesetzt werden. Schüler, die selbstständig lernen und denken, können diese Fähigkeiten in allen Lebensbereichen gebrauchen. Sie machen eher ihren Schulabschluss und müssen nicht mit herabsetzenden Diagnosen leben. In einer sich ständig verändernden Gesellschaft sind solche Werkzeuge, die auf jeden beliebigen Bereich angewendet werden können, von höchstem Wert.

3

Berichte aus anderen Ländern

Als Jan und ich vor zehn Jahren das erste Indigobuch verfassten, war uns bereits klar, dass es sich um ein weltweites Phänomen handeln musste. Die Evolution der Menschheit konnte nicht nur in Nordamerika stattfinden. Wir wussten daher, dass es nur eine Frage der Zeit sein würde, bis uns auch Geschichten aus anderen Ländern erreichten. Und so kam es auch.

Aus der Kultur der Harmonie

Eine der sanftesten Kulturen der Erde ist die japanische. Wir waren schon ein paarmal dort und sind von dieser sogenannten Kultur der Harmonie immer wieder tief beeindruckt. Gleichzeitig hat Japan die höchste Selbstmordrate unter Jugendlichen. Warum? Wegen des Indigo-Bewusstseins. Diese Kinder lernen von klein auf, dass das Wohlbefinden der Gruppe das Wichtigste sei. Spätestens als Jugendliche merken sie dann, dass sie nicht hineinpassen. Statt die Harmonie von vielen aufs Spiel zu setzen, opfern sie lieber ihr eigenes Leben. Das ist typisch für die Denkweise der Indigos. Sie wägen alle Möglichkeiten ab und wählen jene, die für die Allgemeinheit am besten zu sein scheint. Und wenn wir jetzt an die jungen Leute denken, die sich Bomben umschnallen und Selbstmordattentate verüben, dann können wir einen Zusammenhang erkennen. Man sagt ihnen, dass sie so

zum Frieden und zum Wohl der Menschheit beitragen können –
und schon sind sie bereit.

Eine Fülle von Einsendungen

Wir haben viele internationale Beiträge erhalten, aber wir
konnten naturgemäß nur ein paar verwenden. Hier sind die
vier Beiträge, die wir am liebsten veröffentlicht sehen wollten.
Wir beginnen mit einer starken Frau aus Chile, die das Thema
Indigo-Kinder im Alleingang in ganz Südamerika bekannt
gemacht hat.

Meine Zeugenaussage
von Mariella Norambuena (Chile)

*2002 gründete Mariella Norambuena das Indigo-Kinder-Zentrum
Chile (Niños Indigo Chile), dem sie immer noch als Direktorin
vorsteht. Diese in Santiago angesiedelte Institution widmet sich der
Verbreitung von Informationen über Indigo-Kinder sowie der per-
sönlichen Entwicklung dieser Kinder und der Unterstützung der
Familien, und zwar mit einem transpersonalen therapeutischen
Ansatz.*
*2005 gründete Mariella Norambuena eine internationale Indigo-
Organisation für Südamerika, das Indigo-Netzwerk (Red Indigo),
mit Mitgliedern in Argentinien, Brasilien, Kolumbien, Venezuela,
Guatemala und Chile. Diesem Netzwerk geht es vorrangig darum,
für die gesamte lateinamerikanische Region ein gemeinsames Erzie-
hungs- und Bildungsmodell zu etablieren.*
*Seit 2006 ist Mariella Mitherausgeberin des Online-Bulletins
»EDU-futuro Amerikalatina«. Sie lehrt am Instituto Professional
de Chile IPECH, einer Fachschule für Erziehungsberatung.*

Darüber hinaus gibt sie Seminare, nimmt an Konferenzen teil und arbeitet mit Kindern. Die Bandbreite ihrer Arbeit können Sie auf ihrer Internetseite www.ninosindigochile.cl erahnen – vorausgesetzt, Sie können Spanisch.

Im Jahr 2000 fiel mir das Buch *Die Indigo-Kinder* von Lee Carroll und Jan Tober in die Hände. Ich hatte von diesem Thema noch nie etwas gehört. Beim Lesen wurde mir so vieles über mich selbst und meine damals sieben und sechs Jahre alten Kinder klar. Ich hatte immer gewusst, dass ich mit Kindern arbeiten wollte, aber ich wusste nicht wie. Ich war keine Erzieherin und hatte keine Erfahrung in diesem Bereich. Ich war Ingenieurin – aber ich war bereits dabei, mich zu einer transpersonalen Therapeutin auszubilden.

Während ich das Buch las, dachte ich immer wieder: Das ist es – das sind die Informationen, die ich brauche, um anzufangen, mit Kindern zu arbeiten! Die Berichte waren für mich so leicht zu verstehen, dass ich beschloss, selbst Nachforschungen anzustellen. Sechs Monate lang studierte ich jedes Dokument, das ich im Internet finden konnte. Ich brauchte viel Geduld, denn das meiste war für die Kinder nicht besonders hilfreich. Mir wurde klar, dass es wenig spezifische Informationen für Eltern gab, wie sie ihren Kindern helfen und sie unterstützen könnten. Ich wollte mich dem Thema nähern, indem ich Informationen zur Verfügung stellte, Anleitung gab und die Familien und Kinder aus einer transpersonalen Perspektive beriet.

Bei meiner Internetrecherche stieß ich auf zwei Websites, die im Hinblick auf den Umgang mit Indigo-Kindern die gleichen Ansichten vertraten wie ich: Das eine war die Seite des spanischen Pädagogen José Manuel Piedrafrita und die andere stammte von der Fundación INDI-GO aus Ecuador, die es leider nicht mehr gibt. Ich setzte mich mit José Piedrafrita in Verbindung und brachte ihn dazu, hier in Chile einen Vortrag über seine Erfahrungen und sein Wissen über diese besonderen Kinder zu halten. Nach seinem Besuch 2002 eröffnete ich in der chilenischen Hauptstadt Santiago das Centro Niños Indigo Chile.

Kein populäres Thema

Es war ziemlich mutig, 2002 in Chile über Indigo-Kinder zu reden, denn bislang hatte noch niemand von ihnen gehört. Noch mutiger war es, ein Zentrum zu eröffnen, das sich ausschließlich diesem Thema widmen wollte. Aber ich war mir meiner Sache so sicher, dass es mir egal war, von allen für verrückt erklärt zu werden. Ich musste nicht zum ersten Mal mit Kritik leben. Seit meiner Jugend war ich meiner Zeit oft voraus gewesen. Meine Projekte waren immer ziemlich futuristisch und man erklärte mir oft, dass sie zu nichts führen würden.

Als mir klar wurde, dass ich eine erwachsene Indigo bin, wusste ich, dass ich mit meiner therapeutischen Arbeit diesen Weg gehen wollte. Ich eröffnete mein Zentrum und hielt Informationsabende für Eltern ab. Ich wollte ihnen helfen, ihre Indigo-Kinder in einem neuen Licht zu sehen. Ich wollte sie dabei unterstützen, ihre Kinder ihren Fähigkeiten und Bedürfnissen entsprechend zu fördern.

Nach und nach kamen Familien zum Zentrum. Wir trafen uns einmal pro Woche, um unsere Erfahrungen und Meinungen auszutauschen. Omar Romo, mein Mentor und zugleich einer meiner besten Freunde, stand mir dabei immer zur Seite. Er ist ein alter Indigo (75 Jahre alt) und ein Visionär und ich bin ihm zutiefst dankbar.

Im Lauf der Zeit entstand bei den Eltern das Bedürfnis, die Kinder auch zu Einzelsitzungen zu mir zu bringen, weil ich dort mehr auf ihre besonderen Bedürfnisse und Fähigkeiten eingehen konnte. Ich konnte so auch den Eltern besser helfen, das Verhalten, die Gefühle und die Gedanken ihrer Kinder zu verstehen. Ich arbeite jetzt seit fünf Jahren als transpersonale Therapeutin und habe mit diesen Kindern Tausende von wundervollen Erfahrungen gesammelt, für die ich sehr dankbar bin. Sie haben mir geholfen, diese Welt besser zu verstehen.

Welche Art von Indigo?

Beim ersten Treffen finde ich zunächst heraus, welche Art von Indigo-Kind vor mir sitzt. In einem eineinhalbstündigen Gespräch frage ich nach der Geschichte des Kindes. Wie war die Schwangerschaft? Wie war die Geburt? Wie ging es der Mutter während der Schwangerschaft? Wie waren die ersten Jahre? Gab es Unfälle, Operationen oder Derartiges? Aus transpersonaler Sicht sind das wichtige Informationen.

Oft stecken hinter einem Verhaltensproblem traumatische Erfahrungen, die noch im Körpergedächtnis abgespeichert sind. Das ist dann kein biologisches Problem. Ich schaue mir auch die Familiengeschichte an. Was ist seit der Geburt des Kindes in der Familie geschehen? Wie sind die Beziehungen zwischen den Familienmitgliedern beschaffen? Ich frage die Eltern auch nach ihrem persönlichen Hintergrund, der ebenfalls einen Einfluss auf das Kind haben kann. Wenn die Eltern alle Fragen beantwortet haben und ich weiß, warum sie meinen Rat wollen, erkläre ich meine Arbeit. Inzwischen habe ich schon die Schwingung des Kindes gespürt. Wenn die Kinder älter als sieben Jahre sind, rede ich oft unter vier Augen mit ihnen. So kann ich das Leben des Kindes besser verstehen und damit auch die Eltern besser beraten. Meine Vorschläge beziehen sich auf die Schule, die Ernährung, das Verhalten, sportliche Betätigungen und ganzheitliche Heilweisen. Wenn nötig, empfehle ich auch eine Psychotherapie für Kind und Eltern.

Das Unterstützungssystem der Spezialisten

Ich habe eine Gruppe von Spezialisten zum Thema Indigo-Kinder nach Chile eingeladen: Psychologen, Erziehungstherapeuten und ganzheitliche Heiler. Alle kannten sich bereits bestens mit diesem Thema aus und waren daher sehr geeignet, diese neue Generation zu unterstützen. So haben wir ein System entwickelt, das die ganze Familie unterstützt, nicht nur die Kinder. Die Änderung, die wir uns wünschen, muss zuerst bei den Eltern stattfinden.

Wir haben auch ein Informationssystem für die Öffentlichkeit entworfen. Wir halten Konferenzen ab und geben Seminare in Schulen und anderen Institutionen. Wer nicht zu uns in unser Zentrum kommen kann, hat die Möglichkeit, sich über unsere Internetseite zu informieren, die natürlich auf Spanisch verfasst ist und ungefähr 50 Besucher pro Tag verzeichnet.

So arbeiten wir daran, die Eltern, Erzieher, Lehrer und die Leute aus dem Gesundheitswesen zu beraten und zu unterstützen. Wir müssen erkennen, dass in den neuen Generationen ein Wandel stattfindet und dass wir uns als Erwachsene schnell auf diesen Wandel einstellen müssen.

Das innere Kind

Jeden Tag, den ich hier im Zentrum arbeite, lerne ich von den Kindern etwas Neues. Das beste Geschenk, das sie mir gegeben haben, ist die Fähigkeit, mein inneres Kind zu sehen. Jedes dieser Kinder mit seinen Geschichten, seinen Schwierigkeiten, seiner Trauer und seiner Freude ist wie ein Spiegel. Sie helfen mir, die Schmerzen meiner eigenen Kindheit zu heilen und meinen Kindern besser zur Seite zu stehen. Jedes Kind, das in meine Praxis kommt, ist mir ein Lehrer. Sie sind alle hier, um uns Liebe und Mitgefühl zu zeigen.

Als Erwachsene habe ich gelernt, wie viel Schaden wir unseren Kindern zufügen. Wir respektieren sie nicht und vergessen oft, dass wir selbst einmal Kinder waren. Wir kommen nicht mit unserem eigenen inneren Kind in Kontakt. Die ältere Generation muss lernen, dass jedes Kind ein Spiegel und das Ergebnis dessen ist, was in diesem Haus und in dieser Familie vor sich geht. Inzwischen brauche ich kaum noch von den Eltern zu erfahren, was bei dem Kind in der Schule oder zu Hause los ist. Ich schaue mir nur das Kind an und weiß Bescheid. Indigo-Kinder sprechen mit ihrem ganzen Wesen – mit Körpersprache, Verhalten, Worten und innerem Ausdruck. Wenn wir Erwachsene diese Signale wahrnehmen, erfahren wir, wie es um unsere Erziehung bestellt ist.

Die meisten Eltern bringen ihre Kinder zu mir, weil sie in der Schule versagen (90 Prozent). Manche wollen einfach nur wissen, ob ihre Kinder Indigo- oder Kristallkinder sind (7 Prozent) und die übrigen 3 Prozent interessieren sich eben dafür, gesunde, glückliche Menschen heranzuziehen. Die Kinder der Hauptgruppe sind meistens sehr gestresst, haben daheim und im Umgang mit Erwachsenen allgemein Schwierigkeiten, sind emotional verletzt und instabil und lassen sich nur unwillig auf eine Therapie ein. Die Eltern dieser Kinder erkennen nicht, dass *nicht* die Kinder das Problem sind, sondern das Verhalten der Erwachsenen. Das Fehlverhalten der Kinder, ihr Schulversagen und daraus folgende Fehldiagnosen und Verschreibungen sind nur die Konsequenz davon.

Leider ist diese Situation weit verbreitet. Manche Familien konsultieren mich, weil Lehrer, Kinderärzte, Psychologen und sogar Neurologen den Verdacht äußern, dass es sich bei diesen eigentlich gesunden Kindern um Indigos handeln könnte. Das ist jedoch noch sehr selten. Die meisten Ärzte oder Psychologen behandeln erst einmal das äußere Symptom. Dies ist jedoch nur das Ergebnis einer bestimmten Situation. Wir konzentrieren uns mit unserem Ansatz eher auf die Ursachen, die Wurzel. Wir sind überzeugt, dass die Indigos nicht ihrem Wesen nach Störenfriede sind, sondern dass die Wurzel des Übels meistens in einer emotionalen Verletzung liegt, die dem Kind durch einen Erwachsenen zugefügt wurde. Die meisten Kinder, die zu mir kommen, sind zwischen fünf und zehn Jahre alt. Leider muss ich sagen, dass nur die wenigsten von ihnen emotional unbeschadet sind.

Die Probleme beginnen frühzeitig

Als ich 2002 mit meiner Arbeit begann, begegneten mir Achtjährige in meiner Praxis, weil sie Probleme in der Schule hatten. 2004 kamen mehr Sechsjährige. In Anbetracht der Situation dachte ich, vielleicht habe ich es in fünf Jahren mit Zwei- bis Dreijährigen zu tun. Doch die Wirklichkeit war härter: 2006 wurden immer mehr Vorschulkinder zu mir geschickt; ihre Vorschulerzieher hatten sie an einen Neurologen verwiesen, weil sie sie für hyperaktiv hielten oder sie mit der »Diagnose« ADS belegten. Ich dachte: *Wir Erwachsenen sind wirklich verrückt. Wie kann ein ausgebildeter Pädagoge oder Arzt so etwas von einem Kind denken, das voller Leben und Potenzial steckt, das neugierig ist und erforschen und lernen will?*

Damals begann ich mich mehr damit zu beschäftigen, wie diese Kinder stigmatisiert werden. Ich kam mit Fachleuten aus anderen südamerikanischen Ländern ins Gespräch. Ich wollte wissen, wie es hinsichtlich dieses Themas auf unserem Kontinent aussieht. Überrascht stellte ich fest, dass in anderen Ländern das Gleiche passierte wie in Chile: Täglich wurden Kinder in den Schulen misshandelt; ihre Selbstachtung wurde zerstört; zu Hause verabreichte man ihnen Medikamente, um sie »normal« zu machen.

Alle diese Informationen veranlassten mich dazu, 2005 das Indigo-Netzwerk Red Indigo zu gründen, und zwar mit dem Ziel, für unsere Region ein neues Erziehungsmodell zu entwickeln, das in allen beteiligten Ländern zur Anwendung kommen sollte. Zurzeit arbeiten wir mit Argentinien, Brasilien, Chile, Kolumbien, Guatemala, Peru und Venezuela zusammen. Demnächst wollen wir auch mit Israel arbeiten. Die Fachleute in den einzelnen Ländern wissen, wie man direkt mit den Kindern und ihren Familien arbeitet; sie beraten sie und helfen ihnen therapeutisch weiter.

Wir haben auch besondere Seminare für Lehrer und Gesundheitsfachleute entwickelt, aber die meisten unserer Seminare wenden sich an die Eltern. Die Informationsverbreitung der einzelnen Länder soll aufeinander abgestimmt sein.

Ein neues Ziel für Chile

Ich arbeite zurzeit in Chile auf ein neues Ziel hin: Ich möchte in den Bergen, auf der Ostseite von Santiago, eine Schule aufbauen. Sie soll *Para Educativo de reserva ecologica multicultural Indigo* (Multikultureller Indigo-Erziehungspark und Ökologie-Reservat) heißen. Das Motto wird lauten: »Wir bringen die Bildung von morgen ins Heute, damit sich unsere Kinder harmonisch entwickeln.«

Der Indigo-Erziehungspark soll allen Kindern offen stehen und die sogenannte »Bildung« soll einer gemeinsamen Zukunft dienen. Das echte Wissen wird vom inneren Selbst kommen, nicht vom Intellekt. Die Kinder werden bei ihrer eigenen Lernerfahrung die Hauptrolle spielen. Die Erwachsenen beraten sie und unterstützen ihren Lernprozess. Sie sagen ihnen nicht, was sie zu tun und zu lassen haben. Dieses Erziehungsmodell wird auch in den anderen Ländern des Indigo-Netzwerkes zur Anwendung kommen, genauso wie an jedem anderen Ort, wo wir Erwachsene finden, die sich von Herzen für die Entwicklung der Kinder einsetzen.

Wir müssen unseren Kindern vertrauen. Die Erwachsenen mögen über mehr akademisches Wissen verfügen, aber den Kindern ist eine größere innere Weisheit zu eigen. Diese gilt es anzuerkennen und zu respektieren, damit die Kinder Konzepte und Erfahrungen kennenlernen und nicht nur intellektuell lernen.

Als Erwachsene müssen wir eine neue Perspektive entwickeln

Heutzutage sind alle Kinder intellektuell brillant und wir Erwachsenen müssen uns diesem Umstand aus einer neuen Perspektive und mit neuen Erkenntnissen nähern. Wir müssen uns der verschiedenen Arten von Intelligenz bewusst sein. Wir müssen verstehen, dass die Kinder den größten Teil ihres Gehirns einsetzen, beide Hemisphären, einzeln oder gleichzeitig. Wir sollten uns bemühen, die wissenschaftlichen Hintergründe für missverstandene »Phänomene« wie die Macht absichtsvollen Denkens zu ergründen. Wir sollten lernen, warum unsere Kinder die Wirklichkeit auf eine bestimmte Weise wahrnehmen. Warum hat bei vielen von ihnen ihr Verhalten, ihre Sprache, ihr Ausdruck und ihre Körperhaltung nichts mehr mit ihrer Familie oder ihrer Erziehung zu tun? Sie entwickeln sich auf einzigartige Weise. Ich nenne das »Bewusstseinsebenen«. Im Lauf der Zeit begegne ich immer mehr solchen Kindern und bin dankbar, ein Teil dieser großen evolutionären Veränderung der Menschheit zu sein. Ich bin sicher, dass sich unsere Rasse weiterentwickelt, hier und heute, vor unseren Augen, in unseren Heimen, und wir dürfen froh und dankbar sein, es erleben zu dürfen.

Manch einer wundert sich jetzt vielleicht: Woher weiß sie, dass hier Evolution stattfindet – das ist ein großes Wort! Ja, das sind große Worte und deshalb gilt es, rasch zu handeln. Wir müssen uns anpassen, denn diese Kinder sind bereits an diesen Wandel angepasst zur Welt gekommen. Ich setze große Hoffnungen auf diese Kinder unserer Erde. Sie werden es schaffen. Selbst wenn alles negativ und hoffnungslos erscheint, zeigen sie uns mit ihren großzügigen und mitfühlenden Herzen, wo es langgeht. Und sie vermitteln es den Erwachsenen, die versuchen, sie zu verstehen, und an sie glauben.

Ich vertraue der Menschheit. Die Kinder haben mich gelehrt, hoffnungsvoll in eine bunte Zukunft zu schauen. Ich hoffe, dass ich in 30 Jahren zu mir sagen kann: Es stimmte – sie haben es geschafft und ich darf das erleben!

Damit das geschehen kann, müssen wir als Erwachsene helfen, Orte zu erschaffen, an denen diese Kinder wachsen und gedeihen können. Wir müssen sie gegen ein System schützen, das ihnen wehtut. Wir brauchen Schulen und Gesundheitssysteme, die Kinder einbeziehen und nicht ausgrenzen. Wir müssen sie mit Respekt aufziehen, nicht mit Druck.

Auch Sie können etwas dazu beitragen – das kann ich Ihnen versichern. Wenn dem nicht so wäre, würde ich nicht diesen Artikel schreiben. Vor sieben Jahren hätte ich noch kaum gewagt, so darüber zu sprechen. Ich hätte vielleicht auf jene gehört, die mir gesagt haben: »Mit der Idee kommst du nicht weit.«

Doch die Kraft der Indigos ermöglicht es uns, alles Notwendige in Bewegung zu setzen, um unsere Bestimmung im Leben zu verwirklichen. Meine Aufgabe ist es, Erwachsene aufmerksam zu machen, damit die Kinder von heute zu den bewussten Erwachsenen der Zukunft werden können.

Heutzutage ist nichts unmöglich. Das habe ich von den Kindern gelernt. Dies ist ein wundervoller Augenblick in der Geschichte dieses Planeten. Verpassen Sie ihn nicht. Nehmen Sie die Gegenwart mit Ihrem ganzen Sein wahr und teilen Sie diese Wahrnehmung mit den Kindern dieser Welt.

Ich danke all den kleinen »Meistern«, die seit fünf Jahren Tag für Tag in meine Praxis gekommen sind. Ich danke ihnen dafür, dass ich etwas von ihnen lernen konnte. Ich danke ihnen, dass sie mich und ihre Eltern geheilt und meiner Arbeit Vertrauen geschenkt haben.

Ein alternativer Ansatz zu Lernstörungen
von Karin Roten (Schweiz)

Karin Roten ist seit 1991 selbstständige Sprachtherapeutin in der französischen Schweiz und Mutter von zwei kleinen Mädchen. Zusätzlich zu ihrer akademischen Ausbildung hat sie Kurse in Aromatherapie, Blüten- und Mineralessenzen und Energiearbeit absolviert. Als Außenseiterin ihrer Berufsgruppe arbeitet sie hauptsächlich mit den »neuen Kindern« und ihren Eltern. Sie befasst sich mit Kindern, die unter Sprachverzögerungen, Stottern oder Aussprachefehlern leiden oder die Schwierigkeiten haben, Lesen und Schreiben zu lernen, zum Beispiel mit Legasthenikern.

Immer mehr Kinder werden mit irgendwelchen Lernstörungen diagnostiziert, sei es Legasthenie, Dysphasie, Dyspraxie, ADS, ADHS, Autismus oder Ähnliches.[15] Eine Möglichkeit, sich diesem Problem zu widmen, besteht darin, den Forschern zuzuhören, die detailliert zu erklären versuchen, was im Einzelnen bei den verschiedenen Pathologien im Gehirn nicht funktioniert. Man findet heraus, welche Art von Legasthenie ein Kind hat, wie dieses Gehirn Informationen verarbeitet und so weiter. Ich glaube, es gibt auch andere Wege, um mit diesem Thema umzugehen. Ich leugne nicht die Symptome, die das Kind aufweist. Sie existieren und man kann sie auf vielerlei Weise verstehen.

173

Wenn man sich zu sehr auf die Diagnose konzentriert, läuft man allerdings Gefahr, die Gesamtheit des Wesens und das Potenzial des Kindes zu vergessen.

Damit ein Kind lernen und ein gutes Selbstvertrauen entwickeln kann, braucht es eine physisch, emotional und energetisch sichere Umgebung. Damit das Gehirn gut funktioniert, braucht es eine gute Ernährung.

Im Lauf der Jahre bin ich zu einigen Schlussfolgerungen gelangt; sie sind nicht endgültig, weil ich weiterhin jeden Tag lerne. Kinder mit Lernstörungen brauchen oft Hilfe in dreierlei Hinsicht:

1. Eine ausgewogene Ernährung, um ihre emotionalen und kognitiven Funktionen zu verbessern; dazu gehören auch weniger Umweltgifte.
2. Energetische Therapieformen wie EFT (Emotional Freedom Techniques), um emotionale, mentale und energetische Blockaden zu lösen, die dem Lernen und der Entwicklung von Selbstvertrauen im Wege stehen; die Mineralessenzen von Indigo Essences (www.indigoessences.com) helfen auf allen Ebenen.
3. Angemessene Lehrmethoden.

Ich werde auf jeden dieser Punkte näher eingehen und Ihnen zeigen, wie sie zusammenwirken. Wir sind komplexe Wesen, deshalb sind oft mehrere Ansätze notwendig.

Ernährung und Umgebung

Wir werden uns immer bewusster, welche Auswirkungen Nahrung und Umweltgifte auf unsere körperliche, emotionale, mentale und energetische Gesundheit haben.

Der Körper eines Kindes ist meistens seit der Empfängnis oder

Geburt giftigen Substanzen ausgesetzt. Oft beginnt es spätestens mit frühen Impfungen, wenn das Immunsystem noch nicht fertig ausgebildet ist. Dem folgen ein paar Runden Antibiotika, Abgaswolken, regelmäßige Dosen an Farbstoffen, Konservierungsmitteln und Glutamat, haufenweise Zucker, Pizza, Pasta, Weißbrot, und oben drauf synthetische Kosmetika voller unangenehmer Chemikalien wie Natriumlaurylsulfat, Propylenglykol und dergleichen. Dies ist die perfekte Mischung, um eine Darm-Dysbiose einzuleiten, ein bedeutendes Ungleichgewicht in der Darmflora. Die Konsequenzen der Darm-Dysbiose reichen von Allergien und Ekzemen bis zu Störungen im Lernen, in der Verarbeitung von Emotionen und im Verhalten.

Wie ist das möglich? Eine beschädigte Darmwand kann den Körper nicht vor pathogenen Keimen schützen und die Nährstoffe nicht optimal aufnehmen. Die Darmwand kann »undicht« werden, was bedeutet, dass unverdaute Nahrungsmittel ins Blut gelangen und dort verschiedene Beschwerden auslösen, darunter Allergien, ADHS, ADS, Legasthenie, Dyspraxie, Autismus, Depression und Schizophrenie, um nur ein paar Beispiele zu nennen.[16]

Energetische Therapieformen

Unser physischer Körper und unser Energiekörper stehen in Wechselwirkung miteinander. Wir sind ganzheitliche Wesen. Eine ausgewogene Ernährung und die Vermeidung von Umweltgiften sind der erste Schritt zu einem gesunden Körper und Geist.

Eine Hypothese besagt, dass eine reinigende und aufbauende Diät die ersten Schichten der Gifte und Erinnerungen klärt. Dann haben wir Zugang zu den älteren Erinnerungen, die in unseren Zellen gespeichert sind. Die Arbeit an diesen alten

Erinnerungen kann zu tiefen Heilungen führen; Letztere wären nicht möglich, wenn die erste Reinigung (durch Ernährung) nicht erfolgt wäre.

Als Nächstes schauen wir uns mögliche Blockaden im Energiesystem an, die durch kürzliche, ältere oder zeitlose Ereignisse entstanden sind. Wir erkunden, wie daraus negative Emotionen geworden sind, die uns davon abhalten, unser wahres Potenzial zu verwirklichen. Lernprobleme können durch Erinnerungen ausgelöst worden sein, die zu irrigen Schlussfolgerungen führten. Das kann das Kind darin behindern, vollen Zugang zum Potenzial seines Gehirns und zu seinen immensen kreativen Fähigkeiten zu finden.

Um eine Lernstörung zu haben, muss man bestimmte einschränkende Glaubensmuster über sich selbst haben. Solche Kinder kommen oft sehr schnell zu falschen Überzeugungen über ihr Potenzial und ihren Wert. »Ich schaffe das nie«, »Ich bin ein Dummkopf«, »Ich kann einfach nicht richtig schreiben«, »Ich bin Legasthenikerin«, »Schule ist langweilig« und so weiter. Klingt das vertraut?

Aber es ist kein unausweichliches Schicksal, schlecht in Mathe oder Englisch zu sein. Beschränkende Überzeugungen können nur existieren, wenn das Energiesystem blockiert ist. Man löse die Blockade auf und die Überzeugung ist weg! Klingt zu schön, um wahr zu sein, stimmt's?

Wie bewirkt man so ein Wunder? Hier kommen Therapien wie EFT zum Einsatz: Dabei wird eine Reihe von Akupunkturpunkten geklopft, während man sich auf das Problem konzentriert. So wird die negative Überzeugung oder die negative Emotion aufgelöst und das Kind sieht die Welt mit neuen Augen.

Ich liebe EFT, weil es leicht zu lernen und sehr wirksam ist. Man kann es bei jeder Altersgruppe anwenden. Die Wirkung ist oft schnell und anhaltend. Man kann es bei allen Emotionen (Angst, Ärger, Traurigkeit, Scham und so weiter) einsetzen, genauso wie bei beschränkenden Überzeugungen oder körperlichen Symptomen. Für einen Menschen mit Lernschwierigkeiten und für seine Eltern ist das sehr hilfreich.

Und das ist noch nicht alles. Wenn man die Energieblockaden auflöst, setzt man den Fluss der Lebensenergie im ganzen Organismus frei. Das Ergebnis ist ein gesünderes, glücklicheres und kreativeres Kind, das sich viel besser fühlt.

Abgesehen von EFT lasse ich die Kinder gerne Mineralessenzen aus den Indigo-Essenzen aussuchen. Das hilft dem Kind, sein emotionales und energetisches Gleichgewicht zu finden. Die Essenzen wirken oft auf Ebenen, die wir gar nicht wahrnehmen. Deswegen lasse ich das Kind seine Essenz selbst wählen. Es weiß am besten, was ihm guttut. Schließlich sind unsere neuen Kinder sehr intuitiv.

Lernen

Eine ausgeglichene Physiologie, ein Gefühl der Sicherheit, ein gesundes Selbstvertrauen und frei fließende Körperenergien sind wichtige Bestandteile, die miteinander wirken. Sie bilden die beste Voraussetzung für optimales Lernen. Jetzt ist das Kind empfänglich für Pädagogik.

Die meisten Kinder lernen gerne und natürlich, wenn sie sich in ihrem Körper und in ihrer Beziehung zu sich selbst und ihrer Umgebung wohlfühlen, vorausgesetzt das Lernumfeld ist interessant und respektvoll. Diese Kinder lernen schnell und mögen keine langweiligen Wiederholungen. Sie lassen sich gerne auf sinnvolles und kreatives Lernen ein. Und was für *ein* Kind gut ist, passt nicht unbedingt auch für das andere Kind.

Als Pädagogen und Therapeuten haben wir die Aufgabe, Informationen so zu portionieren und zu präsentieren, dass es dem Lernmuster des Kindes entspricht. EFT, Essenzen und eine gesunde Ernährung werden nicht auf wundersame Weise bewirken, dass das Kind alles nachholen will, was es in der Vergangenheit nicht gelernt hat; aber es wird leichter und schneller lernen, wenn die körperlichen, emotionalen, mentalen und energetischen Blockaden nicht mehr im Weg stehen.

Fazit

Manchmal ist nur eine Ernährungsumstellung notwendig, damit ein Kind anfangen kann, zu lernen. In anderen Fällen reicht es, die einschränkenden Überzeugungen aufzulösen. Es gibt keine Regeln. Mir ist nur klar, dass unsere neuen Kinder mit immer größerer Empfindsamkeit geboren werden, sei es gegenüber Chemikalien oder gegenüber energetischen Störungen. Wenn die energetische Therapie nicht den gewünschten Erfolg zeigt, liegt es erfahrungsgemäß oft an irgendwelchen Giften aus der Nahrung oder der Umwelt. In einer Ernährungsumstellung und in der Entfernung von Umweltbelastungen liegt dann oft die Lösung.

Es ist wichtig, den Familien einfache, aber wirksame Instrumente an die Hand zu geben, damit alle Beteiligten ihr Wohlbefinden selbst steuern können.[16]

Indigos: Die Führungskräfte der Zukunft
von Ingrid Cañete (Brasilien)

Brasilien ist ein riesiges Land in Südamerika (falls Sie in letzter Zeit nicht auf die Landkarte geschaut haben). Was die Bevölkerungszahl angeht, steht es weltweit an fünfter Stelle. Die Nationalsprache ist Portugiesisch, was die Brasilianer etwas von den umgebenden, meist Spanisch sprechenden Nationen trennt.

Dieser Artikel aus Brasilien könnte auch aus jeder anderen großen amerikanischen Stadt kommen. Die Situation der Indigos ist universal und global. Man hätte diesen Beitrag auch in das zweite Kapitel aufnehmen können, das die Indigos in der Arbeitswelt beschreibt, aber ich wollte Ihnen zeigen, dass diese Themen in aller Welt aktuell sind und dass jene, die sich mit diesen Themen befassen, in allen Kulturen vor den gleichen Schwierigkeiten und Herausforderungen stehen und zu ähnlichen Lösungen gelangen.

Ingrid Cañete ist für die brasilianischen Indigos eine Heldin. Sie ist Autorin einiger Bücher zu folgenden Themen: Humanisierung – eine Herausforderung für moderne Unternehmen (1996); Ein Weg der Übungen am Arbeitsplatz (2000); Ein Glanz im Auge (2001) und Indigo-Kinder: Die Evolution des Menschen (2005). Als Ko-Autorin hat sie unter anderem zu einem Buch über moderne Menschenführung (2004) beigetragen.

Ingrid stammt aus Porto Alegre und ist ausgebildete Psychologin, Spezialistin für Personalmanagement, transpersonale Psychologie, Stressmanagement und Lebensqualität, Universitätsprofessorin, Therapeutin und Unternehmensberaterin mit dem Schwerpunkt Gesundheit und Lebensqualität. Seit über 20 Jahren arbeitet sie im Bereich von Kliniken und Organisationen und ist immer wieder fasziniert von Menschen und ihrem Verhalten. Ihr Hauptinteresse liegt darauf, den Menschen zu helfen, ihr Potenzial zu entdecken und zu verwirklichen.

Vor neun Jahren begann Ingrid Cañete, sich mit den Indigo-Kindern zu beschäftigen. Sie erfuhr zunächst über das Internet davon, und nachdem ihr klar wurde, dass sie eine erwachsene Indigo ist, wollte sie natürlich mehr wissen.

»Wir sind Wellen, die sich nach dem Meer sehnen, das Einheit ist.
Doch wir vergessen, dass wir das Meer sind.
Der Geist ist der große Visionär,
wir können nicht nach dem Suchenden suchen – er ist innen.

Was wir suchen, ist der Beobachter, der innen ist, der wir sind.
Wir vergessen, dass wir das Meer sind.«

Diese Worte von Pierre Weil aus einem Vortrag, den er 2002 in Brasilien hielt, haben alle, die sie gehört oder später gelesen haben, tief berührt, und sie bewegen uns immer noch dort, wo unsere Gedanken und Vorstellungen entstehen. Seine sanften und reinen Worte führten mich zu einem Abschnitt in einem Buch von Eduardo Galeano *(The Book of Embraces;* dt. Ausgabe: *Das Buch der Umarmungen)*:

»Diego hatte nie das Meer gesehen. Sein Vater Santiago Kovadloff nahm ihn mit, um es ihm zu zeigen.

Sie fuhren nach Süden.

Das Meer lag hinter den Dünen und wartete.

Als das Kind und sein Vater endlich nach langem Gehen zu den Dünen kamen, explodierte das Meer vor ihren Augen.

Und so groß war die See und ihr Funkeln, dass das Kind von der Schönheit überwältigt war.

Als der Junge endlich wieder Worte fand, bat er zitternd, stotternd seinen Vater: ›*Hilf mir zu sehen!* ‹«

Ich beginne auf diese poetische Weise über ein wiederkehrendes Thema in einem neuen Zusammenhang zu sprechen. Das wiederkehrende Thema ist die ewige Suche des Menschen nach Antworten auf so viele Fragen:

- Wer sind wir?
- Wohin gehen wir?
- Was ist der Sinn des Lebens?

Der neue Zusammenhang ist die Anwesenheit von höher entwickelten Wesen auf unserem Planeten. Sie wurden unterschiedlich benannt, aber am bekanntesten sind sie wohl unter dem von

180

Nancy Tappe geprägten Begriff »Indigos«. Das passt auch zu einer bestimmten Schwingung und einer spezifischen Mission hier auf der Erde.

In meinem neuesten Buch zum Thema »Indigo-Kinder: Die Evolution des Menschen« schrieb ich im letzten Kapitel darüber, wie eine zukünftige Welt unter der Führung der Indigos wohl aussehen könnte. Wie wäre es um die Regierungen, die Bildung, die Ökonomie, die Wirtschaft und das Familienleben bestellt? Ich sehe das positiv, optimistisch, sogar begeistert, auch wenn mir klar ist, dass es auf dem Weg zu einer höher entwickelten Gesellschaft Herausforderungen, Konflikte und Leiden geben wird.

In diesem Artikel möchte ich nicht nur meine Studien, Beobachtungen und intuitiven Erkenntnisse darstellen, sondern auch ein wahres Beispiel einbringen: die Geschichte eines Unternehmens, das von Indigos und anderen jungen Erwachsenen gegründet wurde. Einer der jungen Firmengründer setzte sich mit mir in Verbindung, weil er eine Beratung mit Schwerpunkt Gesundheit und Lebensqualität wollte. Er hatte mein Buch über Indigos gelesen und war intuitiv davon überzeugt, dass ich ihnen bei der gesunden Entwicklung ihres Unternehmens helfen könnte. Er war damals 24 Jahre alt und hatte ein einjähriges Kind. Hier ist der Brief, den er mir schrieb, nachdem er mein Buch gelesen hatte:

Hallo Ingrid,
ich schreibe Ihnen 24 Stunden nachdem ich etwas erlebt habe, das mein Leben und meine Sicht dessen, was auf uns zukommt, von Grund auf wandeln könnte. Die göttliche Weisheit, als Zufall getarnt, brachte mich mit einer Person in Kontakt; sie trug ein Buch bei sich, das meine Aufmerksamkeit erregte. Während die Person mit jemand anderem sprach, bat ich darum, einen Blick hineinwerfen zu dürfen. Sofort begann eine großartige Erfahrung. Innerhalb einer Viertelstunde hatte ich in dem Buch die Eigenschaften,

Stärken und Schwächen erkannt, welche die Essenz meines Lebens bilden. Mir war zum Weinen zumute, weil es nicht leicht ist, diese Eigenschaften zu haben – Sie selbst weisen in Ihrem Buch ja auch darauf hin. Gleichzeitig empfand ich ein Gefühl der Freiheit, in dem alte Zweifel dahinschmolzen und neue auftauchten. Ich komme gerade vom Buchmarkt zurück, wo ich Ihr Buch über die Indigo-Kinder gekauft habe. Ich lese es, während mein Kind schreit und der Fernsehapparat dröhnt. (Das ist doch normal, oder?) Ich hatte den Impuls, Ihnen zu schreiben, in der Hoffnung, einen Hinweis dafür zu erhalten, wie es jetzt weitergehen kann.

Ich habe aus Ihrem Buch auch erfahren, dass Sie Unternehmen darin beraten, die Lebensqualität zu erhöhen. Ich wäre dankbar, wenn Sie meinen Partnern und mir zeigen könnten, wie man das macht und wie unser Unternehmen von Ihnen unterstützt werden könnte. Ich sage immer zu meinen Partnern, was wir gerade tun, sei nur die Hälfte dessen, worum es uns eigentlich geht. Eigentlich zielt unser Tun auf etwas Edleres, Erhabeneres, und ich möchte diese Botschaft auch an andere Menschen weitergeben. Bitte besuchen Sie unsere Internetseite www.paixaopeloquefazemos.com.br

Vielen Dank, meinen Glückwunsch und Gottes Segen für alles, was Sie tun!

Als ich diesen Brief bekam, war ich glücklich und bewegt. Es ist eindrucksvoll, wie Synchronizität funktioniert. Obwohl ich das weiß, bin ich immer wieder entzückt darüber. Schließlich hatte ich das Indigo-Buch gerade erst veröffentlicht und darin über die Führungskräfte der Zukunft geschrieben. Und sofort setzte sich ein Indigo mit mir in Verbindung, um mir zu zeigen, dass es nicht um die Zukunft geht, sondern dass die Zeit der neuen Führungskräfte bereits gekommen ist. Es war ein Geschenk des Universums. In den folgenden Monaten habe ich sein Unternehmen beraten. Darüber werde ich später in diesem Artikel schreiben.

Manifestierte Führungskraft von Indigos

In meinem Buch über Indigo-Kinder beendete ich das Kapitel über die Indigos als Führungskräfte mit folgenden Worten:

»... und wir werden neue Funktionen für sie erschaffen, Positionen, die es nie zuvor gab, die für ihr Genie und ihre Strahlen jedoch notwendig sind. So war es auch bei dem russischen Dirigenten Valery Gergiev, für den die Metropolitan Opera in New York eigens die Position des ›Allgemeinen künstlerischen Gast-Dirigenten‹ einführte, die es bis dahin nicht gab, einzig um dieses Genie der zeitgenössischen Musik an ihr Orchester zu binden. Gergiev ist so anders in seinem Verhalten und in seinen Einstellungen, dass es allen herrschenden Regeln widerspricht, aber er ist so begabt, dass ihm keiner widerstehen kann. Im Namen der Genialität lassen wir die Regeln außen vor. Die Toleranz nimmt zu und der Weg öffnet sich! Das ist bedingungslose Liebe – die Liebe, in der wir alle leben wollen!

Oder die Indigos werden sich selbst ihre Nischen suchen. Eine der ersten Herausforderungen und vielleicht eine ihrer Hauptaufgaben ist die Bildung. Sie werden neue Modelle und Methoden des Lehrens und Lernens einführen und zu neuen Vorbildern werden. Ihre Art der Erziehung und der Lehre wird eine menschliche Grundlage haben und auf einer ganzheitlichen, transpersonalen und multidisziplinären Vision beruhen, die von Ethik, Liebe und Wahrheit geprägt sein wird.«

Warten wir es ab, was für Unternehmen sie erschaffen und welche Lösungen sie in die Welt bringen.

Ein Merkmal der Indigos ist es, dass sie das System aufbrechen. Das gibt einen klaren Hinweis auf ihre Mission, die nämlich darin besteht, zu hinterfragen, herauszufordern und die Dinge auf den Kopf zu stellen, und immer um des Besten willen. Sie sind gekommen, um den Einsturz der Mauern zu beschleunigen, die das Alte vom Neuen trennen, und machen damit den Weg frei für ein neues Bewusstsein, für Evolution und eine neue Freiheit des Seins.

Das Universum ist weise, denn es hat die Indigos mit einer Begabung ausgestattet, die sie brauchen werden, um diese Mission zu erfüllen: Führungsstärke. Damit ist die Fähigkeit gemeint, andere zu beeinflussen – was zu Macht führt, persönlicher Macht.

Die Eigenschaft der Führungsstärke tritt bei den Indigos oft schon im frühen Kindesalter auf. Ich hörte von einer Großmutter, dass ihr vier Jahre alter Enkelsohn mit Tieren spricht, was ihn vor allem Unheil bewahrt. Er recherchiert in Bibliotheken und reist mit seinen Eltern um die Welt. Er erklärt immer wieder, dass er Wissenschaftler werden wolle, und ist nach Aussage seiner Großmutter höchst entschlossen und ernsthaft, vor allem wenn es um Tierschutz geht. Seine Eltern, Lehrer und Mitschüler sind von seiner Einstellung und seiner Überzeugungskraft beeindruckt. Mit großer Begeisterung tritt er für hohe, der Gesundheit förderliche Werte ein. Auf seine Art zeigt er natürliche Führungsstärke, denn seine Mitschüler fangen nach einer Weile ebenfalls an, sich für seine Themen zu interessieren, stellen ihm Fragen und setzen sich für die gleichen Dinge ein wie er. Sie respektieren ihn, folgen seinen Ideen und lieben und bewundern ihn. Nach Aussage seiner Großmutter wirkt er auch auf Erwachsene anziehend. Er ist immer er selbst, ohne große Anstrengung. Ich hatte die Gelegenheit, mit diesem Vierjährigen zu sprechen, und ich war beeindruckt. Er schaut tief, ernst und konzentriert in die Welt. Seine Haltung ist gewinnend. Er spricht wenig mit Worten, aber umso mehr durch seine Augen und seine Einstellung. Als ich ihm sagte, dass seine Aufgabe sehr, sehr wichtig sei und dass ich ihm viel Erfolg für seine Bemühungen im Tierschutz wünschte, schaute er mir tief in die Augen, nickte, küsste mich und umarmte mich. Dann wandte er sich ab und ging fort, als wollte er sagen: »Schon gut, wir verstehen einander. Jetzt lass uns an die Arbeit gehen.« Seine Großmutter war überrascht, vor allem weil er sonst niemanden küsst als sie und seine Eltern.

Diesen und anderen Berichten zufolge ist die Art, wie Indigos führen, spontan und charismatisch. Sie entsteht meistens durch ihre profunden Kenntnisse und durch ihre angenehme Art des Seins. Sie sind auch von einer besonders farbenfreudigen Atmosphäre umgeben, was Bewunderer und Anhänger anzieht. Zu ihren Eigenschaften zählen Bescheidenheit, Kooperationsbereitschaft, Solidarität, Integrität, Spiritualität, Sensibilität und die Fähigkeit, einen Konsens in Bezug auf höhere Werte herzustellen. Zu ihren Gaben und Talenten gehört auch, dass sie die Gedanken anderer Menschen lesen und Gebrauchsanweisungen für elektronische Geräte verstehen. Sie sind sehr kreativ und können in die Zukunft schauen.

Indigos kümmern sich meistens um das Wohlbefinden und die Lebensumstände anderer Menschen, seien es Bekannte oder Unbekannte. Sie interessieren sich für ehrenamtliche Tätigkeiten und fühlen sich sozial verantwortlich. Sie stellen viele Fragen und ärgern sich über Heucheleien, Falschheit und wenn jemand nicht zu dem steht, was er sagt. Sie sind oft empört.

Wenn sie in rigiden, repressiven Familien aufgewachsen sind, brauchen sie vielleicht eine Weile, bis sie es wagen, sich offen zum Ausdruck zu bringen. Doch wenn sie ihre Hemmungen überwunden haben, wenden sie sich gegen das System. Ihre Verwandten wundern sich dann: Was ist nur mit dem Kind passiert? So war er oder sie doch früher nie.

Diese Indigos haben sich – aus persönlichen Gründen oder aus einem Gefühl des Verantwortungsbewusstseins heraus – so lange zurückgehalten, bis sie es nicht mehr ausgehalten haben. Als sie dann die Selbstkontrolle aufgaben, haben sie ihre Familien vielleicht etwas erschreckt. Aber wenn wir genauer auf ihre Beziehungen zu Freunden, Mitschülern oder Kollegen schauen, stellen wir möglicherweise fest, dass sich ihre spontane Führungskraft positiv und fruchtbar manifestiert.

Ein Profil dieser zukünftigen Führungskräfte

 Die Führungskräfte der Zukunft werden von Visionen und von ihrer Intuition geleitet sein. Sie werden im Jetzt zentriert sein und in der wahren Liebe leben, die aus der einen und einzigen Quelle stammt. Sie werden nicht nur führen, sondern auch inspirieren und selbst von einer klaren, reinen Vision inspiriert sein – der Vision des Lebens als eines göttlichen Kaleidoskops, dessen bunte Facetten sich in einer unendlichen Zahl von Möglichkeiten arrangieren. Beim Blick in das Kaleidoskop sieht jeder von uns genau das, wovon wir träumen, wonach wir uns sehnen und wonach wir streben.

Diese Anführer werden sich auf überlegene Weise an ihre eigenen Werte und Prinzipien halten. Die Mitte dieser Werte wird unermüdlich pulsieren und für alle Menschen mit reinen Seelen und Auren sichtbar sein. Sie werden strahlen, wie das Sonnenlicht auf jedes Lebewesen strahlt.

Die Führungskräfte der Zukunft werden vor allem in den Frequenzen der Indigos, Kristall- und Regenbogenkinder schwingen. Sie werden hoch entwickelte Menschen sein, die tiefe Gefühle haben, leicht bewegt sind und offen sprechen und sehen. All ihre Sinne werden aktiviert, ausgeglichen und in ihren Herzen vereint sein. Das Herzzentrum wird der wahre Mittelpunkt des erweiterten Bewusstseins sein. Diese Menschen werden das wissen und werden bei jedem, den sie führen, dieses Zentrum entwickeln helfen.

Die Unternehmensführung und die Wirtschaft werden nicht von äußerlichen ökonomischen Faktoren wie dem Bruttosozialprodukt oder von nationalen Wirtschaftsinteressen bestimmt sein.

Sie werden völlig umorientiert und umstrukturiert werden und von inneren Indikatoren beeinflusst sein. Sie werden aus einem kollektiven Schwingungsmuster entstehen, einer Plattform vielfarbiger und multifunktionaler energetischer Signale. Sie werden alle Unternehmen und Institutionen mit dem versorgen, was sie brauchen, wie frischer, sauberer Luft, Solarenergie, Erdschwingung, Sauerstoff, Chlorophyll, Wasser und Licht in verschiedenen Formen, Gammastrahlen, Nähe, Distanz, Beschleunigung, Aktivierung, Feinheit und energetischer Dichte. Mithilfe der Informationen, die von dieser Führungsplattform aus verteilt werden, werden sich alle Unternehmen täglich in zyklischer Weise selbst organisieren können.

Es wird keine Industrien mehr geben, die auf die uns bekannte Weise mit Rohstoffen umgehen. Die Umweltverschmutzung wird unter Kontrolle sein oder durch die Weisheit neuer Techniken ganz zu einem Problem der Vergangenheit werden.

Die eigentliche Herausforderung wird darin bestehen, nicht zu konkurrieren, um mehr Gewinn zu machen, sondern gemeinsam mehr auf die Integration unserer individuellen Zellen und unseres Bewusstseins hinzuarbeiten, sodass es letztendlich zwischen den Menschen keine nennenswerten Unterschiede mehr gibt. Wesentliche Eigenschaften unseres Seins werden geübt und entwickelt werden, sodass es im Bereich der Kunst und der hoch entwickelten Wissenschaft zu neuen Konfigurationen kommen wird, die sich sehr von den heutigen unterscheiden. Den neuen Führungskräften wird das *eigentliche* Ziel klar vor Augen stehen: die zunehmende Zusammenarbeit und die ständige Evolution in kosmischer Einheit.

Zu den Fächern, die einst an den Schulen und Universitäten gelehrt werden, gehören unter anderem: fundamentale Ethik, Spiritualität, Kunst und Kreativität, Einheit und Vielfalt, Ökologie, Kosmologie, Energie in ihren verschiedenen Formen und bio-psycho-sozial-spirituelle Wesen.

Der Pakt für ein friedvolles Leben wird ähnlich sein wie der Pakt, den ein Musikveteran bei einem Konzert mit Bob Dylan schloss: »Kein Ärger, keine Angst und kein Neid, dann können wir zusammenarbeiten.«

Ein echter Fall von Indigo-Führung

Ich möchte hier von einem echten Fall berichten, von jungen Indigo-Erwachsenen, die ein Unternehmen aufgemacht haben. Sie gehen mit Menschen um, mit technischen, finanziellen und materiellen Ressourcen und pflegen die Beziehung zu ihren Partnern, Zulieferern und zu ihrem Umfeld. Das Unternehmen war gemeinsam mit zwei Freunden gleichen Alters von dem jungen Mann gegründet worden, der mir den oben zitierten Brief geschrieben hatte. Ich will das Unternehmen hier einfach PBI nennen. Es geht um Informatik.

Die charakteristischen Eigenschaften der jungen Geschäftsführer kommen am besten in den Worten zum Ausdruck, mit denen sie die Aufgabe ihres Unternehmens beschreiben: »Für uns ist PBI vor allem ein Unternehmen mit Seele!« Unabhängig von seiner letztendlichen Funktion ist die Seele eines Unternehmens der wesentliche Grund für seine Existenz. Und sie sagen weiter: »Diese Seele erinnert uns an unsere Aufgabe in der Welt, und diese Philosophie versuchen wir jeden Tag in unseren Betrieb einfließen zu lassen. Wir gehen alles, was wir tun, mit Begeisterung, Willensstärke, Tatkraft, Liebe, Respekt und Hingabe an. Unser Unternehmen ist für uns ein Weg, unsere Träume zu erfüllen und anderen zu dienen.«

Die Geschichte von PBI

Das Unternehmen feierte vor Kurzem sein fünfjähriges erfolgreiches Bestehen. Es ist ein durch Freundschaft, Liebe, Bewunderung und gegenseitigen Respekt sowie gemeinsame Werte und starke Visionen manifestierter Traum der Gründer. »Vor allem sind wir Freunde; wir sind Brüder«, erklären sie immer wieder, wenn sie nach ihrer Beziehung gefragt werden.

Sie hatten alle in einem anderen Informatikunternehmen gearbeitet und davon geträumt, einen Betrieb aufzubauen, der anders ist – eine Firma, in der die Mitarbeiter anerkannt und geschätzt würden, bessere Arbeitsbedingungen, Anteil am Ergebnis und insgesamt mehr Würde und Zufriedenheit genießen würden. Im Juni 2001 wurde PBI dann in Porto Alegre gegründet. Die sieben Gründungsmitglieder durchliefen miteinander verschiedene Phasen, zu denen auch ernsthafte Auseinandersetzungen über Ziele und Beziehungen gehörten. Ein weiterer wichtiger Punkt war erreicht, als die Gründer erkannten, dass ihr Hauptfokus und ihre wesentliche Kompetenz im Bereich der Sicherheit lag und nicht im Bereich Training oder dergleichen. Damals gab es eine tiefe Krise über die Betriebsprozesse. »Wir merkten, dass wir uns wie gewinnsüchtige Kapitalisten verhielten«, beschreibt es einer der Partner. Das war nicht das, was sie wollten, also konzentrierten sie sich wieder auf Menschen und deren Entwicklung. Die Entwicklung ihrer Aufgaben und ihrer Werte musste überdacht werden und wird nach wie vor überdacht. Sie sind ein junges Unternehmen.

Ich meine, diese Erklärungen machen deutlich, aus welchem Holz diese jungen Unternehmer geschnitzt sind: Sie sind talentiert, hingebungsvoll, weise und bereit, hart zu arbeiten. Sie sind sich sehr bewusst, dass sie in einer Welt leben, in der Gewinn alles ist und in der Konkurrenz wichtiger ist als Kooperation. Sie wissen, dass die Paradigmen der Realität, in der sie leben, aufgebrochen werden müssen, um die ganze, tiefe und wahre Vision des Menschseins zu erreichen, die bestätigt, dass Menschen bio-psycho-sozial-spirituelle Wesen sind. Sie sind sich bewusst, dass viel Arbeit, Toleranz, Mühe und Einigkeit nötig sein werden, um ihren Traum eines Unternehmens mit Seele zu verwirklichen, das wächst und gedeiht und ein menschliches und wirtschaftliches Vorbild sein kann. Die Indigos, die Führungskräfte der Zukunft, wissen, welche Werte wichtig sind. Die Welt, nach der sie streben, ist friedvoller, liebevoller, lichter und fairer. Sie glauben und wissen, dass so eine Welt möglich ist.

Diese Indigos sind davon überzeugt, dass es in ihrem Leben um ein Erwachen des Bewusstseins geht. Es ist harte Arbeit, die viel Selbsterkenntnis und Selbstentwicklung erfordert, sowohl als Mensch als auch als Führungsperson. Sie wissen, dass sich der Erfolg dieser Aufgabe nicht am Einkommen messen lässt, sondern an der spirituellen Entwicklung und dem körperlichen Wohlbefinden aller am Unternehmen Beteiligten. Das ist ihre Vorstellung von Gewinn: ein Maß an Leistung und Zufriedenheit, das nicht erkämpft werden muss, im Gegensatz zu Dollars, Euros oder Reals, die immer *mehr* werden müssen.

Wenn wir uns junge Unternehmer, junge Politiker und andere junge Erwachsene in wichtigen Positionen anschauen, dann wird deutlich, dass sich etwas verändert, und zwar schnell. Die visionären Worte von Gary Zukav, die er vor zehn Jahren sprach, beschreiben exakt eine Welt, die von Indigos geführt wird:

»Wenn das Ziel maximaler Beteiligung erreicht ist, wird die Wirtschaftswelt die Werte der Seele genauso widerspiegeln, wie sie jetzt die Werte der Persönlichkeit zeigt. Wenn die Menschen versuchen, die Persönlichkeit mit der Seele in Harmonie zu bringen, werden auch die Unternehmen weniger auf äußere Macht ausgerichtet sein – also auf die Konkurrenz um Marktanteile und Investoren –, sondern mehr auf authentische Macht oder die Fähigkeit, die Menschen zu stärken und das Leben auf der Erde zu verbessern.«

Es sieht so aus, als müssten wir nicht mehr lange darauf warten, in so einer Welt zu leben![17]

190

Mediale Kinder
von Isabel Leal (Portugal)

Dieser Beitrag kommt in Form eines kurzen Briefs an Jan und mich (wir haben ihn der Klarheit zuliebe leicht verändert).

Isabel Leal hat Betriebswirtschaft studiert und promoviert und zwanzig Jahre lang in verschiedenen nationalen und multinationalen Unternehmen Portugals gearbeitet. Während ihrer Zeit bei British Airways reiste sie um die ganze Welt und erfuhr viel über sich selbst und über alternative Heilweisen. Sie arbeitet jetzt mit Kindern und hat ein paar Erkenntnisse gewonnen, die uns allen dienlich sein können.

Lieber Lee, liebe Jan,
es begann damit, dass mich persönliche Gründe und meine persönliche Entwicklung dazu brachten, das menschliche Dasein aus einem anderen Blickwinkel zu betrachten. Je tiefer ich mich darauf einließ, desto offener fühlte ich mich, ähnlich wie ich mich als Kind gefühlt hatte. Meine Hellsichtigkeit kehrte zurück und ich konnte meine Umgebung und die Menschen in meinem Leben deutlicher und lichtvoller wahrnehmen.
Ich fing an, Kindern mit Schulproblemen zu helfen. In meiner Familie gibt es viele Lehrer, und meine Großmutter hatte eine Schule in Lissabon. So entdeckte ich meine Liebe für die Arbeit mit Kindern; sie schenkte mir ein neues Bewusstsein für mein Leben und für die positiven Entwicklungen, die sich seit den 1980er-Jahren in den Augen der Kinder abspielen.
Ich organisiere Seminare im ganzen Land, um dieses Wissen möglichst allen Menschen, die mit Kindern zu tun haben, näherzubringen. Mein Publikum besteht aus Psychologen, Ärzten, Eltern, Erziehern und Studenten.

Ich begann zunächst, mich mit diesen Dingen zu beschäftigen, um mich selbst zu entwickeln und meine Gesundheit zu verbessern, aber nach einer Weile ergab es sich, dass ich auch anderen regelmäßig half. Ich fing auch an, Kinder zu unterrichten, und dabei eröffnete sich mir eine ganz neue Welt. Mein Interesse für Kinder – wie man sie motivieren kann, wie man ihnen mit Energieübungen in der Schule helfen und wie man Familienprobleme lösen kann – hat mich veranlasst, mich weiter in diese Themen zu vertiefen.

Ich las etwas über die Farben, die um Menschen herum gesehen werden (zum Beispiel von Nancy Tappe), und welchen Einfluss sie auf das menschliche Verhalten und das Bewusstsein haben. Und ich entdeckte das Konzept der Indigo-, Kristall- und Regenbogenkinder.

Ich fing an, gezielt mit Kindern und ihren Familien zu arbeiten. Ein paarmal wurde ich ins Fernsehen eingeladen, was viele Anfragen zur Familienberatung nach sich zog. Mein Ziel besteht darin, Kindern auf ihrem spirituellen Pfad zu helfen und die Eltern zu unterstützen, ihren eigenen Weg zu entwickeln. Die Eltern merken, dass sie sich fortbilden müssen, dass sie ihre Energie anheben müssen, um ihren Kindern ein besseres Umfeld zu bieten und auf die gleiche energetische Ebene zu kommen wie ihre Kinder.

Zu jener Zeit kam Euer erstes Buch in Portugal auf den Markt, und das Interesse an dem Thema nahm zu. Ich schrieb zwei Bücher auf Portugiesisch: *Kinder einer neuen Welt – die Indigos* und *Kinder einer neuen Welt – die Kristallkinder*. In diesen Büchern erkläre ich den Portugiesen das Thema anhand von Fällen aus meiner Praxis. Ich halte das Ganze für ein globales Phänomen, deswegen nahm ich mit Familien aus aller Welt Kontakt auf. Auch deren Geschichten flossen in meine Bücher ein.

Ihr habt um ein paar Beispiele aus Portugal gebeten, hier sind sie:

Einmal kam ein Paar mit einem zehn Jahre alten Kind zu mir. Sie leben im Süden des Landes. Die Eltern waren in Meditationsgruppen und bemühten sich, möglichst bewusst zu sein. Sie konsultierten mich mit ihrem Sohn, weil er während seiner täglichen Aktivitäten seinen Körper verlassen konnte. Mit völlig klarem Bewusstsein erzählte er mir, dass er mit den Seelen von Toten spreche, die zu ihm kämen und ihn um Hilfe baten. Er berichtete auch von einem alten Mann, der verstorben und zu seinem spirituellen Führer geworden war.

In einem anderen Fall ging es um einen sieben Jahre alten Jungen, der nicht mehr in die Schule gehen wollte, weil er die Lehrerin nicht mochte. Als seine Mutter sich die Sache näher betrachtete, erkannte sie, dass ihr Kind recht hatte. Die Lehrerin war selbst Mutter von zwei Kindern und mitten in einem Scheidungsprozess. Sie war unaufmerksam und schroff, deshalb wollte der Junge nicht mehr hingehen.

Die Mutter eines vier Jahre alten Jungen aus Brasilien nahm mit mir Kontakt auf. Seit früher Kindheit erzählte ihr Sohn, dass er oft mit einem Wesen spreche, das drei Meter groß sei und von einem anderen Planeten komme. Sieben Jahre in jener Welt seien wie 17 Jahre in der unseren. Auf dem anderen Planeten gebe es keine Luftverschmutzung und es regne nur, wenn die Bewohner es wünschten. Dieser Junge hatte auch prophetische Träume. Bevor er morgens in die Schule ging, erzählte er seiner Mutter oft, was geschehen würde.

Ein neun Jahre alter Junge aus Portugal kam mit seiner Mutter zu mir. Er konnte sich in der Schule nur schwer konzentrieren. Da er sehr klug war und generell gute Noten hatte, musste es ein Problem geben. Es stellte sich heraus, dass er immer von einem kleinen Siebenjährigen begleitet wurde. Dieser Siebenjährige war verstorben und suchte nach seinen Eltern. Er folgte dem Jungen überallhin. Der Neunjährige wusste davon und konnte uns alles erzählen. Nachdem wir dem Jüngeren mit Licht geholfen hatten, seinen Weg zu finden, konnte der Ältere sich wieder normal weiterentwickeln.

Ich lernte auch ein sehr menschenfreundliches Mädchen kennen, das niemals aufhörte, zu singen oder zu reden. Sie war offensichtlich sehr intelligent. Eines Tages hüpfte sie auf dem Heimweg im Bus einem sehr armen Mann auf den Schoß. Die Mutter erzählte, der Mann sei sehr ungepflegt gewesen, aber dem Kind habe das offensichtlich nichts ausgemacht. Sie küsste ihn ins Gesicht und sagte: »Wenn du dich öfter waschen würdest, würden dich die Leute auch öfter küssen!« Der alte Mann weinte.

Das Wichtige ist, diese Kinder zu lieben und so zu akzeptieren, wie sie sind. Mit ihnen zu lernen, ihnen zuzuhören und zu versuchen, sie nicht anders haben zu wollen, sondern ihnen zu helfen, mit dieser Welt zurechtzukommen – das gibt ihnen die Umgebung, die sie brauchen, um glücklich zu sein. Eines Tages wird jeder einzelne Mensch auf diesem Planeten verstehen, was diese Kinder bereits wissen: das wir alle *eins* sind.

4

Beiträge von Helfern und Heilern

Nach unserem Aufruf vor zwei Jahren, uns Berichte zu senden, kamen die meisten Reaktionen von Leuten, die im Gesundheitswesen arbeiten. Sie werden in der Regel erst zu Hilfe gerufen, wenn es Verhaltensprobleme gibt.

Viele ganzheitlich orientierte Eltern wollen ihren Kindern auf keinen Fall Medikamente verabreichen, also gehen sie zu Psychologen, pädagogischen Beratern, Energiearbeitern, Heilern und anderen, die sowohl Kindern als auch Eltern helfen, mit dieser neuen Situation umzugehen.

Wir betrachten diese Berufsgruppe ein wenig wie die erste Verteidigungslinie. Die Eltern werden als Erste mit dem Indigo-Phänomen konfrontiert. Dann kommen die Leute aus dem Gesundheitswesen, dann die Erzieher und Lehrer und dann die Arbeitgeber. Sozialarbeiter, Psychologen und Heiler sehen die Veränderungen, die stattfinden, also ungefiltert und aus nächster Nähe. Diese Beiträge erreichten uns ebenfalls aus verschiedenen Ländern.

Auch für dieses Kapitel hatten wir weit mehr qualifizierte Beiträge, als wir hier aufnehmen konnten. Wir danken allen, die uns geschrieben haben, für ihre Mühe und ihr Interesse. Wir haben auch etliche Gedichte und lyrisch dargestellte Empfindungen erhalten. Hier ist ein Gedicht von Hazel Trudeau:

Kind

Herrliches Wesen, du reist nun zur Erde,
Voll tiefster Liebe und höchster Werte,

Als Wundergabe, als Bote voller Licht,
Aus Liebe zu unserem Planeten, mit bester Absicht.

Du reist durch den Himmel auf Engelsschwingen,
Mitgefühl und Wissen mit dir zu bringen,

Mit staunenden Augen, es gibt so viel zu verschenken,
Güte und Sanftmut, an alle zu denken,

Vereinst du die Himmel, die dich freudig verehren,
Um die Wahrheit von Wachstum und Schöpfung zu lehren.

Ein Kind wird geboren, es wächst und gedeiht,
Aber die Welt ist zu hart, zu kalt und zu weit.

»Du bist böse, du bist schlecht!«
»Niemals machst du es uns recht!«
»Das ist hässlich, das ist Schund!«
»Sei jetzt still und halt den Mund!«
»Schon wieder so ein Mist!«
»Schrecklich, wie du bist!«

»Ich bin schlecht, ich bin böse ...« Solche Last, die macht fast blind.
So viel zu verdauen – und du bist doch noch ein Kind.

Eine himmlische Mission? Was war das denn noch?
Besser ist's, wenn ich nichts spüre, mich verkrieche in ein Loch.
Die Farben verblassen, der Geist verfällt,

Das Leben verfliegt, was soll noch die Welt?
Was sollen noch Worte, was soll noch Bemühen?
Du wirst blass und ängstlich, willst lieber entfliehen.

Sicherheit durch Zahlen – klag nicht, mach weiter,
Schaff ran, gib dir Mühe, konsumiere, sei heiter!

Mach's wie alle, die nicht denken,
Die ihr Leben verschenken,
In der Tretmühle vegetieren
Und den Geist ignorieren.
Doch du schreist und du tobst,
Voller Leid, du siehst rot,
Schreist nach Frieden, keiner hört es,
Zerstörst dich selbst, keinen stört es.

Allein, verloren, von allen vergessen?
Was kann helfen? Mehr Drama, mehr Drogen, mehr Essen?
Gewalt und Verbrechen, Krankheit und Tod,
Verwirrung und Wahnsinn, wer sieht schon die Not?

Halt inne, es reicht, das kann keiner ertragen,
Das Maß ist randvoll, die Uhr hat geschlagen.

Allen Pillen zum Trotz breitet Krankheit sich aus,
Medizin ist am Ende, schickt Patienten nach Haus,
Der Tod ist nahe – doch ein Engel erscheint!
Tapfer und aufrecht, er lacht und er weint,
Er liebt und er hilft, erbarmt sich des Geschicks,
Weiß Vergangenheit zu lösen, weist den Weg dir zurück.

Freier und leichter, ein neuer Beginn,
Eine hellere Welt, ein Leben mit Sinn,

Das Selbst tritt ins Licht, das Innere erwacht,
Es darf leuchten und strahlen, es funkelt und lacht.

Vergebung und Heilung werden Wirklichkeit werden,
Und er kommt wieder: der Himmel auf Erden.

Hazel Trudeau, Februar 2006

Wir wollen fair sein. Wir beklagen nicht, dass sich die Schulmediziner über die Idee der sich entwickelnden Menschheit lustig machen. Wir sind eher bestürzt, wie wenig sie daran interessiert sind, sich mit der Idee auch nur zu befassen. Aber wir veröffentlichen gerne Ansätze, die sich auf eine gute Weise mit dem ADS/ADHS-Problem beschäftigen, denn das ist auch ein Indigo-Thema und es geht auch darum, wie Kinder mit Etiketten versehen werden.

Der folgende Auszug stammt aus dem sehr guten Artikel »*The Next Attention Deficit Disorder?*« (Das nächste Aufmerksamkeits-Defizit-Syndrom?) des Magazins *Time* vom 29. November 2007. Der Grat zwischen Autismus und ADS ist schmal. Wenn Kinder außergewöhnliches Verhalten aufweisen, tappen viele Laien und Mediziner gleichermaßen im Dunkeln. Aus Mangel an Antworten werden dann schnell Etiketten verteilt. Wir meinen, dass die folgenden Informationen für viele Eltern hilfreich sein könnten.

Das nächste Aufmerksamkeits-Defizit-Syndrom?

Magazin *Time*, 29. November 2007
von Claudia Wallis

Mit einer Lehrerin als Mutter und einem Assistenzarzt als Vater hatte Matthew North von Geburt an zwei Experten um sich, aber seine Probleme befremdeten sie beide. »Alles fiel Matthew schwer«, erzählt Theresa North aus Highland Ranch, Colorado. Er lernte erst mit drei Jahren sprechen. In der Schule versteckte er sich unter dem Tisch, um dem Lärm und der Unruhe zu entkommen. Er konnte seine Gliedmaßen kaum gut genug koordinieren, um einen großen Strandball zu fangen.

Der heute zehn Jahre alte Matthew wurde mit Autismus und Aufmerksamkeits-Defizit-Syndrom mit Hyperaktivität diagnostiziert, aber die Etiketten passten nicht wirklich. »Wir haben tausendmal diese Fragebogen ausgefüllt«, erinnert sich Theresa, »aber das Ergebnis war immer negativ. Als wir dann diese Einrichtung fanden, weinte ich vor Erleichterung. Es war das erste Mal, dass jemand meinte, uns helfen zu können.«

»Diese Einrichtung« ist das Zentrum für sensorische Therapien und Forschung (STAR) südlich von Denver. Hier werden pro Woche etwa 50 Kinder mit merkwürdigen Mischungen von Problemen behandelt. Manche scheinen ihren Motor nicht recht in Gang zu kriegen. Ihr Muskeltonus ist niedrig und sie reagieren kaum auf Ansprache oder Einladungen zum Spielen. Andere laufen zu hochtourig: Sie stören andere Kinder, indem sie sie anrempeln oder sie zu heftig umarmen. Viele haben Probleme, alltägliche Geräusche oder das Gefühl der Kleider auf ihrer Haut zu ertragen. Etliche scheinen einfach nur sehr ungeschickt zu sein. Als Erwachsener erinnert man sich an solche Kinder aus der eigenen Kindheit: Sie wurden Versager, Eigenbrötler, Tollpatsche oder Störenfriede genannt. Im STAR-Zentrum hat man einen freundlicheren Namen für sie: Man nennt sie »Kinder mit sensorischen Verarbeitungsstörungen«.

Nie gehört? Da sind Sie nicht allein – auch die meisten Kinderärzte, Neurologen, Psychologen und Lehrer kennen das nicht. Aber in dem parallelen Universum der Beschäftigungstherapie, das sich mehr mit den einfachen Beschäftigungen des Lebens wie Essen, Anziehen, Arbeiten und Spielen befasst, ist diese Störung wohlbekannt und wird therapiert. Im vergangenen Monat versammelten sich bei einer Konferenz in New York 350 Beschäftigungstherapeuten, um sich über die neuesten Forschungserkenntnisse und Therapien zu informieren.

In der Beschäftigungstherapie wird diese (auch sensorische Integrations-Dysfunktion genannte) Störung seit 1972 behandelt. Damals veröffentlichte A. Jean Ayres, Psychologin und Therapeutin an der University of Southern California, das erste Buch darüber. Gemäß der Definition von Ayres und anderen ist die sensorische Verarbeitungsstörung eine Mischung aus Symptomen, denen gemeinsam ist, dass die Eindrücke von Sinneswahrnehmungen nur schwer verarbeitet werden können. Dabei geht es nicht nur um Hören, Sehen, Riechen, Schmecken und Spüren, sondern auch um die propriozeptiven und vestibulären Sinneswahrnehmungen, die uns sagen, wo unsere Arme und Beine in Bezug auf den »Rest« von uns sind und wie wir uns an der Schwerkraft orientieren. Manche Kinder mit dieser Störung können nicht aufrecht an einem Tisch sitzen, andere sind so empfindlich, dass sie schreien, wenn ihnen die Fingernägel geschnitten werden oder sie Haferflocken ins Gesicht bekommen. Töne und Gerüche werden als völlige Überforderung erlebt. Die vierjährige Lizzie Cave muss sich jedes Mal übergeben, wenn im Nachbargarten der Rasenmäher läuft.

Familien und andere Gruppen, die zum STAR-Zentrum finden, haben in der Regel einen langen Leidensweg hinter sich. Die Ärzte glauben nicht an die Existenz dieser Störung; die Lehrer können nicht mit den Kindern umgehen; die Versicherung zahlt keine Therapien. Das hat seine Gründe: Die sensorische Integrations-Dysfunktion steht nicht in den offiziellen Diagnosebüchern oder im DSM (Diagnostic Statistical Manual), also dem Klassifikationssystem der Amerikanischen Psychiatrischen Vereinigung, der »Bibel« psychiatrischer Störungen. Die Ärzte schlagen die sensorischen Verarbeitungsstörungen anderen bekannten Störungen wie Autismus oder ADS zu, aber sie betrachten sie nicht als eigenständiges Problem. Lucy Jane Miller, eine ehemalige Schülerin von Ayres und Leiterin des STAR-Zentrums, hat es sich zum Ziel gesetzt, das zu ändern. Sie hat eine nationale Kampagne in Gang gesetzt, damit die sensorische Integrations-Dysfunktion in der für 2012 vorgesehenen 5. Ausgabe des DSM einen Platz erhält. Damit könnten leichter Forschungsstipendien beantragt werden; die Kinder bekämen in der Schule besondere Unterstützung, und die Familien erhielten die Behandlungskosten erstattet, die im STAR-Zentrum oft 4000 Dollar betragen.

Um diese Anerkennung zu erhalten, müssen die Befürworter überzeugende Beweise vorlegen, dass es sich hier »nicht nur um einen Aspekt von Autismus oder ADHS [handelt], sondern um eine bessere Definition dessen, was in diesen Kindern vor sich geht«, sagt Dr. Darrel Regier, Leiter der Forschungsabteilung der Amerikanischen Psychiatrischen Vereinigung und stellvertretender Vorsitzender der mit dem DSM-V beauftragten Kommission. »Wir brauchen einen Kernsatz von Symptomen, einen typischen klinischen Verlauf« und – wenn möglich – gute Behandlungsdaten.

Die Forschung über die sensorische Verarbeitungsstörung ist begrenzt. »Es ist nicht leicht, Zuschüsse für die Erforschung einer Störung zu bekommen, die es offiziell gar nicht gibt«, klagt Miller, deren kürzlich erschienenes Buch *Sensational Kids* einen Leitfaden für die Forschung und Behandlung bietet. Viele Studien seien durch unklare Kriterien zur Ermittlung der Bedingungen und der Probanden, durch den Mangel an standardisierten Behandlungsmethoden und die Vermischung mit Kindern, die unter anderen Erkrankungen leiden, nur von eingeschränktem Erkenntniswert.

Experimente an der Universität von Colorado haben ergeben, dass Kinder mit sensorischen Problemen eine atypische Hirnaktivität aufweisen, wenn sie gleichzeitig Klang und Berührung ausgesetzt sind. Und eine Studie, die 2006 an der Universität von Wisconsin mit Zwillingen durchgeführt wurde, zeigte, dass die Überempfindlichkeit gegenüber Geräuschen und Berührungen auch eine genetische Komponente hat.

Niemand kann mit Sicherheit sagen, wie viele Kinder durch sensorische Probleme schwerwiegend beeinträchtigt sind. In ihrer Arbeit geht Miller zunächst davon aus, dass es eines von zwanzig Kindern sein könnte. Die Frage lautet: Wo zieht man die Grenze zwischen Normalität und Pathologie? Untersuchungen von Alice Carter, Professorin für Psychologie an der University of Massachusetts in Boston, gehen von der Annahme aus, dass 40 Prozent der Kinder im Alter von 7 bis 10 Jahren so berührungsempfindlich sind, dass sie Kleidungsetiketten als störend empfinden, und dass 11 Prozent den Klang von Sirenen kaum aushalten. Man will aber nicht behaupten, dass alle diese Kinder eine sensorische Störung haben. Carter meint, die sensorische Verhaltensstörung sei noch zu vage definiert, um in den Hauptteil des Handbuchs einzugehen; sie sollte lieber in den Anhang zu jenen Erkrankungen kommen, die weiterer Erforschung bedürfen. Dieser vorläufige Status würde die Tür zu weiteren Fördermitteln öffnen. Falls sich die Erkenntnisse bestätigten, sollte die Erkrankung laut Carter offiziell in die übernächste Ausgabe, also das DSM-VI, einbezogen werden, das etwa 2025 herauskommen wird.

Allerdings sind die Eltern der Kinder von heute nicht bereit, so lange zu warten, und lassen sich lieber auf therapeutische Ansätze ein, die sich noch wenig bewährt haben. Die Behandlung ist zur Zeit äußerst individuell. In der Regel geht es jedoch darum, mit den Kindern mehr von dem zu üben, was ihnen schwerfällt, und weniger auf die Dinge zu reagieren, die sie nicht lassen können. Lizzie Cave arbeitet an ihrer Überempfindlichkeit gegenüber Geräuschen mit einer Reihe von kalibrierten Kassetten. Der drei Jahre alte Jacob Turner verbessert seine Fähigkeit, verschiedene Nahrungsmittelempfindungen auszuhalten, indem er mit breiigen Materialien spielt und es dem Therapeuten allmählich erlauben kann, sie immer näher an seinen Mund zu bringen.

Die Familien erhalten Anweisungen, mit denen sie ihre Kinder auf eine Art »sensorische Diät« setzen können, damit sie zu Hause und in der Schule besser funktionieren. Der siebenjährige Christopher Medema legt sich jetzt in der Schule eine schwere Decke auf den Schoß. Der leichte Druck kommt seinem Bedürfnis nach taktiler Wahrnehmung entgegen und hilft ihm, sich zu konzentrieren. Seine Familie hat gelernt, besser auf sein Bewegungsbedürfnis einzugehen. »Er macht seine Rechenaufgaben am liebsten auf dem Kopf stehend«, erzählt sein Vater Steve.

Und was ist mit Matthew North? Er sieht immer noch ein wenig schlapp aus, wie er da am Klettergerüst umherhangelt, und seine blauen Augen spähen vorsichtig über seinen Sommersprossen hervor auf all die Menschen, die er nicht kennt. Aber der Junge, der nicht einmal einen Strandball fangen konnte, lernt jetzt Taekwondo und sogar Fußball. »Ich habe schon ein paar Tore gehalten«, gibt er auf Nachfragen seiner Mutter leise zu. Das klingt ziemlich deutlich nach Besserung – von was auch immer es ist, das ihn quält.

Lee: Bevor wir zu den Beiträgen der anderen Heiler kommen, möchten Jan und ich noch eine Bemerkung zu einem anderen Artikel aus dem Magazin *Time* vom 15. November 2007 machen. Dort wird behauptet, das Rätsel von ADS und ADHS sei endlich gelöst. Das Ganze wird als eine Art Entwicklungsstörung beiseite getan, aus der die Kinder irgendwann wieder »herauswachsen«. Es heißt dort: »Die in diesem Monat bei der National Academy of Science online veröffentlichten Ergebnisse können vielleicht erklären, warum viele mit ADHS diagnostizierten Kinder dem Problem irgendwann entwachsen, wenn ihr Gehirn allmählich dem ihrer Altersgenossen ähnlicher wird.« Das entspricht in keiner Weise den Erfahrungen von Eltern und Lehrern! Vor allem möchte ich jedoch argumentieren: Selbst wenn das zuträfe, könnten diese Kinder gar nicht die Entwicklung ihrer Altersgenossen aufholen, denn viele von ihnen stehen jahrelang unter Medikamenten wie Ritalin. Viele junge Erwachsene berichten jetzt darüber, dass jene Zeit für sie »verlorene Jahre« waren. Ist es das wert?

Die Indigos und der Schuld-Faktor
von Barbra Dillenger

Dieser Beitrag wurde von einer Freundin von Jan, mir und Nancy verfasst, die auch für das erste Buch einen Artikel geschrieben hatte. Wir haben sie damals aufgesucht, um uns dank ihrer langjährigen Beratungspraxis die Indigo-Erfahrung bestätigen zu lassen. Sie stellt psychologische Kernwahrheiten dar, die normalerweise nicht unbedingt als Indigo-Eigenschaften betrachtet werden. Mit ihrer Weisheit und ihren Erkenntnissen scheint sie der Meute immer einen Schritt voraus zu sein.

Barbra Dillenger ist Beraterin für transpersonale Entwicklung und Lehrerin. Seit 1968 arbeitet sie im psychologischen und metaphysischen Bereich und wurde von einigen der besten Lehrer unserer Zeit ausgebildet.

Barbra Dillenger hat einen Doktortitel in Metaphysik, einen Master-Abschluss in Erziehungspsychologie, war pädagogische Leiterin der Unitarian Universalist Fellowship of San Dieguito, Gastdozentin an der Universität von Kalifornien in San Diego und Referentin am Escalon Institut in Nordkalifornien. Am Kairos Institut in San Diego County war sie Leiterin für transpersonale und interpersonale Entwicklung. Sie ist auch eine ausgebildete Kräuterheilkundige.

Barbra Dillengers Stärken liegen in ihrem vorurteilsfreien Herangehen und in ihrer präzisen, herzerfüllten Begleitung in allen Bereichen der Beratung für Erwachsene und Kinder. Viele Kollegen schätzen sie als Supervisorin. Sie hat zahlreiche Artikel veröffentlicht und Beiträge für etliche Bücher verfasst, vor allem zum Thema Indigo-Kinder. Ihre private Praxis ist in Del Mar, Kalifornien.

In ihrem persönlichen Leben ist Barbra Dillenger stolz darauf, dass sie aus all ihren Erfahrungen und Begegnungen etwas Wertvolles gelernt hat.

Eine der bekannten Thesen über die Indigo-Persönlichkeit lautet, dass sich diese Menschen in diesem Leben nicht mit Schuldgefühlen belasten. Aus ihrer Sicht treffen wir, die ältere Generation, Entscheidungen oft aus Schuldgefühlen heraus, die nicht in unserem besten Interesse sind. Wir überlegen zum Beispiel, welche Gefühle es wohl bei anderen auslösen könnte, wenn wir das täten, wozu uns unser Herz rät. Wer sich zum Ziel setzt, die vorhandenen Systeme zu verändern, wer beabsichtigt, uns die Zukunft zu zeigen – ob sie uns gefällt oder nicht –, und ein starkes Bedürfnis nach direkter Kommunikation mitbringt, für den sind Schuldgefühle eher hinderlich. Indigos sagen, was sie denken, selbst wenn es zu einem Gegenschlag kommt, der sie selbst verletzen könnte. Sie sind bereit, die Verantwortung zu übernehmen, wenn es ihrer Wahrheit entspricht. Das hilft ihnen, in vielen Bereichen Verborgenes ans Tageslicht zu bringen und wenig zu verdrängen. Es lässt sie auch manchmal selbstbezogen oder erbarmungslos erscheinen.

Aber diejenigen unter uns, die Indigos in ihren Familien haben oder sie aus ihrer beruflichen Tätigkeit kennen, sehen auch ihre andere Seite. Obwohl sie manchmal selbstbezogen erscheinen, sind sie doch oft fürsorglich, einfühlsam und hilfsbereit. Sie glauben an das Gute und sie sind fair. Wie kann das in einer schuldfreien Gesellschaft funktionieren? Um diese Frage zu beantworten, erzähle ich von einem Gespräch, das ich kürzlich mit der Großmutter eines 22-Jährigen hatte; ich will ihn hier Tom nennen.

Es war Ostern und Toms Familie wollte zu einem prächtigen Brunch in einen Countryclub fahren. Als es Zeit zur Abfahrt war, erklärte Tom, er wolle nicht mitgehen. Seine Tante, die die Unternehmung geplant hatte, ärgerte sich darüber. Sie wollte, dass er Spaß daran hatte, den Club kennenzulernen, und sie genoss seine Gesellschaft. Also bat sie Toms Großmutter, sich in ihrem Interesse einzusetzen, weil sie wusste, dass sich Tom mit seiner Großmutter gut verstand.

Als die Großmutter Tom fragte, warum er nicht mitgehen wolle, antwortete er: »Ich mag keine Countryclubs.«

Sie meinte: »Betrachte es doch einfach als ein Familienessen in einem guten Restaurant.«

»In einem Restaurant, in das nicht jeder hineindarf«, erwiderte Tom. »Das ist nur für Mitglieder.«

Dagegen konnte die Großmutter nichts einwenden, also versuchte sie es mit einer anderen Taktik. »Ich weiß, dass ich dich nicht durch Schuldgefühle zu irgendetwas bewegen kann, aber was könnte ich denn tun, damit du gerne mitkommst?«

Tom dachte einen Augenblick nach und sagte dann: »Du hast recht, ich tue nie etwas, weil ich mich schuldig fühle. Allerdings tue ich manche Dinge, weil ich mich dazu verpflichtet fühle.«

Die Großmutter erinnerte sich an verschiedene Familienanlässe, bei denen sie vermutet hatte, dass er aus Schulgefühl dabei gewesen war. Aber nun erkannte sie, dass es wohl vielmehr Pflichtbewusstsein war.

Mir wurde durch ihre Geschichte klar, dass Schuld im Kopf entsteht und Angst enthält, während Pflicht, zumindest für Tom, aus dem Herzen kommt. Sein Pflichtbewusstsein beruht auf Mitgefühl und Liebe. Er wollte bei diesen anderen Anlässen dabei sein, auch wenn ihm manches daran nicht gefiel. Zum Osterbrunch ging er übrigens nicht mit.

Ich finde diese Geschichte sehr interessant. Welch ein emotional reifes Verhalten! Davon können wir alle etwas lernen. Können wir uns frei von Schuld entscheiden? Können wir das, was unser Herz zum Singen bringt, von allem *Ich muss …, Ich sollte …* unterscheiden? Wenn ja, sind wir im Kontakt mit der göttlichen Führung, die aus unserem Herzen stammt, nicht mit der Illusion unseres negativen Denkens. Dann können wir klarer spüren, in welche Richtung sie uns lenkt, fühlen uns selbstbewusster, wissen besser, wer wir sind, und empfinden weniger Ärger und Groll.

Ich war immer davon überzeugt, dass die Erschaffung einer menschlicheren Welt bei uns selbst und in unseren eigenen Häusern beginnen sollte. Wenn wir begreifen, welche unserer Entscheidungen aus Schuldgefühlen entstehen und welche aus herzerfülltem Pflichtgefühl, dann wäre das ein Anfang. Vielleicht wären wir dann weniger defensiv. Vielleicht fänden wir uns dann in einer Gesellschaft wieder, die auf Liebe beruht und nicht auf dem Ego – in einer weltweiten Gemeinschaft, die voller Mitgefühl für alles Leben überall ist.

In der Arbeitswelt gibt es mittlerweile 40-jährige Indigos. Wir begegnen ihnen als Ärzte, Anwälte, Politiker, Lehrer, Väter, Mütter, Künstler, Musiker und so weiter. Es war sehr schwer für sie, sich an unsere Systeme anzupassen, die nicht auf Wahrheit beruhen. Sie werden uns einen neuen Weg zeigen. Wir werden gezwungen sein, vieles zu verändern – ob es uns gefällt oder nicht –, einfach weil wir bald in der Minderheit sein werden. Ich glaube, es ist wichtig, uns ihren Wahrheiten zu stellen, frei von Schuldgefühlen. Es wird eine aufregende Reise werden.

Bewusste Elternschaft
von Barbra Gilman

Barbra Gilman ist die Autorin des Buches »The Unofficial Guide for Living Successfully on Planet Earth« (Der inoffizielle Ratgeber für ein erfolgreiches Leben auf dem Planeten Erde) und hat Beiträge für unser zweites Indigo-Buch »An Indigo Celebration« (Indigo-Kinder erzählen) geschrieben. Sie ist Vorsitzende von »Success Strategies For Life« (Erfolgsstrategien für das Leben), einer Firma, die Familien, Paaren, Unternehmen und Individuen hilft, ihr volles Potenzial zu entwickeln.

Barbra Gilman war die Leiterin der Abteilung Familienpädagogik an Neale Donald Walschs HeartLight School Sie verfügt über eine mehr als 25-jährige Erfahrung als Therapeutin und Coach. Als ausgebildete Trainerin und Elternberaterin arbeitet sie beim Internationalen Netzwerk für Kinder und Familien und lehrt bewusste Elternschaft.

Barbra Gilman war Leiterin eines Zentrums für spirituelles Bewusstsein und hatte eine eigene Radiosendung namens »Conscious Choices«. Darüber hinaus hat sie Hunderte von Workshops über persönliches und spirituelles Wachstum und Erfolg durch Bewusstsein geleitet.

Es war mir eine große Freude, als Jan und Lee mich baten, etwas zu ihrem neuen Buch über die Indigos beizutragen. Schon seit vielen Jahren widme ich mich mit Hingabe der Verbreitung von Informationen über unsere wundervollen »neuen« Kinder und ihre Bedürfnisse. Meine Arbeit gibt mir die Gelegenheit, in puncto Elternschaft immer am Puls der Zeit zu sein, und ich glaube, deutlich zu erkennen, in welche Richtung sich Elternschaft entwickeln muss, um das Leben der heutigen Kinder zu verbessern.

Noch bevor ich Jan fragen konnte, worüber ich denn schreiben solle, sagte sie: »Seit Erscheinen unseres ersten Buchs sind jetzt zehn Jahre vergangen. Ich wüsste gerne, was sich aus deiner Sicht verändert hat.« Während ihre Worte zuerst meine Ohren und dann mein Herz erreichten, spürte ich, dass ein Gefühl der Trauer und Frustration in mir aufstieg: Was ich damals für die nächsten Jahre erhoffte, hat nämlich noch nicht einmal angefangen. Ich hatte gedacht, dass sich inzwischen alle Eltern von Indigos (egal ob sie den Begriff kennen oder nicht), aktiv darum kümmern würden, wie sie ihre Aufgabe bestmöglich bewältigen könnten. Ich meine, die meisten Menschen haben auch heute noch keine Ahnung, was ein Indigo ist; sie wissen nicht, dass es so etwas wie eine neue, verbesserte Art von Menschen auf diesem Planeten überhaupt gibt. Solange die Eltern jedoch nicht erkennen, dass die heutigen Nachkommen wirklich anders sind, haben sie auch keinen Grund, etwas über neue Qualitäten von Elternschaft zu lernen, um mit diesen Kindern besser umzugehen.

Oh ja, *Indigo* ist in der spirituellen Szene zu einem Schlagwort geworden. Man hat schon auf CNN und *Good Morning America* darüber gehört. Es gibt sogar eine berühmte Hollywood-Mutter, die ein T-Shirt trägt, auf dem »Indigo-Mom« steht. Das betrifft jedoch nur einen winzigen Prozentsatz der Bevölkerung – und in der spirituellen Szene besteht die Tendenz, dass wir *einander* belehren und heilen und den Rest der Welt so lassen, wie er ist. Aber jetzt scheint das völlige Chaos ausgebrochen zu sein.

Bitte verstehen Sie mich nicht falsch. Mir ist klar, dass sich unsere Welt in einem Übergang befindet, und die Infrastruktur unserer Gesellschaft wird sich verändern, wenn wir unser

Bewusstsein anheben. Es sind viele aufregende Dinge im Gang. Wir leben im Informationszeitalter. Jeden Tag gibt es neue Entdeckungen, die unsere Welt verändern können. Doch wir müssen für diese neuen Möglichkeiten offen sein. Wir müssen die Angst loslassen, die uns in der Vergangenheit verankert. Wir müssen unsere Freiheit annehmen und unsere Kraft wieder in Anspruch nehmen.

Hier ist ein Beispiel, was ich damit meine: Eine Klientin von mir wuchs in einer italienischstämmigen Familie auf. Ihre Mutter riet ihr in ihrer Jugend immer wieder: »Sei nicht zu schlau, sonst mögen dich die Jungs nicht.« Die uralte Idee, nur durch einen Mann in Sicherheit zu sein, saß in dieser Frau so tief, dass sie in der festen Überzeugung, ihre Tochter zu schützen, deren intellektuelles und persönliches Wachstum beschnitt. Wie kann eine Jugendliche in ihre Kraft kommen, wenn unter dem Schutzmantel guten elterlichen Rats jahrhundertealte Ängste auf sie übertragen werden? Das ist nur ein Beispiel dafür, wie Angst uns in der Vergangenheit festhält und uns daran hindert, die Gegenwart als eine neue Gelegenheit für Wachstum zu begreifen.

Zum Glück gibt es Menschen, die anfangen, aufzuwachen und zu sehen, dass es auch jenseits unserer Welt in »des Kaisers neuen Kleidern« noch Wahrheiten zu entdecken gilt. Heute gibt es Filme wie Aaron Russos *America: Freedom to Fascism* und Dylan Averys *Loose Change* – das sind echte Weckrufe! Wir sind an einem Zeitpunkt angelangt, wo wir entweder uns selbst verändern müssen, um die Welt zu verändern, oder wir werden mit Hochdruck rückwärts sausen. Und natürlich sind es die Indigos, die uns diese wundervolle neue Welt bringen.

Die eigentliche Frage bleibt: Wie können wir diese Informationen auch dem Mainstream nahebringen? Wie können wir Eltern und Lehrer, die meinen, Ritalin sei eine vernünftige Antwort auf ihre Probleme, aufwecken und ihnen zeigen, dass diese Kinder intellektuell *begabt* sind und *nicht* behindert.

Selbst in der spirituellen Szene suchen Eltern für ihre Indigos noch nach esoterischen Therapien, Informationen und Heilmitteln. Doch bei meiner Arbeit in all diesen Jahren musste ich immer wieder enttäuschte Gesichter sehen; ich habe erlebt, wie sich ganz normale Leute von ihren Kindern einfach überfordert fühlen und dem Druck nachgeben, den Weg des geringsten Widerstands zu gehen. Es ist Wahnsinn, diese Kinder durch Medikamente fügsam zu machen, doch die meisten Eltern wissen nicht, dass es andere Möglichkeiten gibt. In ihrer Verzweiflung wenden sie sich an Ärzte, die genauso im Dunkeln tappen. Blinde führen Blinde.

Immer wieder erhalte ich traurige Briefe von Eltern, die ihren Kummer darüber loswerden wollen, dass ihr Kind aus diesem sogenannten Weg des geringsten Widerstands keinen anderen Ausweg mehr sah, als sich umzubringen. Und immer wieder sagen sie: »Wenn ich das Konzept der Indigos nur damals schon verstanden hätte, wäre mein Kind vielleicht heute noch am Leben!«

Wir müssen daran denken, dass unsere Indigos, so anders sie auch sein mögen, doch unsere *Kinder* sind. Die meisten Menschen scheinen nicht zu merken, dass wir alle grundlegend gestört sind. Im Bereich des Bewusstseins sind wir Babys. Das ist auch in Ordnung so, denn wir sind alle auf dem Weg – auf dem Weg des Erwachens, auf dem Weg der Bewusstwerdung, auf dem Weg, zu dem zu werden, was wir wirklich sind: Liebe.

Doch im Augenblick ziehen wir als Kinder Kinder groß. Die meisten Eltern heutzutage sind Erwachsene, die das Bewusstsein von Kindern haben und Kinder aufziehen, die das Bewusstsein von Erwachsenen haben. Wie bereits gesagt, haben zwar die Eltern die entscheidenden Positionen auf diesem Planeten inne, aber es fehlt ihnen an Bildung und sie scheinen sie auch nicht zu vermissen. Elternschaft ist einer der wichtigen Bereiche, der immer unbemerkt mitläuft. Selbst in der heutigen Zeit meinen die meisten Eltern, sie müssten sich als Eltern nicht mehr fortbilden. Es ist unglaublich, aber wahr. Allgemein herrscht die Überzeugung, dass alles, was man als Eltern wissen muss, irgendwie automatisch da sei, sobald man ein Kind bekommt. Diese Idee muss dringend verändert werden. Als Therapeutin kann ich Ihnen sagen, dass sich jede einzelne Person, mit der ich je gearbeitet habe, heute anders fühlen würde, wenn ihre Eltern in der Lage gewesen wären, bewusst die Bedürfnisse ihrer Kinder wahrzunehmen.

Elternschaft – ein sich entwickelnder Prozess

Wie unterscheidet sich die Art, wie Sie Ihre Kinder aufziehen, von der Art, wie Ihre Eltern mit Ihnen umgingen? Hm? Manche von Ihnen sind vielleicht in stark autoritären Systemen aufgewachsen und haben sich später gesagt: »So streng werde ich niemals mit meinen Kindern sein!« Also tun Sie genau das Gegenteil. In vielen Familien erlebe ich Eltern, die alles erlauben. Das führt jedoch nur zu Kindern, die sehr egozentrisch sind und sich für den Mittelpunkt des Universums halten. Zu Hause und bei den Großeltern mag das so gehen, aber wenn diese Kinder in die Welt hinausgehen, kann es ein raues und für die Umwelt sehr unangenehmes Erwachen geben.

Haben Sie, bevor Sie den letzten Abschnitt gelesen haben, je darüber nachgedacht, wie sich Ihre Art, mit Ihren Kindern umzugehen, von der Art Ihrer Eltern unterscheidet? Ja sicher, als Sie jung waren, wussten Sie genau, was Sie niemals tun wollten. Doch wenn wir älter werden, merken wir oft, dass wir unseren ersten Vorbildern immer ähnlicher werden. Wie viele von den Strategien, die Sie bei Ihren Kindern anwenden, funktionieren bei dieser Generation offensichtlich nicht mehr? Und die noch interessantere Frage ist: Haben sie je funktioniert?

Doch auch wenn die meisten Menschen glauben, man kriege das Elternsein schon irgendwie instinktiv hin, fangen manche an, sich mehr Gedanken zu machen. Und oft sind es die Indigos, die das herausfordern, denn bei Indigo-Kindern merken die Eltern deutlicher, dass ihre Instinkte ihnen kaum noch helfen. Und wohin sie auch schauen – in die Vergangenheit, wie es ihre Eltern gemacht haben, oder zu den Nachbarn, denen es auch nicht besser ergeht: Nirgendwo sehen sie Lösungen.

Wollen wir unsere Kinder mit unseren eigenen Verhaltensprogrammen aufziehen, auf dass sie das Chaos weiterführen, in dem wir jetzt sind? Oder wollen wir sie befähigen, bewusst und flexibel den besten Daseinsweg zu wählen, damit eine friedvolle und fröhliche Welt in den Bereich des Erreichbaren rückt?

Unsere Kinder sind unglaublich. Sie sind diejenigen, die unsere Welt verändern und befrieden werden, und sie werden es sehr viel schneller schaffen, wenn wir sie nicht daran hindern! Wir sind es, denen Verständnis fehlt. Wir Eltern brauchen ein besseres Verständnis davon, wer sie sind und wer wir sind!

Schauen wir uns also ein paar der fehlenden Puzzleteile an, welche die Frage beantworten, die Jan mir gestellt hat: »Was würde deiner Ansicht nach diesen Eltern heute am meisten helfen?« Meine Antwort ist ganz einfach: die Fähigkeit zu bewusster Elternschaft!

Bewusste Elternschaft – ein neuer Seinszustand

Wenn ich über bewusste Elternschaft spreche, geht es vor allem um den Begriff *bewusst* – das bedeutet, man ist aufmerksam, gegenwärtig, wach. Immer wieder werde ich gefragt: Wie würde das denn in unseren Familien aussehen?

In meinen Kursen versuche ich einen Rahmen und ein System zu bieten, von dem sich Eltern unterstützt fühlen können; einen

Weg, auf dem Mütter und Väter lernen, mit ihren Kindern so in Beziehung zu sein, dass sie sie intuitiv ihrer Bestimmung entgegenführen und sich ihnen nahe fühlen. Ziel ist, dass sich die Kinder als die Urheber ihres Lebens empfinden und sich *innerlich* motiviert fühlen, statt auf äußere Umstände oder Ereignisse zu vertrauen, wie es den meisten von uns geht. Schließlich haben wir die Erfahrung gemacht, dass es auf unsere Weise nicht besonders gut geht.

Der Trick besteht darin, Kinder als die einzigartigen Individuen anzunehmen, die sie sind, statt zu versuchen, sie zu kontrollieren oder zu manipulieren. Denken Sie immer wieder daran: An diesen Kindern ist nichts verkehrt! Stattdessen müssen *unser* Verhalten und *unser* Verständnis überholt werden. Wir müssen lernen, wie wir unsere Kinder respektvoll und verständnisvoll behandeln können, wenn wir ihnen Kooperationsfähigkeit, Verantwortung, Verhandlungsbereitschaft und Entscheidungskompetenz beibringen wollen. Und wenn wir es lernen, wie wir selbst mit unseren abenteuerlustigen, kreativen und lustigen inneren Kindern besser in Kontakt bleiben, werden wir Dinge erleben, von denen wir bislang nur träumen können.

Universale Prinzipien für stressfreie Elternschaft

Egal, wen ich coache – sei es ein Unternehmen, eine Einzelperson, ein Paar oder eine Familie: Als Erstes lehre ich universale Prinzipien. Der Schlüssel zu einem erfolgreichen Leben liegt darin, zu lernen, wie diese Welt funktioniert und wie wir als selbstbewusste Individuen unsere Umgebung unseren Wünschen entsprechend beeinflussen können. Das Unglaubliche ist, dass über 90 Prozent der Bevölkerung nichts davon weiß. Ich sage immer: Wir spielen Monopoly nach den Regeln von Mensch-ärgere-dich-nicht – kein Wunder, dass wir nicht gewinnen!

Vor diesem Hintergrund wollen wir uns ein paar grundlegende Prinzipien betrachten, die Ihnen helfen, stressfreie Elternschaft zu manifestieren. Das Wichtigste ist, dass Sie in sich selbst schauen. Vergessen Sie nie, dass diese Kinder als unsere Lehrer hierhergekommen sind, so seltsam das auch erscheinen mag. Und egal, ob Sie es glauben oder nicht: Wenn Sie ein Verhalten, das Ihnen bei Ihrem Kind auf die Nerven geht, genauer betrachten, werden Sie feststellen, dass die Wurzel dazu in Ihnen selbst liegt. Unsere Kinder sind Spiegel – ihr Verhalten spiegelt die inneren Verwundungen anderer. Wenn Sie sich also von einem bestimmten Verhalten gestört fühlen, fragen Sie sich: *Welche Gefühle löst das in mir aus?* Und dann schauen Sie in sich selbst, wann Sie sich so fühlen oder gefühlt haben. So finden Sie nicht nur den Ursprung des kindlichen Verhaltens, sondern initiieren auch Ihre eigene Heilung.

An einer der Montessori-Schulen, an denen ich meinen Kurs abhielt, erzählte ein Vater und Lehrer, das fordernde Verhalten seines Sohnes raube ihm den letzten Nerv. Er hatte alles Mögliche versucht, aber das Bedürfnis seines Sohnes nach Liebe und Aufmerksamkeit war einfach unersättlich. Der Vater hörte meine Theorie, dass diese Kinder unsere Lehrer seien, aber er war noch nicht bereit, sich darauf einzulassen. In der vierten Woche des Kurses kam er auf mich zu wie ein Verdurstender in der Wüste. »Ich bin bereit, alles zu versuchen«, sagte er. »Was soll ich tun?«

Ich bat ihn, sein eigenes Leben daraufhin zu untersuchen, wo er ähnliche Gefühle gehabt hatte wie sein Sohn. In der nächsten Woche kam er und erzählte, dass sein Vater seine Mutter verlassen hatte, als er selbst drei Jahre alt war. Es war ganz klar, dass er seine eigene Wunde gefunden hatte und damit die Lösung für das Verhalten seines Sohnes. Ich gab ihm ein Exemplar meines Buches und riet ihm, etwas zur Heilung seines inneren Kindes zu tun. Ein paar Wochen später tauchte er bei einem anderen Kurs von mir auf, um von seinem Erfolg zu berichten: Drei Wochen, nachdem er sein inneres Kind geheilt hatte, verschwand das auffällige Verhalten seines Sohnes – einfach so.

Hier sind ein paar Fragen, die Sie sich stellen können:

- Welches Verhalten Ihres Kindes möchten Sie gerne ändern?
- Welche Gefühle sind für das Verhalten Ihres Kindes repräsentativ?
- Was versucht Ihr Kind Sie zurzeit zu lehren?
- Gibt es eine Zeit in Ihrem Leben, in der Sie solche Gefühle erlebt haben?

Wenn Sie die letzte Frage mit Ja beantwortet haben, empfehle ich Ihnen, etwas zur Heilung Ihres inneren Kindes zu unternehmen.

Es gibt viele Möglichkeiten, das zu tun: Wie in meinem Buch beschrieben, können Sie sogar Ihre eigene Geschichte ändern. Für den schnellsten Weg halte ich jedoch die THP-Methode von Randall Oppitz (TheHealProcess.com). Hier eine Kurzfassung: Randalls THP-Arbeit beruht auf dem physikalischen Gesetz, dass Energie nicht erschaffen oder zerstört werden kann. Alle Gedanken, Gefühle und Emotionen sind Energien, die verwandelt werden wollen. Zu lernen, wie das geht, ist der Schlüssel zur Heilung. Eine einfache THP-Übung sieht so aus: In der Absicht, zu vergeben, erlauben Sie sich selbst, alle negativen Gedanken, Gefühle und Emotionen loszulassen. Atmen Sie tief durch den Mund, bis tief in Ihre obere Brust, und erfüllen Sie dabei Ihr Herz mit Liebe. Gehen Sie dann direkt in das Gefühl hinein, das Sie verwandeln möchten, während Sie durch den Mund ausatmen und die Energie loslassen.

Arbeiten Sie mit folgenden Gedanken und Ideen:
- Was können Sie tun, um Ihre Perspektive dieser Situation zu verändern?
- Was können Sie tun, damit Frieden zu Ihrem vorherrschenden Gefühl wird?
- Holen Sie Ihr Kind zu sich in Ihre Meditation und kommunizieren Sie dort innerlich mit ihm.
- Schicken Sie Ihr höheres Selbst zum höheren Selbst Ihres Kindes, damit es ihm helfen kann.
- Umhüllen Sie Ihr Kind mit weißem Licht und lassen Sie es zu seinem höchsten Wohl frei.

Hier ist eine andere Sichtweise: Wenn sich Indigos so verhalten, dass Sie sich die Haare raufen, können Sie versuchen, sich selbst zu verändern, statt Ihr Kind umkrempeln zu wollen. Wenn es Menschen in Ihrem Leben gibt, deren Verhalten Sie so reizt, als kratze jemand mit Fingernägeln über eine Tafel, und wenn Sie immer wieder an deren negatives Verhalten denken, halten Sie deren Schwingung (und ihr Verhalten) mit Ihrer Energie fest. Sie denken: »So sind sie eben!« Und wissen Sie was? Sie haben recht! So sind sie, solange Sie sie dafür halten! Es ist, als würden Sie Ihre Kinder zum Fasching verkleiden und die Kostüme am Körper anheften, annähen, festkleben, hintackern, zementieren. Sie haben sie ihnen übergestülpt, und da bleiben sie dann auch. Sie können allerdings auch so von Ihren Kindern denken, wie Sie sie gerne hätten. Ihre Gefühle werden sich Ihrer neuen Wahrnehmung anpassen. Damit erzeugen Sie einen Raum, in dem sie sich verändern können, sowie die Energie, die ihnen dabei hilft. Ich nenne das: Die Schwingung dessen halten, was Sie *wollen* – statt das zu fixieren, was Sie *nicht* wollen.
Als meine Tochter Heather im Teenageralter war, durchlief sie eine Phase, in der sie einfach keine Mutter haben wollte, die anders ist als andere Mütter. Wer, ich? Nun ja, ich war vielleicht wirklich ein

bisschen anders. Ich war eine »metaphysische Mutter«, die nicht herumschrie, die versuchte, etwas über Bewusstheit und Spiritualität zu vermitteln, und die ihrer Tochter sowohl Mutter als auch Freundin sein wollte. Das war einfach zu ungewöhnlich. Mir wurden die Türen vor der Nase zugeschlagen und wann immer ich Worte wählte, die sie »komisch« fand, musste ich mir anhören, warum ich nicht mal sein könne wie andere Mütter.

Zu jener Zeit fühlte ich mich als Opfer. Ich verstand es einfach nicht. Ich sagte Heather oft: »Wenn ich so eine Mutter wie mich gehabt hätte, wäre ich heute im siebten Himmel!« Aber all meine Bemühungen blieben fruchtlos. Meine Argumente stießen auf taube Ohren. Ich erzählte meinen Freundinnen meine Opfergeschichte (wie meine süße Heather zum Biest geworden war) und erhielt Antworten wie: »Tja, so sind Kinder eben.«

Eines Tages sprach ich mit einer Klientin. Ihr Sohn behandelte sie auf ähnliche Weise. Ich hörte mich ihr einen Rat geben, den ich mir selbst hätte sagen sollen: »Die Lösung ist einfach. Halten Sie ihn einfach nicht weiter in dieser Schwingung.«

Wow! In diesem Augenblick kapierte ich es. Ich hatte die Lösung für meine Opfergeschichte gefunden. Ich hörte also auf den Rat, den ich selbst gegeben hatte, und fing an, die Geschichte zu erschaffen, die ich leben wollte, und meinen Freundinnen diese Geschichte zu erzählen. Innerhalb von einem Monat begann sich Heathers Verhalten zu ändern. Ich war immer noch die komische Mutter, aber ich konnte abends mit einem Lächeln auf den Lippen und einem Herz voller Dankbarkeit einschlafen. Ich sage immer: Das Leben ist *einfach*. Es mag nicht *leicht* sein, aber wenn wir die universalen Prinzipien verstehen, können wir das erleben, was wir uns wünschen.

Im Folgenden skizziere ich kurz, wie ich vorgegangen bin:

Erster Schritt: Machen Sie sich klar, was Sie wollen!

So verrückt es auch scheint: Die meisten Menschen nehmen

sich nicht die Zeit, sich darüber klar zu werden, was sie wirklich wollen. Ohne es zu merken, beschäftigen sie sich allzu sehr damit, was sie *nicht* wollen. Überrascht musste ich feststellen, dass auch ich exakt das tat. Das Bild Heathers, die ihre Zimmertür zuknallt und mir den Satz an den Kopf wirft, von dem sie genau weiß, dass er mich am tiefsten trifft, der mich zum Weinen bringt und mir das Herz zerreißt – dieser Anblick verfolgte mich wie ein Albtraum.

Glücklicherweise können wir mit dem Wissen darum, was wir *nicht* wollen, eine neue Geschichte erschaffen – eine, die wir uns wünschen. (Es ist, als malten wir als Künstler ein Bild, das zuerst in unseren Gedanken und unserem Herzen entstanden ist.) Und während sie entsteht, fühlt es sich an, als käme sie aus unserer Seele – dem Ort, von dem alle unsere Herzenswünsche stammen.

In meinem Fall wusste ich ganz genau, was ich wollte: eine friedvolle, liebevolle und fröhliche Beziehung mit Heather – eben so, wie es gewesen war, bevor sie ihr Biest-Kostüm übergestreift hatte.

Zweiter Schritt: Leben, essen, atmen Sie – und vor allem: *Seien* Sie das, was Sie wollen!

Halten Sie die Schwingung dessen, was Sie wünschen, wie Sie sich selbst sehen und sich fühlen (möchten), jeden Augenblick des Tages aufrecht. Streben Sie für die Rolle, die Sie gerade erschaffen haben, nach dem Oscar! Und wenn Sie es mal vergessen, fangen Sie sofort wieder damit an. Hier kommt das Konzept *»Im Augenblick präsent sein«* ins Spiel.

Ich fing an, das Leben so zu visualisieren, wie es vorher gewesen war. Ich sah Heather und mich, wie wir miteinander Spaß haben und gemeinsam Zeit verbringen, ohne dass ich mich fühle, als ginge ich über rohe Eier, und ohne mich ständig zu sorgen, ob das, was ich sage, vielleicht wieder ihre Wutanfälle provoziert und sie mich den Tränen nahe bringt. Ich merkte, wie sich mit dieser Vorstellung meine Schwingung änderte. Ich fühlte mich nicht nur besser, ich konnte auch etwas von dem Groll loslassen, den ich gegen meine Tochter entwickelt hatte. Dadurch empfand ich eine fröhliche Beziehung zumindest wieder als möglich.

Dritter Schritt: Lassen Sie sich von dem, was ist, nicht irritieren!

Es werden sich vielleicht nicht sofort Ergebnisse einstellen, aber lassen Sie sich dadurch nicht vom Kurs abbringen. Bleiben Sie fokussiert und gegenwärtig – geduldig, erwartungsvoll und hoffnungsvoll. Viel zu viele Menschen geben viel zu schnell enttäuscht auf. Wenn ein Bauer Möhren anpflanzt, geht er auch nicht jeden Tag aufs Feld und wühlt im Boden, um zu sehen, wo die Möhren bleiben. Er weiß, dass sie schon wachsen werden. Die meisten Menschen lassen sich bei der Manifestation ihrer Träume zu sehr von dem ablenken, was ist (und was sie nicht wollen). Sie merken nicht, dass sie es genau durch ihren Fokus (ihre Schwingung) aufrechterhalten. *Das Universum gibt Ihnen immer, was Sie wollen, weil es der Schwingung entspricht, die Sie halten.* Lesen Sie den letzten Satz noch mal, denn er enthält eines der Geheimnisse eines glücklichen Lebens!

Im Lauf der ersten Woche verfing ich mich einige Male in dem, »was ist«. Doch immer öfter konnte ich mein erwünschtes Ergebnis auch visualisieren, wenn mir die Tür vor der Nase zugeschlagen wurde. Ich konnte die damit verbundene Freude fühlen und blieb weiter dran.

Vierter Schritt: Verspüren Sie Dankbarkeit!

Sobald Sie sehen oder fühlen, dass die erwünschte Veränderung stattfindet, schalten Sie einen Gang hoch. Intensivieren Sie Ihr Gefühl der Freude und gehen Sie erwartungsvoll zum nächsten Abschnitt dessen, was Sie sich wünschen. Dankbarkeit ist eine sehr kraftvolle Energie, und je mehr Sie die wundervollen Dinge anerkennen, die Sie erfahren, desto mehr wundervolle Dinge werden in Ihr Leben fließen.

Langsam, aber sicher wurde in Heather eine Veränderung erkennbar. Ich war davon so überwältigt, dass ich auf die Knie fallen und danken wollte – und das tat ich auch.

Ist Ihnen Disziplin das Wichtigste?

Warum haben fast alle Leute, die Elternkurse besuchen, Disziplin als oberste Priorität? Es ist ihr wichtigstes Thema und sie beten im Stillen, dass sie eine Lösung für ihr Problem bekommen, und zwar schnell. Ich spüre, wie sie mit angehaltenem Atem dasitzen und darauf warten, befreit zu werden – befreit von all dem Schimpfen und Schreien, Bitten und Betteln, Verhandeln, Überreden, Jammern und Drohen. Kein Stress mehr, kein Chaos, keine Schuldgefühle oder Machtkämpfe – Sie wissen, was ich meine. Genauso wie alle anderen Menschen hoffen Eltern auf einen Zustand voller Frieden und Harmonie, eine Welt voll offener Kommunikation, Kooperation, Verantwortungsbewusstsein, positiver Problemlösungskompetenz, Selbstmotivation – und vielleicht sogar eine Welt, in der man Spaß haben kann.

Haben Sie je in einem Laden eine Auseinandersetzung zwischen einem Elternteil und einem Kind erlebt? Ich bin sicher, Sie kennen diese Situation: Die Mutter oder der Vater würden vor Peinlichkeit am liebsten im Erdboden verschwinden. Warum? Nun, wir leben in einer Welt, in der wir ein Kind, das sich schlecht benimmt, für ein schlechtes Kind halten. Und wer steht neben dem »schlechten Kind«? Natürlich ein *schlechter Vater* oder eine *schlechte Mutter*. Und niemand möchte wie ein schlechter Vater oder eine schlechte Mutter wirken. Aus dieser Angst heraus meinen wir, als Eltern müssten wir unsere Kinder so formen, kontrollieren, manipulieren und disziplinieren, dass sie gute Kinder sind. Das macht uns dann zu guten Eltern – zumindest sieht es nach außen hin so aus.

Bitte verstehen Sie mich nicht falsch: Ich will hier niemanden beschuldigen oder anklagen. Solange wir in einer Welt des Chaos leben, die von Angst, Hass, Vorurteilen, Bestechlichkeit und moralischer Schwachheit geprägt ist, können wir von unseren Kindern nicht erwarten, dass sie auf wundersame Weise wahrhaftig, mitfühlend, respektvoll, moralisch stark, selbstbewusst, bedingungslos liebend und vertrauensvoll sind.

Die Menschen sind der Mikrokosmos, und die Welt ist der Makrokosmos. Wenn Sie sehen wollen, wohin sich die Menschheit entwickelt, brauchen Sie nur eine Zeitung aufzuschlagen oder die Nachrichten einzuschalten. Was Sie dort sehen, sind *unsere* Geschichten, der energetische Spiegel dessen, was in uns vor sich geht. Jeder Gedanke, jedes Gefühl und jede Entscheidung, die wir treffen, führen uns auf einen Weg. Die gute Nachricht ist, dass jeder von uns seinen eigenen Weg erschafft – wir müssen es nur wahrnehmen!

Sobald wir erkannt haben, dass unsere Kinder nicht *verkehrt* sind, dass sie nicht anders gemacht werden müssen, können wir auch sehen, dass es keine *schlechten* Kinder sind. Es sind vielleicht entmutigte Kinder – und wir sind es, die sie entmutigen. Eigentlich sind sie ziemlich wundersame Wesen, die bewusster sind als wir selbst.

Ich will keineswegs behaupten, dass jemand seine Kinder absichtlich entmutigt. Unser mangelndes Verständnis, *wer* diese Kinder sind, und unser stressiges Leben bewirken jedoch, dass wir entweder meinen, wir kriegen das mit der Elternschaft schon irgendwie hin, oder dass wir keine Zeit oder keine Ambitionen haben, uns darin fortzubilden. Ich finde es immer wieder erstaunlich, dass ein großer Teil meines Publikums aus Großeltern besteht, die vermuten, dass ihre Enkel nicht so versorgt würden, wie sie es brauchen. Und sie wissen nicht, wie sie es ihren Kindern vermitteln sollen, ohne ihnen das Gefühl zu geben, dass sie sich einmischen wollten. Das ist doch interessant, oder? Nun, die gute Nachricht ist, dass wir auch diejenigen sind, die unsere Kinder ermutigen können, und es ist nie zu spät, es zu lernen.

Es ist an der Zeit, aufzuwachen und uns der Lügen bewusst zu werden, an die wir glauben, die wir leben und die wir unseren Kindern vermitteln. Ich gebe der Gesellschaft nicht die Schuld daran – das würde dieser ohnehin chaotischen und überforderten Welt nur noch mehr Urteile aufhalsen. Ich meine jedoch, dass die ersehnte Veränderung aus unserem Inneren kommen kann, wenn wir uns zuerst auf unsere eigene Heilung konzentrieren, wenn wir aufwachen und uns unseres Lebens und unserer Elternschaft ganz bewusst sind.

Schauen wir uns ein paar Strategien an, die auf dieser Grundlage gut funktionieren.

Machtkämpfe auflösen

Bei allen meinen Begegnungen mit Eltern waren Machtkämpfe das wichtigste Thema der Rubrik Disziplin. Eigentlich nicht erstaunlich, denn wir sind überall davon umgeben. Sei es in der Politik, in der Wirtschaft, in Beziehungen, in der Medizin oder sonst wo: Jeder will es so haben, wie er es als richtig empfindet – als gäbe es nur einen einzigen richtigen Weg. Das Leben wird sehr mühsam, wenn das Ego außer Kontrolle gerät, und die Evolution unseres Bewusstseins steckt noch tief im Ego. Wohin führt das?

Ich spreche über das Thema Machtkämpfe vor den unterschiedlichsten Menschen, von Elterngruppen bis zu Unternehmensberatungen. (Machtkämpfe sind auch in der Unternehmenswelt ein großes Thema. Diese Leute mögen zwar Designermode anhaben und teure Autos fahren, aber sie reagieren oft trotzdem noch wie Fünfjährige.) Das Erste, was ich meistens zu dem

Thema sage, ist: »Nimm dein Segel aus ihrem Wind.« Wenn keiner zum Ringkampf antritt, gibt es keinen Kampf! Es ist jedoch wichtig, noch ein wenig tiefer zu gehen und nachzusehen, wo der Konflikt eigentlich herrührt.

Wenn Sie mit jemandem in einen Machtkampf verwickelt sind und ich Sie frage, was Sie in dieser Situation am liebsten tun würden, dann lautet die Antwort meistens, wenn Sie mal ganz ehrlich sind: »Dem anderen Macht wegnehmen.« Das wären vielleicht nicht genau Ihre Worte, aber wenn Sie dabei auf Ihre Gefühle achten, werden Sie merken, dass es genau darauf hinausläuft. Wir sind einfach alle darauf programmiert: Auge um Auge. Oder: Die Wiederholung dessen, was man schon als Fünfjähriger tut, wenn man es dem anderen »wiedergeben« will.

Man könnte sich aber auch fragen: *Was würde ein bewusster Mensch in dieser Situation tun?* Die Antwort lautet: Er würde einen Weg finden, wie sich die andere Person mächtiger fühlen könnte!

Wer einen Machtkampf anzettelt, fühlt sich offenbar ohnmächtiger als sein Gegenüber. Ein bewusster Mensch versteht das und versucht dem anderen zu helfen, sich mächtiger und wertvoller zu fühlen.

Für all die Eltern, die unter den Machtkämpfen in ihrem Zuhause leiden, schließe ich hier ein paar praktische Hinweise an, was Sie tun können:

1. Lassen Sie sich von Ihrem Kind auf eine Weise helfen, die Sie beide gemeinsam auswählen. Dazu könnte gehören: einkaufen, Pflanzen gießen, Schecks ausfüllen, einen Ausflug vorbereiten, Geschirr spülen, Kleider waschen, Essen vorbereiten – natürlich jeweils dem Alter angemessen. Allerdings gibt es die unterschiedlichsten Vorstellungen davon, was altersgemäß ist. Nach meiner Überzeugung kann ein Kind, das groß genug ist, auf den Trockner zu greifen, auch beim Zusammenlegen der Wäsche helfen.

Und wenn es alt genug ist, die Knöpfe der Waschmaschine zu erreichen, kann es seine eigene Wäsche waschen.[18] Dann gibt es auch kein Theater mehr, weil die »richtige« Hose noch nicht wieder sauber ist.

Hier ist ein weiteres Beispiel: Ein Mann hatte seine Frau verloren und zog seinen Sohn alleine auf. Der Junge war depressiv und hatte sein Leben immer mehr losgelassen; er traf sich nicht mehr mit seinen Freunden, hatte kein Interesse an Schulprojekten und ging nicht mehr zum Sport. Als ich in meinem Kurs zu diesem Thema kam, meinte der Vater, er könnte seinem Sohn vielleicht helfen, sich etwas machtvoller zu fühlen. Er dachte nach, wie er es bewerkstelligen könnte. Der Vater hatte einen Laden, also beschloss er, seinen Sohn zu fragen, ob er ihm samstags im Laden aushelfen könne. Der Sohn war einverstanden. Dann überlegte der Vater lange, welche Tätigkeit dem Sohn wohl das Gefühl von Bedeutung geben würde. Er hatte die Idee, ihn an der Bezahlung der Rechnungen zu beteiligen. Als er seinem Sohn den Vorschlag unterbreitete, leuchteten die Augen des Kindes auf. (Um es genau zu sagen: Der Vater sammelte die Rechnungen und trug seinem Sohn auf, zu entscheiden, welche davon am dringendsten zu bezahlen seien. Natürlich bezahlte er sie letztendlich alle, aber es verlieh der Aufgabe ein wenig mehr Gewicht. Sein Sohn füllte dann die Schecks aus, der Vater unterschrieb sie; der Sohn adressierte die Briefumschläge und verschickte sie.)

Nach ein paar Wochen traf der Vater beim Joggen einen alten Freund seines Sohnes. Mit Freude hörte er, dass sein Sohn seinen Freunden erzählte, der Laden komme kaum noch ohne ihn aus. Nach kurzer Zeit gehörten auch wieder Freundschaften, Aktivitäten und Sport zum Leben des Jungen.

2. Teilen Sie Ihren Kindern Ihre Gefühle mit und lassen Sie es zu, dass Ihre Kinder für Sie da sind. Angenommen, Sie fühlen sich an einem Tag nicht so gut und werkeln so vor sich hin – und Ihr Kind fragt Sie, was los ist. Was würden die meisten Eltern antworten? Ich habe Hunderten von Teilnehmern diese Frage gestellt und die Antwort war immer: »Nichts!« Diese Reaktion scheint ebenfalls osmotisch von Generation zu Generation weitergegeben zu werden.

Der erste Grund, weshalb sie unangemessen ist: Die unaufrichtige Antwort bewirkt, dass die negative Programmierung, Gefühle seien etwas Gefährliches oder Unangenehmes, das man besser verdrängt, wieder an die nächste Generation übermittelt wird. Als Therapeutin kann ich Ihnen sagen: Eines der größten und am weitesten verbreiteten Probleme liegt darin, dass die meisten von uns gefühlstaub sind, weil es uns irgendwann in unserem Leben beigebracht wurde.

Ein weiterer Grund, der gegen eine solche Antwort spricht: Die meisten Indigo-Kinder sind sehr begabt darin, zu merken, was andere Menschen fühlen, manchmal sogar denken. Das mag manchem seltsam erscheinen, aber es ist so. Mit solchen Antworten vermitteln wir diesen brillanten Kindern, die unsere Welt verändern können, dass ihre Fähigkeit unerwünscht oder ihre Wahrnehmung falsch sei. Beides gehört zum Schädlichsten, was wir ihnen antun können – abgesehen davon, sie mit Medikamenten vollzustopfen.

Nehmen wir an, Sie haben Streit mit Ihrem Mann, und Ihr Kind fragt, was los ist. Sollen Sie dann sagen: »Dein Vater ist ein Blödmann!«? Natürlich nicht. Aber Sie können sagen: »Papa und ich sind uns im Moment nicht einig und das löst in mir Gefühle aus.« Wahrhaftigkeit hilft sowohl Ihren Kindern als auch allen anderen um Sie herum. Wahrheit macht frei, sagt der Volksmund. Sicher, ich weiß, nur bewusste Menschen wären in der Lage, so zu reagieren. Aber lesen Sie nicht genau deswegen dieses Buch?

3. Lassen Sie sich von Ihrem Kind irgendetwas beibringen – was auch immer es sei. Als ich mir zum Beispiel vor Jahren meinen ersten Computer kaufte, hatte ich keinen blassen Schimmer von der Technik. Also bat ich meine Tochter, es mir beizubringen. Sie lebte damals zwar weit weg an der Westküste, aber wir machten zweimal pro Woche Unterricht per Telefon. Als ich mal mit einer ihrer Freundinnen sprach, hörte ich: »Heather findet es toll, dass sie Ihnen etwas beibringen kann!« Meinen Sie nicht, das hat ihr das Gefühl vermittelt, stark und wertvoll zu sein?

4. Bitten Sie Ihre Kinder um Rat. Sie können zum Beispiel fragen, was Sie heute anziehen sollen. Oder Sie erzählen von einem Konflikt mit einer Arbeitskollegin und fragen Ihr Kind nach seiner Ansicht. Sie werden erstaunt feststellen, dass diese Kinder mit Antworten aufwarten, mit denen man nie gerechnet hätte – wenn man bereit ist, ihnen zuzuhören.

Bevor Sie die Lektüre dieses Kapitels beenden und das Buch weglegen, bitte ich Sie, sich ein Blatt Papier und einen Stift zu nehmen und fünf verschiedene Arten zu notieren, wie Sie im Lauf der nächsten Woche Ihre Kinder ermutigen und ihnen das Gefühl vermitteln wollen, stark und wertvoll zu sein. Nächste Woche können Sie dann eine neue Liste aufstellen. Denken Sie daran: *Veränderung geschieht erst, wenn Sie sich verändern!*

Wo alles zusammenkommt: die Familienkonferenz

Es ist klar, dass das traditionelle Bild von Familie heutzutage kaum noch existiert. Wir können nicht erwarten, dass unsere Welt friedlich, liebevoll und harmonisch ist, wenn in unseren eigenen Familien das Chaos herrscht. Wir rennen durchs Leben und gelangen doch nirgendwo hin. Wir versuchen, uns um das zu kümmern, was wir für das Wichtigste im Leben halten, und für die meisten von uns ist es das liebe Geld. Natürlich, ich verstehe schon, es gibt immer so viel zu tun und so wenig Zeit und … Nun, ich will diese Geschichten nicht weiter ausführen. Es sind eben unsere Geschichten. Ich möchte lieber darauf eingehen, wie Sie dazu beitragen können, dass aus Ihrer Familie eine Gruppe liebevoller, respektvoller, bewusster, fröhlicher Menschen wird. Ich stelle vor: die Familienkonferenz!

Als ich über das Thema Familienkonferenz nachdachte, erinnerte ich mich anfänglich daran, wie ich als Kind mit meinem Vater seine Lieblingswestern im Fernsehen sah. In den Westernstädtchen gab es immer Einwohnerversammlungen. Dieses alte Ritual wird heute noch abgehalten, und zwar aus dem gleichen Grund, warum wir eine Familienversammlung abhalten: Es gibt allen das Gefühl, beteiligt zu sein, zusammenzuarbeiten, als Gruppe die Verantwortung zu übernehmen und sich gegenseitig zu unterstützen. Die Familienkonferenz bildet ein Forum, auf dem jeder seine Meinung in einem sicheren Rahmen äußern kann. Um diese Sicherheit zu gewähren, gilt unbedingt: Während der Sitzungen ist keine Kritik erlaubt; nur kreative Gedanken sind erwünscht!

Familienkonferenzen können sehr erfolgreich helfen, Probleme zu lösen und gleichzeitig Spaß zu haben. Spaß ist wichtig, sonst kommt keiner. Als Erwachsene verlieren wir den Kontakt zu unseren Kindern, wenn wir unsere eigenen Kindheitserinnerungen vergessen. Wir vergessen, wie es als Jugendlicher war, all die Gefühle, die uns erfüllten, als unsere Eltern die Feinde waren. Erinnern Sie sich noch daran? Vergessen bringt einen ins Feindeslager und behindert die Beziehung zu den eigenen Kindern.

Hier sind ein paar Ideen für den Rahmen Ihrer Familienkonferenz:

Wer nimmt teil: Alle, die zur Familie gehören, ohne Ausnahme!

Wann und wo: Halten Sie die Familienversammlung immer am gleichen Tag und zur gleichen Zeit ab, dann wissen alle Bescheid und können es bei ihren Plänen berücksichtigen. Schalten Sie den Anrufbeantworter ein und stellen Sie klar, dass es sich für alle um eine wichtige Angelegenheit handelt. Wählen Sie einen Ort, der Wärme und Sicherheit ausstrahlt und auch ein wenig Spaß zulässt.

Was tun: Schaffen Sie Platz am Kühlschrank oder an einer Pinnwand, um die Themen für die nächste Familienkonferenz zu sammeln. Dazu gehört alles, was an Problemen auftaucht und ein paar Tage warten kann. Wenn Johnny seine Schwester an den Schnürsenkeln packt und aus dem Fenster baumeln lässt, müssen Sie natürlich sofort einschreiten! Alles andere wird in der Familienversammlung verhandelt; dort werden alle Alternativen erörtert, die zu bewussten Lösungen führen können.

Bevor Sie mit der Versammlung beginnen, sollten Sie als Familie noch einmal die Absicht vertiefen, was Sie hier wollen, zum Beispiel allen Schwierigkeiten auf friedliche, harmonische und liebevolle Weise begegnen, klare Lösungen formulieren und machbare Schritte zu ihrer Umsetzung entwickeln.

Bei jedem Treffen benennen Sie einen Vorsitzenden und einen Schriftführer. Die leitende Person sorgt dafür, dass alle beim Thema bleiben, und der Schriftführer macht Notizen, was besprochen und beschlossen wurde. Wenn man danach die festgehaltenen Punkte ausdruckt, können sich alle leichter erinnern. Das Endergebnis vergegenwärtigen sich alle gemeinsam als inneres Bild oder als Kurzfilm. Im Lauf der Woche können Sie diesen kleinen Film immer mal wieder ablaufen lassen, zum Beispiel beim Abendbrot, und so die Manifestation des Erwünschten unterstützen.

Beenden Sie die Versammlung so, dass es allen Vergnügen bereitet. Denken Sie daran: Es ist höchst wichtig, Spaß zu haben. Ohne Spaß will keiner mitmachen. Schauen Sie sich danach gemeinsam einen Film an, lassen Sie Pizza kommen oder beschäftigen Sie sich gemeinsam mit einem Spiel, das allen Spaß macht.

Zusammenfassung

Es ist durchaus möglich, ein friedvolles und fröhliches Zuhause zu schaffen, wenn Sie das möchten – egal wie schwierig es in den Augenblicken erscheinen mag, in denen Sie sich die Haare raufen könnten. Wie gesagt: Es ist einfach, aber nicht leicht. Der erste Schritt besteht darin, dass Sie sich bewusst machen, wer Sie sind und wer Ihre Kinder sind. Der zweite Schritt ist, zu verstehen, wie Sie Ihre Wirklichkeit erschaffen. Gegenwärtig zu sein ist der dritte Schritt, und die Entwicklung einer wundervollen Beziehung zwischen Ihnen und Ihren Kindern ist das Wunder, das sich dann entfaltet.

Die Indigo-Jugendlichen
von Becky Engler Hicks

Becky Engler Hicks ist eine außergewöhnliche Expertin in Elternfragen; sie verfügt über eine enorme Erfahrung und einen vielfältigen Ausbildungshintergrund. In ihrer Doktorarbeit befasste sie sich am Santa Barbara Graduate Institut mit vorgeburtlicher Psychologie, nachdem sie ihren Master in Tanztherapie an der UCLA erworben und sich als Fachfrau am Mount Holyoke College engagiert hatte. Becky gründete »The Mothering Coach« und ist Leiterin von »Baby Bright Infant Learning«. Sie war außerordentliche Professorin für Tanztherapie an der Washington University in St. Louis und hat am Barnes-Jewish Hospital mit Säuglingen, Kindern, Jugendlichen und Erwachsenen gearbeitet. Ihre innovativen Programme hat sie bei mehr als 400 Säuglingen und ihren Eltern eingesetzt. Sie wirkte an der Villa Majella in Santa Barbara, Kalifornien, als Elternberaterin und arbeitet gegenwärtig am Conscious Parenting Center St. Louis. Sie ist Mutter von zwei erwachsenen Töchtern, Stiefmutter von drei weiteren Töchtern und dreifache Großmutter. Ihre Kinder waren ihre wichtigsten Lehrer.

Indigo-Jugendliche sind kluge, begabte, empfindsame und mitfühlende Individuen. Sie müssen allerdings manchmal gezielt dafür gewonnen werden, ihre persönlichen Interessen und ihre Fürsorge für ihre Mitmenschen zu entwickeln.

Ich hatte das Vergnügen, als körperzentrierte Psychotherapeutin in meiner Praxis mit diesen Menschen zu arbeiten. Man schickt mir diese Jugendlichen, um ihnen zu helfen, ihre Probleme und ihren Stress kreativ zu überwinden, und um ihnen psychotherapeutische Hilfe bei akuten depressiven Störungen zu bieten. Für viele ist es hilfreich, sich kreativ zu bewegen und durch Konzentration auf ihren Körper wahrzunehmen, wo sie verschiedene negative und positive Emotionen spüren, damit sie ihre Persönlichkeit in einer sicheren Umgebung erkennen und zum Ausdruck bringen lernen. Ich ermutige sie von Anfang an, ihr starkes, erleuchtetes, authentisches, spirituelles Selbst zu entdecken. Das motiviert sie, zu lernen und die Meisterschaft zu entwickeln, die in vielen Fällen fehlt. Sie müssen ihre persönliche Weisheit erkunden und die Möglichkeit erhalten, ihre Erkenntnisse mitzuteilen.

Ich habe beobachtet, dass sie liebend gerne improvisieren, singen, tanzen, malen, Geschichten erzählen und schreiben. Viele von ihnen sind nonverbale Kommunikatoren. Oft sind sie über ihre Eltern und Lehrer frustriert, die ihnen nicht die Freiheit zu tiefer kreativer Arbeit geben, und nicht die Zeit, ihre Gefühle zu erkunden und sich auf vielerlei Seinsebenen zum Ausdruck zu bringen. Sie brauchen sowohl zu Hause als auch in der Schule die Schönheit der Natur, der Kunst und der Musik, um ihre Sensibilität zu entwickeln. Sie brauchen es, geliebt zu werden.

Viele besonders sensible Indigos wurden durch vielerlei negative Situationen zu Hause und in der Schule verletzt. Es beginnt mit schädlichen Programmierungen in ihrer frühen Kindheit, die zu Problemen im Selbstbewusstsein führen. Manchmal werden Entwicklungschancen der Bindungsfähigkeit und des Nervensystems verpasst, weil die Eltern ihren Berufen nachgehen und zu kritischen Zeiten nicht ausreichend anwesend waren.

Indigos sprechen gut auf ausdrucksstarke Methoden aus der Kunsttherapie an, weil sie interessant und persönlich sind. Therapeutische Ansätze mit inneren Bildern, Atem- und Traumarbeit, Sandkastentherapie sowie Kunst-, Tanz- und Musiktherapie ermöglichen es ihnen, leicht an unterbewusstes Material zu gelangen, das in ihrem Körper, in ihrem Geist und in ihrer Seele vergraben ist. Für manche Indigo-Jugendlichen ist es so befriedigend, die Wahrheit über ihre Situation und eine Bestätigung ihrer Sicht der Wirklichkeit zu erhalten, dass sie keine Suchtmittel brauchen, um diese Wahrnehmungen abzublocken. Manche meiner Klienten kommen mit sehr frühen, sogar vorgeburtlichen Erinnerungen in Kontakt: Sie waren womöglich nicht erwünscht, fühlten sich im Mutterleib vergiftet oder bei der Geburt nicht auf liebevolle und nährende Weise willkommen.

Wenn sie mir als Therapeutin zutrauen, dass ich sie unterstütze, lernen sie auch, sich selbst zu vertrauen. Dann können sie sich auf natürliche Weise der ältesten Quelle ihres Schmerzes zuwenden. In der Therapie können frühe negative Einprägungen mit Aufmerksamkeit und Absicht geklärt werden. Solche emotionalen Lösungen müssen sehr aufmerksam und im Tempo des Klienten begleitet werden. Der innere Zugang zu traumatischen Ereignissen aus der Kindheit dieser Jugendlichen ist ein simpler

Prozess der Selbstfindung. Es wirkt erleichternd, wenn die wenig optimalen Muster erkannt und losgelassen werden können. Das hilft, das Selbst zu heilen, das durch frühe Fehler in der Entwicklung verletzt wurde.

Die Jugend ist eine sehr gute Zeit zur Selbstreflexion, für persönliches Wachstum und therapeutische Interventionen, damit die emotionalen Probleme nicht ins Erwachsenenalter hineingetragen werden, wo sie das Individuum sehr behindern und stören können. Spontane, nonverbale, imaginative, körperzentrierte Arbeit wirkt befreiend und dient den Indigo-Teenagern als wertvolle Ressource. Diese meist auf die rechte Gehirnhälfte orientierten Jugendlichen profitieren von fließenden und intuitiven Ansätzen, durch die sie sich in ihrem eigenen Tempo entfalten, beruhigen und an die Quelle anschließen können. Sie fördern auch eine energetische Klärung, was zu mehr Gesundheit und Ganzheit und zur somatischen Integration von Gefühlen führt.

Ich bin ein Indigo. Ich habe zwei erwachsene Indigo-Töchter und zwei Kristall-Enkel. Mir ist klar, was nötig ist, um uns zu verstehen. Die intuitive Wahrnehmung meiner eigenen Bedürfnisse hat mein ganzes Leben lang meine kreative Arbeit beeinflusst. Sowohl meine Familie als auch meine Klienten aller Altersstufen genießen meine fürsorgliche und spielerische Herangehensweise. Wir alle brauchen ein sensibles, intelligentes Miteinander, ein offenherziges Geben und Nehmen sowie Möglichkeiten, uns selbst zu erforschen und unsere Einzigartigkeit auf entspannte und schöne Weise zu entdecken. Mögen wir alle in Schönheit über diese Erde wandeln. Mögen wir alle an jedem Punkt unserer Entwicklung den Mut finden, unsere menschlichen Fähigkeiten zu entfalten.

Nährstoffe, die Indigo-Kindern helfen können
von Howard Peiper

Dr. Howard Peiper ist ein landesweit anerkannter Experte in ganzheitlicher Medizin. Seit über 30 Jahren ist er im Bereich Heilung, Gesundheit und Naturheilkunde als Heilpraktiker, Autor, Referent und Berater tätig. Er arbeitet für Magazine, fürs Radio und für die Fernsehsendung »Partners in Healing«.
Howard hat viele Bücher über Ernährung und Gesundheit geschrieben, darunter 12 Bestseller, und wurde für sein Werk für den Pulitzerpreis nominiert. Weitere Informationen über ihn finden Sie unter www.walkthetalkproductions.com

Welche Nahrungsergänzungsmittel brauchen wir wirklich? Wir sollten nur das nehmen, was wir nötig haben. Die meisten Menschen brauchen Spurenelemente, Verdauungsenzyme, Polysaccharidpeptide und essenzielle Fettsäuren. Darüber hinaus ist es eine individuelle Angelegenheit.

Menschen, die bestimmte Mangelsymptome aufweisen, sollten die entsprechenden Vitamine oder Mineralien aufnehmen, wie Magnesium, Zink oder Vitamin B_6. Im Allgemeinen ist es jedoch sinnvoll, natürliche Vitamin- und Mineralstoffkomplexe zu nehmen, um den Körper im Gleichgewicht zu halten (Homöostase) und nicht durch einen unkontrollierten Konsum von Nahrungsergänzungsmitteln neue Probleme zu erschaffen.

Polysaccharidpeptide (PSP)

Ein Grund, weshalb viele Kinder und Erwachsene unter Konzentrationsschwierigkeiten leiden, liegt in einem Mangel an Nährstoffen im Gehirn – Nährstoffe, die durch die Schutz-

234

schicht zwischen Blut und Gehirn (Blut-Hirn-Schranke) dringen müssen. Die Funktion des Gehirns hängt von sogenannten Neurotransmittern ab, die in der Informationsübertragung wie elektrische Schalter funktionieren und letztendlich für alle Funktionen des Körpers verantwortlich sind. Hat das Gehirn nicht genügend Neurotransmitter zur Verfügung oder fehlt es an den Nährstoffen, aus denen sie gebildet werden, entsteht eine Art biochemischer Kurzschluss.

Polysaccharidpeptide sind ein Nährstoffkomplex für die Hirnfunktionen, die Zellreparatur, die Verdauung, den Stoffwechsel, den Blutzuckerhaushalt und das allgemeine Körpergleichgewicht. Ärzte in Thailand, Malaysia und USA haben in vorläufigen klinischen Beobachtungen festgestellt, dass sich bei Kindern und Erwachsenen, die mit ADS oder ADHS diagnostiziert wurden, durch PSP deutliche Verbesserungen ergaben.

Spurenelemente

Bei mindestens elf Spurenelementen wurde festgestellt, dass sie für die menschliche Entwicklung und Gesundheit essenziell notwendig sind. Dies sind Kupfer, Eisen, Zink, Kobalt, Jod, Molybdän, Mangan, Vanadium, Selen, Chrom und Fluor.

Ein Mangel an Spurenelementen kann Ängstlichkeit, Konzentrationsstörungen und Probleme mit dem Kurzzeitgedächtnis bewirken. Ernsthafte Depressionen, unter denen einer von 48 amerikanischen Jugendlichen leidet, konnten mit einem Mangel an Kupfer, Molybdän, Vanadium und Zink in Zusammenhang gebracht werden. Ein Mensch, der zu wenig Kupfer und Chrom hat, kann auf der zellulären Ebene Probleme mit dem Blutzucker bekommen. Außergewöhnliche Schwankungen im Blutzuckerspiegel können höhere Gewaltbereitschaft, Stimmungsschwankungen, Erschöpfung und Reizbarkeit bewirken.

Eine ausreichende Menge an Mineralien in einem ausgeglichenen Verhältnis ist für die Gesundheit wichtig.

Mineralien sind die Grundbausteine. In wässriger Lösung werden sie zu Elektrolyten, den Funken des Lebens.

Enzyme

Enzyme sind von entscheidender Bedeutung, um innere Reinheit, Gesundheit, Jugend und Kraft zu erhalten. Ohne sie stehen dem Körper weder Proteine noch Vitamine oder Mineralien zur Verfügung. Enzyme verfallen nach ihrem Einsatz und müssen daher ständig ersetzt werden. Gekochte Nahrung entzieht dem Körper seine Enzymreserven und vermindert damit die wertvolle »Arbeitskraft« des Körpers.

Enzyme entstehen in der Bauchspeicheldrüse. Wenn gekochte und stark verarbeitete Nahrung bei jeder Mahlzeit Enzyme abzieht, ermüdet die Bauchspeicheldrüse. Das beeinträchtigt das Immunsystem und verschlimmert unter Umständen die Symptome von ADS oder ADHS. Rohkost enthält Enzyme, aber der Kochvorgang zerstört sie. Die Nahrung ist dann nur durch den Einsatz der Enzyme aus der Bauchspeicheldrüse verdaulich. Gelangt unverdaute Nahrung in den Verdauungstrakt, fördert das Bakterien und Parasiten. Wenn die Verdauung nicht richtig funktioniert, können die Proteine auch nicht in Aminosäuren aufgespalten werden, die dann wiederum kein für das Gehirn notwendiges Serotonin produzieren können.

Essenzielle Fettsäuren

Bei all den Lobeshymnen auf fettfreie Diäten und Low-Fat-Produkte könnte man meinen, Fett sei der schlimmste Feind des

Körpers. Dem ist jedoch nicht so. Manche Fette wie die Omega-3- und die Omega-6-Fettsäuren sind lebenswichtig. Der Körper kann sie nicht selbst herstellen, daher müssen sie mit der Nahrung aufgenommen werden. Viele Menschen leiden unter einem Mangel an diesen Fettsäuren, weil ihre Nahrung nicht genug davon enthält.

Essenzielle Fettsäuren helfen bei der Übertragung von Nervenimpulsen, die zur normalen Gehirnfunktion nötig sind. Deswegen spielen sie bei Menschen mit ADS und ADHS eine Rolle. Das Gehirn besteht zu ungefähr 60 Prozent aus Fett. Genauso wie der Körper zu 75 Prozent aus Wasser besteht und deswegen täglich seine Wasserzufuhr benötigt, um zu überleben, braucht das Gehirn essenzielle Fettsäuren.

Die essenziellen Fettsäuren tragen auch zur Gesundheit von Herz und Kreislauf und zur Stressbewältigung bei. Sie helfen bei Hautproblemen und beim Sehen, sie fördern die Fruchtbarkeit und viele andere wichtige Körperfunktionen. Jeder braucht essenzielle Fettsäuren, aber Menschen mit ADS oder ADHS brauchen sie besonders dringend.

Grüne Nahrung

Dunkelgrünes Blattgemüse, Chlorophyll, blaugrüne Algen, Seetang, Spirulina, Kamut (Getreidesorte), Weizengras und Gerstengras können uns mit den Stoffen versorgen, die wir zur Stärkung des Immunsystems brauchen. Zusammen mit Magnesium, Calcium und anderen Spurenelementen befriedigen grüne Nahrungsmittel die grundlegenden Ernährungsbedürfnisse des Körpers.

Algen und Meeresgemüse enthalten sehr viele Mikronährstoffe. In kleinen Dosen genommen, führen sie dem Körper biologisch aktive Vitamine, Mineralien, Spurenelemente, Aminosäuren, einfache Kohlenhydrate, Enzyme, Fettsäuren, Carotinoide und Chlorophyll zu. Ihre Proteine sind sehr leicht verdaulich und der Körper kann sie leichter aufnehmen als die Proteine von Fleisch oder von anderen Gemüsesorten.

Zeolith

Zeolith ist ein erstaunliches kristallines Mineral, das verschiedene Arten von Gasen, Feuchtigkeit, Petrochemikalien, Schwermetallen und niedrig radioaktiven Elementen aufnehmen kann, die alle zu Problemen und Krankheiten wie ADS/ADHS, Autismus, Krebs, chronischer Erschöpfung, Fibromyalgie und dergleichen beitragen können.

Untersuchungen haben gezeigt, dass Zeolith leicht Blei, Cadmium, Arsen, Quecksilber und andere Schwermetalle bindet, die möglicherweise zu Verhaltensanomalien wie ADS und ADHS beitragen. Durch den Ionenaustausch mindert Zeolith die Schwermetalle im Körper. Interessanterweise scheint es die Gifte in einer bestimmten Reihenfolge zu entfernen. In den ersten paar Wochen reagiert es mit den oben erwähnten Schwermetallen, dann bindet es sich an Gifte zweiter Ordnung wie Pestizide, Herbizide und künstliche Stoffe.

Huminsäure und Viren

Es gibt mehr als 42 000 bekannte Arten von Viren und ständig findet man neue, aber nur etwa drei Prozent der bekannten Viren kann man genauer definieren, darunter die Erreger von Masern, Windpocken, Grippe, Warzen, Gürtelrose, Erkältungen und Bronchitis, die großenteils bekannte Kinderkrankheiten sind. Die Viren können sich negativ auf den Körper auswirken und damit die Fähigkeit beeinträchtigen, mit anderen Stressfaktoren umzugehen, zum Beispiel ADS und ADHS.

Virale Immunität ist die Fähigkeit des Immunsystems, Viren zu vermeiden, abzuwehren, zu neutralisieren und zu entfernen. Es gibt verschiedene Möglichkeiten, das zu erreichen: Man kann durch seinen Lebensstil, durch Ernährung und Nahrungsergänzungsmittel das Immunsystem stärken; man kann das Immunsystem mit natürlichen Mitteln kräftigen oder den Virus durch Naturheilmittel bekämpfen.

Nach Aussage vieler Wissenschaftler sind Huminsäuren die beste antivirale Lösung. Sie bilden eine Art Hülle um die Viren, sodass sich Letztere nicht mehr vermehren oder an gesunde Zellen anheften können. Dann schafft es das Immunsystem besser, mit ihnen umzugehen. Die Huminsäuren können also auf erstaunliche Weise das Immunsystem auf die Viren aufmerksam machen und die Abwehrreaktion des Körpers regulieren und stärken.

Blütenessenzen

Blütenessenzen sind eine alte Form der Medizin, die in den 1930er-Jahren wiederentdeckt wurde. Ihre verändernde Wirkung reicht tief in die emotionalen Bereiche unseres Geistes und unseres Körpers. Weil Blütenessenzen auf die tieferen Gefühle abzielen, die uns täglich begleiten, werden sie oft als »emotionale Medizin« bezeichnet.

Es gibt verschiedene Blütenessenzen, mit denen bei ADS und ADHS positive Ergebnisse erzielt werden. Eine bestimmte Formel hilft flatterhaften Kindern, sich besser zu zentrieren, ihre Gedanken besser zu erden und Herr über die Ablenkungen zu werden, die von allen Seiten auf sie einströmen. Es gibt Blütenessenzen gegen Stress, gegen Anspannungen und gegen Vergesslichkeit.

Zusammenfassung

Ich glaube, dass allzu oft Medikamente gegen ADS und ADHS eingesetzt werden, um die schulischen Leistungen der Kinder zu verbessern, um gute Noten und das Wohlwollen der Lehrer zu erwerben. Der enorme Medikamentenkonsum unserer Zeit ist ein trauriges Zeugnis für den enormen Leistungsdruck, unter dem unsere Kinder stehen. Zugunsten einer langfristigen Besserung sollten wir uns vor allem der Ernährungstherapie zuwenden.

Wie wirkt Klangheilung?

von Karyne Richardson-Meads

© SETI 2006 – genehmigter Abdruck

Wie lautet die Antwort auf die Herausforderung dieser hyperaktiven Kinder? Häufig genug werden sie zum Arzt geschleppt und dort mit einer Diagnose und einem Rezept versehen. Dient das den Kindern oder den Eltern? Gibt es andere Möglichkeiten? Kann ihr Verhalten behandelt oder positiv beeinflusst werden, ohne dass man bewusstseinsverändernde Drogen einsetzen muss? Viele glauben es.

In unserem ersten Indigo-Buch berichteten Jan und ich, dass viele Indigos mit ADS und ADHS diagnostiziert werden – so viele, dass es wie eine Epidemie wirkt. Wir haben die Gründe dafür erklärt und sind uns mit vielen anderen einig: Die meisten dieser Kinder haben weder ADS noch ADHS; ihr hoch entwickeltes Bewusstsein lässt sich nicht einfach so »herunterdimmen« und einem veralteten Schul- und Erziehungssystem anpassen. Diese Kinder sind gelangweilt und aufsässig; sie tun, was sie können, um mit ihrer Frustration fertig zu werden und Aufmerksamkeit zu erhaschen.

Aber manche Kinder haben wirklich ADS, ADHS und Lernstö-

240

rungen, die an Autismus grenzen. Was machen wir mit ihnen? Auch die Indigos sind gegen solche Störungen nicht gefeit. Man hat jedoch festgestellt, dass sie auf intuitive Behandlungsmethoden besser ansprechen als jede vorige Generation. Manche von ihnen sprengen sogar alle Vorstellungen davon, wozu Kinder in Behandlungen fähig sind.

Können Kinder selbst Balancepunkte finden? Können sie eine Hirnstörung auflösen? Haben wir es mit einer Generation zu tun, die uns ganz neu zeigen wird, was »Selbsthilfe« bedeutet? Lesen Sie weiter, denn in diesem Artikel erfahren Sie Dinge, von denen Sie höchstwahrscheinlich noch nie gehört haben und die Sie nicht so schnell vergessen werden. Indigos sind intuitiv – selbst jene, die in Schwierigkeiten stecken.

Karyne Richardson-Meads ist die klinische Leiterin von SETI (Sound Entrainment Therapies Institute). 2007 wurde sie für die Förderung durch das nationale Institut für Grenzforschung im Gesundheitsbereich (National Institutes of Health Pioneer Research) vorgeschlagen, das im Rahmen der »Sky of Dreams Ranch« ganz neuartige Programme für Kinder aller Altersgruppen entwickelt.

SETI hat eine revolutionäre Methode für akustische Neurotechnologie entwickelt, die sicher ist und Freude macht. Besondere Geräte und speziell entwickelte Softwareprogramme verändern die Geschwindigkeit, mit der Klänge an das Gehirn und den Körper weitergeleitet werden. Dabei entsteht eine Art »Defragmentierung« des Gehirns, was tieferen Schlaf, erhöhte Konzentrationsfähigkeit sowie eine verbesserte Lern- und Sprachentwicklung, ein besseres Gedächtnis und Veränderungen im Verhalten und in der Selbstwahrnehmung bewirkt.

SETI wird von Neurochirurgen und Osteopathen empfohlen, die erkannt haben, dass die multidisziplinäre Arbeit von Karyne Richardson-Meads zu neuen Antworten auf ADHS und Autismus führt. Wenn man sich zuerst um die Stresssymptome des Körpers kümmert, beginnt sich das Puzzle zu ordnen. In die Arbeit von SETI fließen Erkenntnisse aus der Umwelttoxikologie, der Logopädie, den Beziehungen zwischen endokrinen Systemen und autoimmunen Reaktionen, der Entwicklung der Neurotransmitterfunktion im Gehirn sowie der spezifischen Ernährung des Gehirns zur Verbesserung der Lernfähigkeit ein. Die Erfahrungen, die Kinder bei der »Sky of Dreams Ranch« machen können, werden Kinder mit Lernstörungen bereichern – in einem Grad, wie es nichts anderes auf der Welt vermag.

In der Stille können wir den Klang der Liebe hören.
Dort beginnt die Heilung.

Eine Familie wartet in dem runden, ruhigen Empfangsbereich darauf, dass das Kind zur Ärztin kann. Direkt links neben dem Empfang ist ein einladender, sonniger Spielbereich. Die Eltern sind von der Ostküste zu ihrem halbjährlichen Termin hierher nach San Diego in Kalifornien gereist. Eine Mitarbeiterin hat sich ein wenig mit dem Jungen angefreundet, um ihn gleich zur Ärztin begleiten zu können, ohne dass es wie in der Vergangenheit zu großem Geschrei kommt.

Es gelingt der Mitarbeiterin, das lebhafte Kind (liebevoll »Ricochet Rabbit« genannt) den Flur entlang zum Therapieraum zu führen. Nach wenigen Augenblicken, in denen die intuitive Ärztin Dr. Viola Frymann das Kind beobachtet hat, wendet sie sich an die russische Klavierspielerin, die mit im Therapieraum sitzt, und weist sie an, ein bestimmtes Stück zu spielen, das zu dem raschen Bewegungsrhythmus des Jungen passt. Auf die Klanglandschaft, die dadurch im Raum entsteht, reagiert er mit augenblicklicher Entspannung. Sein Körper wird lockerer, sein Gesicht zeigt beinahe ein Lächeln und auf Einladung von Dr. Frymann klettert er bereitwillig auf den Behandlungstisch.

Während der Behandlung bittet die Ärztin die Pianistin immer wieder, zu anderen Stücken überzugehen, die dem Körper des Kindes anbieten, mit anderen Melodien und Rhythmen mitzuschwingen. Langsam und allmählich bringt die craniosacrale Behandlung von Dr. Frymann eine gewisse Harmonie in die inneren Rhythmen des Herz-Kreislauf-Systems, der Atmung und des autonomen Nervensystems. Diese friedvolle, tiefe Therapie setzt grundlegende Heilungsprozesse in Gang. In diesem Zimmer geschieht das viele Male am Tag.

Die Kernstimmung

Laut Dr. Frymann wirkt eine Harmonisierung der zentralen Rhythmen des Körpers und des Geistes eines Kindes bis tief in die Knochenstruktur. Trotz ihrer 82 Jahre hält Dr. Frymann immer noch alle Mitarbeiter auf Trab. Ihr englischer Akzent und ihre strengen Regeln verleihen der fast 3000 Quadratmeter großen Anlage Struktur und Lebendigkeit. Hier geht es nur um die Heilung neurologisch entwicklungsgestörter Kinder. Sie erinnerte mich an die britische Internatsleiterin, die ich in meiner Kindheit hatte, sodass ich mich hier gleich zu Hause fühlte.

Um das Hören bis in die Knochen hinein geht es auch im »Osteopathic Center for Children & Families«. Man kann den Klangkörper eines Konzertflügels mit der Knochenstruktur des menschlichen Körpers vergleichen: Ist der Resonanzboden hergestellt, wird er zum Rückgrat des Instruments, zu dem Teil, der mit dem Ton schwingt und ihn verstärkt, wenn die Saiten angeschlagen werden. Werden die Saiten zum ersten Mal aufgespannt, kommt der Resonanzboden unter starken Druck. Die Saiten müssen zunächst immer wieder nachgespannt werden, um ihre Tonlage zu halten. Um ein Instrument dann immer wieder zu stimmen, braucht man mehr als einen starken Arm, der die Saiten spannen kann.

Die Tonlage der Kernoktave eines bestimmten Flügels zu bestimmen, erfordert die Hand eines Meisters. Der Klavierstimmer verbringt eine Menge Zeit und Konzentration damit, alle Tasten der Kernoktave einzustimmen. Die meisten Tasten sind mit drei Saiten verbunden, die in harmonischer Resonanz miteinander schwingen müssen, sonst klingt das Instrument schräg. Sobald die Kernoktave sitzt, werden alle anderen Oktaven und Töne auf sie abgestimmt. Das Ohr eines guten Klavierstimmers hört dabei nicht nur auf den Ton selbst, sondern auch auf die Oszillationen, die Schwingungen pro Minute.

Das Stimmen eines Kinderkörpers, der in sich selbst nicht mehr harmonisch ist, erfordert, alle Oszillationen der Körperrhythmen miteinander in Einklang zu bringen, in eine kohärente Harmonie. Das beginnt mit dem Resonanzkörper des Leibes: der Knochenstruktur. Das ist der Arbeitsbereich der osteopathischen Behandlung. Mit meisterlicher Hand lässt Dr. Viola Frymann ihre lebenslange Erfahrung mit Heilung in ihre tägliche Arbeit einfließen. Sie hört zu, sie beobachtet und spürt der Stimmung des Kindes nach, dann lädt sie seinen Körper ein, durch Musik und Osteopathie harmonischer zu werden. Wenn diese Art von Behandlung im Leben eines Kindes frühzeitig und regelmäßig erfolgt, kann sie den Rest der gesundheitlich disharmonischen Töne (also andere Probleme) wieder in Einklang bringen.

Häufiges Stimmen

Als Tochter eines hervorragenden Klaviertechnikers erinnere ich mich an Gespräche am Abendbrottisch, bei denen mein Vater von herrlichen Klavieren erzählte, die einfach nicht ihre Tonlage hielten und mehrfach im Jahr gestimmt werden mussten, nur weil sie im ersten Jahr nach der Herstellung nicht richtig eingestimmt worden waren. Könnte es eine Parallele zur Geburt eines Kindes geben? Könnte ein Mensch größere Chancen auf Gesundheit und Wohlbefinden haben, wenn mögliche Disharmonien direkt in den Wochen und Monaten nach der Geburt in Einklang gebracht würden? Aufgrund ihrer jahrzehntelangen Praxiserfahrung hält Dr. Frymann das für wahr.

Mein Vater war auch ein großartiger Opernsänger. Sein gutes Gehör ermöglichte es ihm, in den Beruf eines Klaviertechnikers zu wechseln und damit mehr Zeit für seine Familie zu haben. Mit 88 Jahren ist er immer noch gelassen, lebendig und gesund. Seine Miene und seine Gesten laden zu friedvollen Gesprächen und freundlichem Umgang ein. Er ist mein bester Lehrer. Hat er sich jeden Tag eingestimmt, so wie er seine Klaviere stimmte? Gibt es eine Beziehung zwischen Musik und körperlicher Gesundheit? Mein eigener Weg als Sprachtherapeutin hat mir das deutlich bestätigt.

Ich arbeite ebenfalls im »Osteopathic Center for Children & Families« in San Diego, nur ein paar Türen von Dr. Frymann entfernt. Ich verwende Klang-Entrainment-Therapie, um die Hörfähigkeit und die sprachliche Ausdrucksfähigkeit von Kindern zu verbessern. Ich bin Sprachpathologin und -therapeutin und verwende musiktechnologische Software und Hardware, um die Kinder dazu zu bringen, mit ihren Knochen zu hören. Das wirkt sich auf die Harmonie ihres Atems aus. Es lädt die beiden Hemisphären des Gehirns ein, zusammenzuarbeiten. Die disharmonischen Körpersysteme finden zu synchronen, kohärenten Mustern zurück. Der Prozess führt den Geist dazu, im Frieden mit dem Körper zu sein.

Mit dieser Therapie lernt das Kind, auf sich selbst zu hören, weil die Klänge zuerst durch die Knochen kommen. Dieses Auf-sich-selbst-Hören entwickelt in dem Kind die Motivation, zu lernen und mit anderen in Dialog zu gehen. Wenn man ein Kind aus dem Autismus aufwecken will, muss man hier beginnen, im stillen Kern. Das autistische Kind hat die Welt ausgeblendet. Die Klänge erschienen zu überwältigend, also verschloss es sich physisch oder psychisch. Das Erwachen des Verlangens, zuzuhören, kann nicht erzwungen werden. Wir können nur die sanfte Einladung herstellen, durch die ganzkörperliche Leitung der Knochen auf sich selbst zu hören. Wir nennen das »Präzession«.

Die Reise der Genesung

Am Institut für Klangheilung und Integrative Medizin verwenden wir für die Reise hin zur Genesung bestimmte Kopfhörer, die Mozartmusik direkt in die »Knochenleitung« vermitteln. Die Musik wird mit bestimmten Filtern versehen und ist von kleinen Hörstörungen durchsetzt, welche die winzigen Muskeln im Mittelohr trainieren. Wenn diese Muskeln unbeweglich oder schwach sind, können sie die Hintergrundgeräusche nicht ausfiltern, was zu Konzentrationsschwierigkeiten führt. Wenn sie jedoch stark und beweglich sind, übermitteln sie die hohen Frequenzen der Sprache so akkurat, dass sie vom Gehirn verarbeitet werden können. All dies gehört zu unserem kombinierten therapeutischen Ansatz. Wir haben an unserem Institut eine riesige Bibliothek von Klangprogrammen, aus denen wir das jeweils passende auswählen. Die Mitarbeiter programmieren entsprechend einen iPod, den die Familie mitsamt den speziellen Kopfhörern für die »Knochenleitung« mit nach Hause nehmen kann.

Stärkung und Ausgleich der Kernstruktur

Da wir in unserer Praxis Kinder aus aller Welt haben, bringen wir den Eltern bei, wie sie mithilfe der iPods die Therapie daheim fortsetzen können. Wöchentliche Berichte per E-Mail halten die Therapeuten auf dem Laufenden. Der Prozess soll sich in seinem eigenen Tempo entfalten dürfen. Die Reifung und die neurologische Organisation eines Kindes entwickeln sich in Phasen und Stufen.

Klangtherapeuten wissen um die Bedeutung der Pausen zwischen den Tönen. Sie sind genauso wichtig wie die Töne selbst, denn sie erzeugen den Rhythmus, den fühlbaren Klang. Bewegung ist sichtbarer Klang. Aus der Arbeit von Dr. Alfred A. Tomatis wurden derartige Heilansätze mit Klängen über Jahrzehnte hinweg weiterentwickelt. Selbst in den schwierigsten Fällen werden Monat für Monat durch die regelmäßigen Klangsitzungen zu Hause sanfte Fortschritte erzielt.

Die Knochen beeinflussen die Gesundheit unseres Blutes, des Immunsystems und des Drüsensystems. Nach Ansicht von Louise L. Hay repräsentiert das Knochenmark unsere tiefsten Überzeugungen bezüglich unserer selbst – die Art, wie wir uns um uns selbst kümmern. Wenn diese Kernstrukturen im Gleichgewicht sind, fühlen wir uns in uns selbst sicher, geliebt und unterstützt. Sind sie es nicht, entstehen ein disharmonischer mentaler Druck und Anspannung; die Muskeln können sich nicht strecken und entspannen, was wiederum zu disharmonischen Bewegungsabläufen und Verhaltensweisen führt.

Wenn unsere Knochenstruktur (unser Resonanzboden) gut gestimmt ist, können wir das Leben in aller Fülle einatmen. Wir können uns entspannen und dem Fluss und Prozess des Lebens vertrauen. Dann bleiben wir mit Leichtigkeit gesund und in Harmonie. Unsere Stimmen sind ein hörbares Abbild unserer Gesundheit. Unsere Gedanken und Gefühle fließen leicht dahin. Unsere eigene Stimme kann zu einem Musikinstrument werden, durch das wir Freundlichkeit und Freude über das Geschenk der Sprache zum Ausdruck bringen.

Innere Veränderungen

Wie sieht Klangheilung aus? Die Kinder spielen ruhig, während sie einmal am Tag eine Stunde lang den Kopfhörer aufsetzen. Die Veränderung geschieht innerlich. Die neurologische Umorganisation wird täglich stimuliert. Das führt zu mentaler und emotionaler Reifung. Das Wunder des Klangs ist immer da – wie das Sonnenlicht. Jetzt können wir es durch ein bisschen Technologie so fokussieren, dass es uns zu dem Ruhepunkt am Anfang zurückführt. Heilung geschieht – in der Praxis von Dr. Frymann und überall, wo Kinder den Klängen lauschen. Alle Möglichkeiten beginnen in der Stille.

Es gibt noch viel zu lernen. Eine ganze Generation von Kindern hat Lernschwierigkeiten und hört ihre innere Stimme nicht. Um das Potenzial dieser Kinder hervorzulocken, laden wir sie ein, auf sich selbst zu hören und dann ihre authentische Stimme zu entdecken. Die Stimme kann nur hervorbringen, was das Ohr hören kann.

Bringen Sie die Freude am Lernen in die Welt Ihres Kindes zurück! Sie sind herzlich willkommen, in den Chor einzustimmen und mit uns zusammen eine Symphonie zu erschaffen.

Es geht darum, lieben zu lernen
von Ann Callaghan

Ann Callaghan hat ihre Ausbildung am College of Practical Homeopathy in London absolviert. Sie eröffnete dann in Irland eine homöopathische Praxis für Kinder, unterrichtete selbst Homöopathie, begründete zusammen mit anderen die Irische Homöopathische Gesellschaft und leitete die Irische Schule für Homöopathie. Im Jahr 2000 schloss sie ihre homöopathische Praxis, um sich darauf zu konzentrieren, mithilfe ihrer beiden Neffen eine Reihe von

Edelsteinessenzen für Kinder zu erzeugen. Sie nannte sie Indigo-Essenzen, weil sie besonders auf die emotionalen und energetischen Bedürfnisse der neuen Kinder und ihrer Familien abgestimmt sind.

Während meiner Ausbildung als Homöopathin fiel mir ein Buch in die Hände, in dem erklärt wurde, dass der Menschheit ein riesiger Bewusstseinssprung bevorstünde und dass zukünftig besondere Kinder geboren würden, um uns bei diesem Schritt zu unterstützen. Es hieß, diese Kinder würden erleuchtet geboren und ihre Energie werde die Welt verändern. Ich war von diesen Informationen tief bewegt und beschloss in diesem Augenblick, mit Kindern zu arbeiten.

Ich machte meinen Abschluss, eröffnete eine Praxis und wartete auf die kleinen Buddhas. Meine Enttäuschung wuchs von Tag zu Tag. Die Kinder, die zu mir kamen, waren alles andere als süße, friedvolle Buddhas. Sie waren kleine Irrwische mit allen möglichen Arten von merkwürdigen Verhaltensweisen und Diagnosen. Allmählich erkannte ich, dass sie die Vorläufer der erleuchteten Kinder waren. Sie bereiteten den Weg vor. Es ist jetzt fast 20 Jahre her, dass ich dieses Buch las. Aus meiner Sicht haben wir zwar gewisse Fortschritte gemacht, aber es ist immer noch ein langer Weg. Im Folgenden beschreibe ich ein paar Dinge, die ich im Lauf der Zeit von diesen Kindern gelernt habe.

Vertraue ihnen!

Ich erinnere mich noch an den Tag, als Sean in meiner homöo-pathischen Praxis erschien. Er war neun Jahre alt und nässte jede Nacht ein. Er war schon bei diversen Therapeuten gewesen und hatte viele verschiedene Medikamente ausprobiert, aber die Situation blieb unverändert. Seans Mutter war klug und humorvoll – eine gute Mutter, wie mir schien. Sie liebte ihren Sohn sehr und wünschte sich verzweifelt, dass sich etwas an seiner Situation änderte, sowohl ihrem eigenen Wohlergehen zuliebe als auch wegen der sozialen Entwicklung ihres Sohnes.

Als Sean in mein Behandlungszimmer kam, sah er gelangweilt aus. Mit einer gewissen Höflichkeit war er bereit, eine weitere Untersuchung über sich ergehen zu lassen.

Ich wusste, Seans Fall würde nicht so einfach sein, weil er bereits eine Reihe von Therapeuten besucht hatte. Mir war klar, dass er in keine Standarddiagnose passen würde. Ich begann, ihm ein paar Fragen zu stellen, doch dann geschah etwas kaum zu Erklärendes: Wir sahen uns an – und es gab eine Art Wiedererkennen, einen Energieschub und eine Verbindung. Sein Ausdruck verwandelte sich von Langeweile in Begeisterung. Normalerweise bitte ich die Kinder, ihre Familie für mich zu zeichnen, damit ich erahnen kann, was in ihnen vor sich geht. Aber diesmal sagte ich: »Sean, ich bin mir sicher, du weißt, was du brauchst. Male mir doch einmal auf, was es ist.«

Er grinste mich an und zeichnete etwas, das ich klar als Hinweis auf ein homöopathisches Mittel erkennen konnte. Ich nahm eine Kiste, in der etwa 200 Heilmittel waren, und zeigte sie ihm. Er bewegte seine Hand aufmerksam darüber und meinte dann, das richtige Mittel sei nicht dabei.

Ich zeigte ihm eine weitere Kiste und er bewegte seine Hand darüber hin und her. Er spürte die Energie der Mittel durch seine Handfläche. Über einer Stelle blieb seine Hand schließlich stehen; er fasste in die Kiste und holte ein Fläschchen heraus. Es war genau das Mittel, das er gezeichnet hatte. Er hielt das Fläschchen in der Hand, schloss die Augen und schüttelte sich ein wenig. »Das fühlt sich schon besser an«, meinte er.

Und so war es auch. An jenem Abend machte er nicht ins Bett und einige Zeit später berichtete die Mutter, dass es seitdem nicht mehr vorgekommen ist.

Sean war mir ein wundervoller Lehrer. Er zeigte mir, dass Kinder ihr eigenes Mittel wählen können, wenn wir sie lassen. Er lehrte mich Vertrauen. Ich musste meine Ansicht loslassen, dass nur ich, die Homöopathin, wusste, was dieses Kind braucht. Meine Rolle war nicht mehr, ein Mittel zu verschreiben, sondern Partnerin in einem Heilungsprozess zu sein. Ich brauchte nur den Raum herzustellen, in dem die Kinder ihrer eigenen Intuition folgen konnten, ihnen ein paar Entscheidungsmöglichkeiten anzubieten und dem Prozess zu vertrauen.

Wir wissen, dass diese klugen Kinder auch gut damit umgehen können, wenn man ihnen in anderen Bereichen die Entscheidung überlässt, zum Beispiel bei Aktivitäten und bei der Auswahl des Essens. Warum sollte man sie nicht auch im Bereich ihrer Gesundheit entscheiden lassen? Ich glaube, wenn wir den Kindern erlauben, ihrer eigenen Intuition zu folgen, werden sie immer wissen, was sie brauchen, um sich zu heilen. Die meisten Menschen meiner Generation mussten Medizin schlucken, ob sie wollten oder nicht. Also verloren wir unsere intuitive Wahrnehmung im Hinblick darauf, was uns helfen könnte. Bei diesen empfindsamen Kindern könnten wir es anders machen. Hier haben wir die Chance, eine ganze Generation von Menschen aufwachsen zu sehen, die sich selbst heilen können.

Nach meinem Gespräch mit Sean versuchte ich, diese Verbindung auch mit den anderen Kindern herzustellen, die zu mir kamen. Immer wieder stellte ich fest, dass die Kinder mit warmer Zuneigung reagierten. Es war, als öffnete ich eine Tür oder schaltete ein Licht an. Plötzlich waren wir geistig verbunden. Ein Kind nach dem anderen zeigte mir mehr und mehr, wie wir diese Kinder unterstützen können. Ich vergleiche die Erfahrung der Indigo-Kinder in dieser Welt gerne mit dem Besuch in einem Land, dessen Sprache man nicht spricht. Der Körper ist anwesend, aber der Geist schweift oft ab. Man hört kaum zu, bis jemand uns in unserer eigenen Sprache anspricht.

Dank der Informationen, die von Menschen wie Lee Carroll

und Jan Tober verbreitet werden, wissen inzwischen immer mehr Menschen, dass diese Kinder hier eine Aufgabe haben. Sie benehmen sich nicht einfach »schlecht« oder entwickeln irgendwelche neuen Symptome. Alle Symptome und alle Verhaltensauffälligkeiten dieser Kinder dienen einem Zweck.

Liebe sie!

In meiner homöopathischen Praxis begegnete ich immer mehr Kindern mit Verhaltensproblemen und autistischen Diagnosen. Häufig war es sehr schwierig, mit ihnen umzugehen. Während ich also weiter auf die erleuchteten kleinen Buddhas wartete, bat ich einmal ein erleuchtetes Wesen, mir zu erklären, was uns diese Kinder mit ihrem Verhalten beibringen wollen.

»Bedingungslose Liebe«, war die Antwort, »weil ihr sie noch nie erfahren habt.«

»Dienen also all die Symptome und Verhaltensauffälligkeiten dieser Kinder dazu, uns, die Erwachsenen, einem Zustand bedingungsloser Liebe näher zu bringen?«

»Ja, Liebe ohne Bedingungen. Stell dir vor, meine Liebe, geliebt zu werden, egal wie du in der Schule bist, egal ob du klug und gebildet bist oder nicht, egal ob du in die soziale Norm passt oder ob du so wirst, wie deine Eltern es sich vorgestellt haben. Stell dir das einmal vor!«

»Aber wie werden sie uns das beibringen?«

»Durch eure Ängste. Sie werden alle Ängste in euch auslösen, die ihr habt, und noch ein paar, von denen ihr gar nicht wisst, dass ihr sie habt. Jede Angst, die ihr loslasst, wird euch diesem Zustand der Liebe und dem Zustand des Kindes näher bringen. Wenn ihr in diesem Zustand der Liebe und Akzeptanz leben könnt, dann werden die Buddha-Babys, wie du sie nennst, hierherkommen können.«

252

»Aaahhh ...«

Diese Informationen halfen mir, klarer zu erkennen, dass ich es nicht nur mit einer Reihe einzelner Symptome zu tun hatte, sondern mit Verhaltensweisen, die Veränderungen in der ganzen Familie und Gesellschaft zum Ziel haben.

Zum Beispiel kam ein dreijähriger Junge zu mir, den ich Patrick nennen will. Man hatte bei ihm ADHS diagnostiziert und den Eltern empfohlen, ihm Ritalin zu geben, wenn er mit vier Jahren zur Schule kommen würde. Sie waren jetzt auf der Suche nach einer Alternative.

Patrick hüpfte in mein Behandlungszimmer. Er sprang herum, rupfte ein paar Blätter von der Zimmerpflanze und kletterte auf mir herum. Ich sah seine Eltern an. Beide saßen steif auf ihren Stühlen. Sein Vater, leicht nach vorne gebeugt, schickte alle paar Sekunden die stille Botschaft »Benimm dich lieber, sonst setzt es nachher was« zu seinem Sohn hinüber. Das schien den Jungen nur noch mehr anzustacheln.

Patricks Vater war Lehrer, und sein Sohn drückte alle Knöpfe bei ihm. Er schien seine schlimmsten Befürchtungen zu verkörpern. Er kannte solche Kinder: Sie waren immer schlecht in der Schule. »Er wird durch alle Prüfungen durchfallen«, dachte sein Vater. »Er wird sozial geächtet sein; er wird auf der Straße enden.« Patricks Mutter war Krankenschwester. Auch ihre Ängste wurden bedient. Ihr geliebtes Kind würde mit Medikamenten vollgestopft. Wahrscheinlich würde man ihn in den Ferien auf Prozac setzen. »Er wird immer anders sein als die anderen. Er wird nie normal sein.« So ähnlich klangen ihre Sorgen.

Ich schaute mir das Drama eine Weile ruhig an. Dann hatte ich eine Idee. Ich sprach Patrick direkt an: »Weißt du eigentlich, dass deine Mutter dich wirklich liebt und dass dein Vater dich wirklich liebt?«

Es war, als hätte man mit einer Nadel in einen Ballon gestochen: Beide Eltern ließen sich in ihren Stühlen zurückfallen. Das Kind sah mich an, legte sich auf den Boden und schlief auf der Stelle ein.

Wenn ein Kind verhaltensauffällig wird, geraten die Eltern häufig so unter Stress, dass sie die Perspektive verlieren und sich ganz in ihren Ängsten verwickeln. Die Kinder reagieren auf diese Energie der Furchtsamkeit und der Verurteilung mit noch auffälligerem Verhalten – es entsteht ein Teufelskreis. Bei Patrick und seinen Eltern ließ sich das gut beobachten. Der Teufelskreis kann durchbrochen werden, wenn Sie sich daran erinnern, dass Sie Ihr Kind zutiefst lieben – selbst wenn Ihnen sein Verhalten auf die Nerven geht. Kinder brauchen es, täglich gesagt zu bekommen, dass sie geliebt werden, dass sie in Sicherheit sind und dass immer jemand für sie da sein wird.

Wie das erleuchtete Wesen sagte: Wir wissen nicht viel über bedingungslose Liebe, aber wir müssen sie lernen. Manche Menschen missverstehen das und meinen, man müsste seinen Kindern dann völlig die Kontrolle überlassen, sodass sie ohne Grenzen oder Respekt gegenüber anderen einfach tun und lassen dürften, was ihnen passt. Dem ist nicht so. Kinder brauchen Eltern. Diese Kinder brauchen wohlgesetzte Grenzen, faire Regeln und eine konsequente Disziplin.

Bedingungslose Liebe bedeutet, dass Sie Ihre Kinder so lieben, wie sie sind, ohne Bedingungen und Erwartungen. Ich vergleiche die Elternschaft von Indigos manchmal mit dem Aussäen einer Packung gemischter Samen: Man weiß nicht, was da wächst; es gibt keine Anleitung, man kann nur tun, was den Pflänzchen gutzutun scheint. In Patricks Fall halfen viel Liebe und ein paar homöopathische Mittel, innerhalb von zwei Monaten, Wunder zu bewirken. Er bewältigte seinen Schulanfang gut und ohne Medikamente.

Familie

Sean lehrte mich Vertrauen, und Patrick lehrte mich die Bedeutung der Liebe. Als Nächstes brachten mir diese Kinder bei, welche Rolle die Heilung der Familie spielt. Ich erkannte dies zu einer Zeit, als ich mithilfe meiner Neffen eine Reihe von Edelsteinessenzen für Kinder hergestellt hatte. Ich bat alle Kinder, die mich in meiner Praxis aufsuchten, für sich eine Essenz auszuwählen. Ich liebe es, auf diese Weise zu arbeiten, und die Kinder mögen es auch. Sie werden zu aktiven Teilnehmern ihrer Heilung. Viele der Kinder haben bereits eine ganze Reihe von Therapeuten hinter sich und haben wie Sean gelernt, die Behandlungen abwesend über sich ergehen zu lassen. Wenn man sie anspricht und einbezieht, werden sie zu begeisterten Heilern. Ich bemerkte, dass viele Kinder, nachdem sie eine Essenz für sich selbst gewählt hatten, auch welche für ihre Eltern und Geschwister aussuchen wollten. In manchen Fällen bestanden die Kinder sogar darauf, dass sie selbst gar keine Essenz bräuchten, aber ihre Mutter oder ihr Vater. Man muss die Eltern sehr unterstützen, wenn das geschieht. Als Erwachsene meinen wir oft, mit uns sei doch alles in Ordnung – nur das Kind habe ein Problem. Diese neuen Kinder erlauben es uns jedoch nicht, uns selbst zu betrügen. Wenn wir unsere eigenen Ängste beharrlich verdrängen, entwickeln die Kinder ebenso beharrlich immer mehr Probleme, bis wir uns unserer Verantwortung stellen und uns mit ihnen zusammen auf den Heilungsprozess einlassen. Schließlich haben sie hier noch eine Aufgabe zu erledigen, und es wird langsam dringend.

Eine der einfachsten und effektivsten Möglichkeiten, die ganze Familie mit einzubeziehen, sieht so aus, dass alle gebeten werden, für sich selbst eine Essenz auszuwählen. So übernimmt jeder die Verantwortung für seinen eigenen Anteil an dem energetischen Mischmasch, aus dem die Familie besteht. Das nimmt den

Druck von dem »Patienten«, und in der Regel wird die Situation hier bereits leichter. Die Essenzen können dann in einer Schale mit Wasser zusammengegossen werden und wie eine energetische Klimaanlage die häusliche Atmosphäre reinigen.

Zu Hause

Ich sprach einmal in einem Workshop über diese Methode, als eine Mutter erklärte, in ihrer Familie gebe es keinen Zeitpunkt, an dem die ganze Familie je zusammen sei. Sie nahmen keine Mahlzeiten gemeinsam ein, jeder hatte einen eigenen Fernseher im Zimmer und alle kamen und gingen, wie es ihnen passte. Etliche andere bestätigten, dass es bei ihnen genauso sei, vor allem in Familien mit Jugendlichen. Viele Eltern berichteten auch, dass bei ihnen kein Erwachsener daheim sei, wenn die Kinder aus der Schule kommen. Wie traurig. Kinder brauchen einen warmen, gemütlichen, sicheren Rückzugsort, an dem sie heilen, herumhängen, Geschichten erzählen und sich erden können. Wenn immer mehr Jugendliche Suizid begehen, müssen wir uns als Gesellschaft fragen, in was für eine Welt wir sie eigentlich einladen wollen.

Meiner Erfahrung nach veranlassen die Kinder mit ihrem Verhalten die Erwachsenen, ihre eigenen inneren Kinder zu heilen – was die Erwachsenen sensibel für die Bedürfnisse von Kindern macht. Wenn genug Erwachsene diese Sensibilität haben, werden wir die Welt mit den Augen von Kindern sehen und verändern können. Dann spüren wir das Leid, das wir Kindern zufügen. Wir werden erkennen, wie wir sie unterdrücken und behindern und ihnen Angst einjagen. Wir werden ihre Bedürfnisse erkennen und sie erfüllen. Wir werden auf ihre Weisheit hören, mit ihnen lachen und sie lieben. Wir werden frei sein wie sie. Macht euch auf den Weg, Buddha-Babys, wir sind fast bereit!

5

Was Indigos und ihre Eltern uns zu sagen haben

Wie Sie sich vielleicht vorstellen können, bekamen Jan und ich von dieser Gruppe mehr Beiträge als von irgendeiner anderen. Das Thema ist sehr populär und als wir vor zwei Jahren um Beiträge baten, überrollte uns eine Flut von Briefen von Indigos und ihren Eltern. Wir haben ein paar davon ausgesucht, um dieses Buch abzurunden.

Da dies das Kapitel der Eltern ist und gleichzeitig das letzte Kapitel des Buches, möchten wir Ihnen eine Sichtweise vorstellen, die sich vielleicht von der Ihren unterscheidet: Wie wird sich die Jugend auf diesem Planeten entwickeln? Haben Sie in letzter Zeit Nachrichten gehört? Haben Sie die Gewalt an den Schulen gesehen? Machen Sie sich Sorgen um die Jugend von heute?

Es ist gut, dass Ihnen das alles nicht gleichgültig ist, aber Sie sollten die Fakten kennen. Vielleicht ist es für uns alle Zeit, die »Schreckensmaschine« zu überprüfen, in die sich die Massenmedien verwandelt haben, denn wir wissen doch, dass sie sich nur dramatischen und entsetzlichen Ereignissen widmen.

Auch in den Massenmedien wird man aufmerksam

Im Folgenden lesen Sie einen kurzen Artikel aus dem Magazin *Time* von John Cloud. Er hat dort eine Kolumne mit dem Titel »The Contrarian« (Der Konträre), in der er Ansichten darlegt,

die der verbreiteten Meinung widersprechen. Einmal wählte er
ein Thema, das genau zu dem passt, was wir hier zeigen wollen.
Schauen Sie sich nur die Überschrift des Artikels an: »There's
Strong Evidence That Adolescents Are Getting Smarter. Could
the Teen Brain Be Evolving?« (Es gibt deutliche Hinweise,
dass die Heranwachsenden klüger werden: Entwickelt sich das
jugendliche Gehirn weiter?)
Hier ist es Schwarz auf Weiß, was wir die ganze Zeit vermuten.
Schauen Sie sich diese Fakten an und was ein Journalist von
Time in dieser sehr populären Zeitschrift zu sagen hat.

Eltern, entspannt euch! Es gibt deutliche Hinweise, dass die Heranwachsenden klüger werden: Entwickelt sich das jugendliche Gehirn weiter?

Magazin *Time*, 9. April 2007
von John Cloud

Wahrscheinlich hat sich schon seit der zweiten menschlichen
Generation die Volksweisheit entwickelt, dass die Kinder
schlechter dran seien als ihre Eltern. Unsere Ahnen meinten
sicherlich, dass ihre Kinder dem Wildbret längst nicht so gut das
Fell abziehen konnten wie ihr Großvater. Und heute denken wir,
unsere Jugendlichen seien Herumtreiber, die sich mit irgendwelchen Drogen aufputschen und nur noch Energie aufbringen,
um in der Schule herumzuballern oder ihr MySpace-Profil auf
den neuesten Stand zu bringen. Doch es gibt deutliche Hinweise
darauf, dass die Heranwachsenden in den USA klüger werden –
oder zumindest bessere Entscheidungen treffen.

Entwickelt sich das jugendliche Gehirn weiter?

Jugendliche sind nüchterner und weniger gewaltbereit, als sie es seit Jahren gewesen sind. Abgesehen von jenen seltenen Amokläufen, nach denen sich die Journalisten die Lippen lecken, ist die Gewaltrate an Schulen laut Erziehungsministerium von 48 Gewalttaten unter 1000 Schülern im Jahr 1992 auf 22 Gewalttaten unter 1000 Schülern im Jahr 2004 gesunken. In ganzen Zahlen gesprochen, sank die Anzahl krimineller Vergehen (inklusive Diebstahl) in jenem Zeitraum von 3,4 Millionen auf 1,4 Millionen, und das, obwohl die Anzahl der Jugendlichen in den Vereinigten Staaten in dieser Zeit um 5,4 Millionen zunahm. Manches davon ist vielleicht auf Sicherheitsmaßnahmen zurückzuführen, die nach den Ereignissen von Columbine eingeführt wurden, aber der Rückgang begann bereits Mitte der 1990er-Jahre. Und die Anzahl der von Schülern im Alter zwischen 12 und 17 verübten Morde (sei es an der Schule oder anderswo) sank zwischen 1993 und 2003 um erstaunliche 68 Prozent.
Im Vergleich zu vor zehn Jahren konsumieren weniger Jugendliche Drogen. Nach Aussage des Nationalen Instituts für Drogenmissbrauch erklärten 1995 19 Prozent der Schüler, dass sie im vergangenen Monat illegale Drogen verwendet hätten. 2005 waren es noch 16 Prozent. Das ist nur ein geringer Rückgang, aber das Rauchen unter Schülern nahm in der gleichen Zeit um 40 Prozent ab. Und trotz der in Zeitungen verbreiteten Geschichten über Eltern, die ihre Teenager trinken lassen, ist auch der Alkoholkonsum unter Jugendlichen zurückgegangen. 1995 gaben fast 40 Prozent der Jugendlichen zu, im vergangenen Monat Alkohol getrunken zu haben; 2005 waren es nur noch weniger als ein Drittel. Die Anzahl der Teenager-Schwangerschaften ist auf dem niedrigsten Stand seit 1976 und die Selbstmordrate ist heute niedriger als 1980.
Alle diese guten Neuigkeiten bringen eine alte Frage auf: Sollten

wir sie angesichts dieser Situation mit mehr Rechten belohnen? Ein neues Buch eines anerkannten Psychologen befürwortet dies. Robert Epstein, der in Harvard seinen Doktortitel erworben hat und früher Herausgeber von *Psychology Today* war, meint, wir sollten das Konzept der Adoleszenz aufgeben.

Er steht mit dieser Meinung nicht allein: 2004 führte der Psychiater Philip Graham in seinem Buch *The End of Adolescence* (Das Ende der Adoleszenz) aus, dass britische Jugendliche seiner Ansicht nach mehr Achtung und weniger Herablassung verdienten. Aber Epstein geht in seinem Buch *The Case Against Adolescence: Rediscovering the Adult in Every Teen* (Ein Plädoyer gegen die Adoleszenz: Wiederentdeckung des Erwachsenen in jedem Jugendlichen) noch viel weiter: Sobald sich ein Kind als kompetent erwiesen habe, sollte es alle Rechte der Erwachsenen erhalten. »Fast alles, was wir tun, vermittelt den Jugendlichen, dass sie inkompetent sind«, schreibt Epstein. »Wir schützen sie vor Gefahren (Autofahren, Zigaretten, Alkohol); wir trauen ihnen keinen Job und kein Grundeigentum zu ... Wir lassen sie nicht selbstständig über ihre Gesundheit, ihre Bildung oder ihre Religion entscheiden.« Epstein schlägt vor, jedem Kind – egal wie alt –, das »bestimmte Kompetenzprüfungen« besteht, nicht nur konstruktive Dinge zuzugestehen wie Vertragsabschlüsse und Wahlbeteiligung; es sollte auch ansonsten tun und lassen dürfen, was es will: Sex haben, trinken, rauchen, Auto fahren, sich tätowieren lassen. »Wenn sie einen angemessenen Test ihrer Reife abgelegt haben«, schreibt Epstein in einem Abschnitt, bei dem mir langsam *unwohl* wurde, »sollten junge Menschen – egal welchen Alters – auch den gleichen Zugang zu pornografischem Material haben wie Erwachsene.«

Epsteins zentrale psychobiologische Annahme, dass Jugendliche das Gehirnpotenzial haben, um erwachsene Urteile zu fällen, ist bei näherer Betrachtung *nicht* haltbar. Sicher, Jugendliche haben ein besseres Reaktionsvermögen und ein besseres Gedächtnis als Erwachsene, und die meisten können auch schon wie Erwachsene moralisch und vernünftig argumentieren. Doch ein Artikel, der im Jahr 2000 in *Behavioral Sciences and the Law* erschien, bestätigt, was uns der gesunde Menschenverstand sagt: Bei einer Überprüfung ihrer psychosozialen Reife schnitten Jugendliche weit schlechter ab als Erwachsene. Teenager wissen vielleicht, wie man gute Entscheidungen fällen kann, aber sie tun es seltener als Erwachsene.

Epstein weist darauf hin, dass es manche Jugendliche gibt, die besser abschneiden als Erwachsene, und dass die meisten Jugendlichen schlechter abschneiden, weil wir sie »infantilisieren«. Das mag sein, und es ist sicher eine gute Idee, zum Beispiel Tests zu entwickeln, die Jugendliche ablegen können, um wahlberechtigt zu sein. Auch wenn Jugendliche ein Unternehmen gründen, sollte es ihnen von Anfang an gehören dürfen.

Jugendliche haben in den letzten 20 Jahren nachweisbar gelernt, bessere Entscheidungen zu fällen: Sie trinken weniger, nehmen weniger Drogen und lernen mehr. Es wäre jedoch pervers, sie damit zu belohnen, dass sie sich jetzt bewusstlos trinken oder hemmungslos Pornos schauen dürfen.

Joshua Joseph
von Cathy Jacobs

2005 gründete Cathy Jacobs zusammen mit anderen in Calgary die kanadische Gesellschaft »Children's Indigo Support Society of Alberta«, welche die Heilung von Kindern und uns selbst auf alternative Weise unterstützt. Sie fühlt sich sehr gesegnet, selbst einen Indigo-Sohn zu haben, den sie »mein Sohn, mein Freund und mein Lehrer« nennt: Joshua.

1990 wurde mein drittes Kind geboren: Joshua Joseph. Vom ersten Augenblick an, da ich ihm in die Augen sah, wusste ich, dass er etwas Besonderes war. Ich glaubte, er müsse eine der ältesten Seelen sein, die je auf diesen Planeten kamen. Er drängte sich sechs Wochen zu früh ins Leben, wahrscheinlich voller Drang, etwas zu verändern. Josh wurde in eine sehr unbeständige Beziehung hineingeboren, die in seinem dritten Jahr endete. Er war ein äußerst empfindsames Kind – immer sollte ich ihn halten, wenn ich gerade dringend Zeit für mich selbst brauchte. Doch trotz meiner Bedürfnisse hatte er immer eine sehr beruhigende Wirkung auf mich, wenn ich ihn hielt.

Bereits als kleines Kind erzählte mir Josh Geschichten, die mir große Sorge bereiteten, weil ich Angst davor hatte, was wohl andere Leute über meinen Sohn sagen würden. Er sah Dinge aus der Zeit vor seiner Geburt und er sah in die Zukunft, und ich wusste nie, worauf seine Geschichten hinauslaufen würden. Er war immer sehr emotional, wenn er mir etwas erzählte, und ich musste ihm versichern, dass alles in Ordnung sei und dass er seine Zukunft gut bewältigen würde. Ich glaubte meinen eigenen Worten kaum, als sie aus meinem Mund kamen.

Ein solches Ereignis geschah, als ich mit meinen Kindern von einem Besuch außerhalb von Calgary auf dem Heimweg war. Josh war damals fünf Jahre alt. Wir fuhren an einem bekannten Hügel vorbei, auf dem seit dem Krieg große Ziffern in Form vieler kleiner bemalter Steine den Längen- und Breitengrad andeuten. Josh wandte sich an mich: »Mom, weißt du, wie es ist, einen anderen Menschen zu töten?« Ich schaute kurz zu ihm und ahnte, dass er auf etwas hinauswollte. »Was meinst du damit, Josh?«, hakte ich nach. Ich habe schon vor langer Zeit gelernt, die Fragen meiner Kinder nicht zu beantworten, sondern Gegenfragen zu stellen. Ich staunte sehr, denn Josh erklärte daraufhin ausführlich die Reise von zwei Seelen, die sich im Krieg wieder begegnen – und nun sind sie mit dem Konflikt konfrontiert, einander töten zu müssen. Das Wissen, dass der andere *jemand* ist – Sohn, Vater, Bruder, Freund oder Enkel –, macht die Entscheidung, zu töten, sehr schwer. Josh sprach so tiefgründig darüber, in Worten, die ich noch nie zuvor von ihm gehört hatte, dass ich den Rest des Tages erschüttert war. Josh erklärte auch die Zeit nach dem Erdenleben der zwei Seelen, und dass sie eine Art Vertrag miteinander hätten. Das war zu jenem Zeitpunkt für seine Mutter zu viel. Ich begann gerade erst, ein wenig von der spirituellen Seelenreise zu verstehen.

Als Josh sieben wurde, war unser Leben schier außer Kontrolle geraten. Seine Wutanfälle waren so heftig, dass er nicht mehr ansprechbar war. Wenn ihm jemand aus Versehen wehtat, ließ er keine Ruhe, bis er dem anderen genauso Schmerz zugefügt hatte. Wir konnten ihm nur wenig helfen. Eines Tages ging Joshs Sandale kaputt, als er mit seinen Brüdern durchs Haus tobte. Das brachte in dermaßen in Rage, dass ich keinen anderen Rat mehr wusste, als ihn fest an die Hand zu nehmen und mit ihm auf der Straße entlangzugehen, damit er weder anderen noch sich selbst Schaden zufügen konnte. Plötzlich riss er sich von meiner Hand los und rannte mitten in den Verkehr. Es geschah so schnell, dass ich nicht reagieren konnte. Das Nächste, was ich wahrnahm, war, dass er sich benommen neben mir auf den Gehweg setzte. Ich dachte, er wäre vielleicht angefahren worden, und fuhr mit ihm ins Krankenhaus, aber man konnte keine Verletzung an ihm feststellen. Er war inzwischen ganz ruhig geworden.

Die Ärzte im Kinderkrankenhaus ließen ihn auch von ihrem Psychiater untersuchen. Ich fürchtete mich vor dem nachfolgenden Gespräch, weil ich Angst hatte, sie würden meinen Sohn für verrückt erklären. Doch es kam anders. Der Oberarzt erzählte mir, was Josh ihm über jenen Tag erzählt hatte, als ich meinte, er sei angefahren worden. Laut Josh hatte jemand an seiner »Lebensschnur« gezogen und ihn aus der Gefahrenzone geholt. Die Zeit der Veränderung nahte.

Ich traute meinen Ohren kaum. Ich schaute dem Arzt in die Augen, um zu sehen, was er dachte. Er versicherte mir, mit Josh sei alles in Ordnung; er stünde mit etwas in Verbindung, das normale Menschen oft nicht verstehen. Er war sich sicher, dass es meinem Sohn gut gehen würde. Wenn wir irgendwelche Anliegen hätten, wäre er als Arzt gerne unser Ansprechpartner. Er war von dem, was Josh ihm erzählt hatte, überaus fasziniert.

Von diesem Tag an änderte sich tatsächlich etwas. Josh sprach nie wieder über Dinge aus der Vergangenheit oder Zukunft. Er wurde nicht gerade normal und er passt immer noch nicht ins gewöhnliche Schema. Aber er hilft allen, die um ihn sind und ihn lieben, ihr spirituelles Verständnis zu erweitern. Wir wachsen mit ihm, auch wenn es manchmal nicht leicht ist, ihm auf seinem Lebensweg zu helfen. Wir wissen nicht, was noch auf Josh zukommt, aber wir bleiben dran, so gut wir können.

Ich liebe ihn bis hin zum tiefsten Kern dessen, was wir sind.

Waffen in der Schule und Indigo-Kinder
von Jasmine LoveLsTzy

Jasmine LoveLsTzy ist eine Indigo. Sie hat viele Berichte eingeschickt. Dies hier war der kürzeste und beste. Ach übrigens, ihr Name lautet wirklich so – wenn es auch vielleicht nicht der ist, mit dem sie geboren wurde. Indigos tun so etwas.

Es ist ein wesentliches Merkmal der kriegerischen Persönlichkeit von Indigos, dass sie ihren Ärger und ihre Frustrationen eher nach außen richten als nach innen. Wenn die Gefühle des Ärgers und der Frustration verurteilt werden und in der Schule, am Arbeitsplatz, beim Einkaufen oder daheim nicht kommuniziert werden dürfen, staut sich die Energie und kann explodieren. Dann kommt es zum Schreien, Fluchen, Klauen, Zerstören, ja selbst zum Morden.

Die Lösung liegt darin, einen Ort der Nondualität zu erschaffen – zu Hause und an jedem öffentlichen Ort auf dem ganzen Planeten –, einen Ort, an dem Plus und Minus, Männlich und Weiblich, Gut und Schlecht, Yin und Yang nicht verurteilt werden, sondern eins sein und direkt durch das Herzzentrum transzendiert werden können. Neben der Liebe, dem Lachen, der Bildung und der Musik, die hier stattfinden kann, sollte dies auch ein sicherer Ort sein, an dem nichts und niemand diskriminiert wird und wo eine mörderische Waffe durch eine offene, klare Kommunikation ersetzt wird, bei der nichts zurückgehalten werden muss. Dann können die Energien des Ärgers, der Frustration, des Schreiens und Fluchens ausgedrückt werden; es entsteht ein Raum für Mitschöpfung, in dem sich alle die Hand reichen und gemeinsam die Welt in einen besseren Ort verwandeln.

Möge die Kraft reiner Liebe in jedem Atemzug sein, den wir nehmen.

Wendys Weisheiten
von Wendy McDonald

Wendy McDonald ist eine ältere Indigo. Sie gehört zu jenen, welche die Eigenschaften in sich selbst erkannt haben und die jetzt die jüngeren Indigos unterstützen. Es gibt viele Menschen wie sie – und Jan und ich sind sehr froh darüber! Ohne diese Menschen wäre es sehr viel schwerer, den Indigos zu helfen.

Ich habe den folgenden Brief schon vor einigen Monaten geschrieben. Seitdem sind ein paar neue Schüler an meine Schule gekommen. Einer davon ist mir sehr im Gedächtnis geblieben. Er kam mit seiner Mutter, die den Tränen nahe war, als sie mir von ihren Schwierigkeiten mit ihrem Sohn erzählte. Ich erkannte aus ihren Worten gleich, dass er ein Indigo ist, und wagte es, sie zu fragen, ob sie Ihr [Lee Carrolls und Jan Tobers] Buch gelesen hat. (Das war eine große Mutprobe, denn ich arbeite an einer öffentlichen Schule und muss äußerst vorsichtig sein, um nicht meinen Job zu riskieren.)

Der Ausdruck auf ihrem Gesicht war unbeschreiblich. Es war dieser Blick, wenn man endlich jemanden gefunden hat, der versteht, was man sagt, und der einen nicht für verrückt erklärt und einen nicht verurteilt: Wow, endlich kapiert jemand, was ich meine; jemand hört mir zu, und meine Empfindungen werden bestätigt!

Es war großartig, ihr dieses Geschenk geben zu können. Ohne Ihr Buch hätte ich diese Verbindung nicht herstellen können. Darum geht es mir: Verbindungen herzustellen, Menschen zu helfen, sich in dieser verrückten Welt ein bisschen weniger allein zu fühlen. Dafür danke ich Ihnen. Ohne Sie wäre es nicht möglich gewesen!

Wendys Brief
Lieber Mr. Carroll und liebe Ms. Tober,
ich bin so froh, dass ich Ihr erstes Buch *Die Indigo-Kinder* gelesen habe, und ich kann es kaum erwarten, *Indigo-Kinder erzählen* zu lesen. Seit ich denken kann, habe ich mich anders gefühlt als andere Menschen, und Ihr Buch hat in mir eine starke Resonanz ausgelöst. Ich bin nie jemandem begegnet, der so fühlt wie ich, aber manche Menschen in Ihrem Buch kommen dem nahe. Ich empfinde so viele Emotionen, dass ich Schwierigkeiten habe, sie zu ordnen. Zum Glück bin ich relativ gut darin, mich von ihnen zu distanzieren. Wahrscheinlich hat mir das geholfen, der Drogen- oder Alkoholsucht aus dem Weg zu gehen.

Ich kann mich am besten beschreiben, wenn ich sage, dass ich zwar ein Mensch bin, mich aber nicht ganz menschlich fühle. Ich fühle mich nicht vollständig mit dieser Erde oder diesem Körper verbunden. Ich weiß, dass dies nicht mein Zuhause ist, dass ich nur vorübergehend hier bin und dass es meine Aufgabe ist, anderen zu helfen, auf ihren Weg zu kommen oder auf ihrem Weg zu bleiben. Ich weiß auch, dass ich nicht verrückt bin. Ich bin keine Außerirdische und kein Engel. Ich kann keine Geistwesen sehen, weder mit ihnen reden noch ihre Anwesenheit spüren, obwohl ich weiß, dass es sie gibt. Ich bin nicht medial begabt, aber ich habe eine relativ gute Intuition. Vielleicht bin ich nicht einmal eine Indigo, aber viele der Dinge, die in Ihrem Buch beschrieben werden, kommen mir sehr bekannt vor. Dadurch fühle ich mich weniger als Außenseiterin, wofür ich Ihnen dankbar bin!

Ich bin Beraterin an einer Highschool und freue mich sehr, in der Arbeit mit meinen Kindern eine weitere Ressource zu haben. Ich arbeite in einem kleinen, konservativen Ort in Texas und weiß, dass die meisten Eltern hier für solche Ideen leider nicht zugänglich sind. Aber zumindest den Kindern kann ich besser helfen.

Ich weiß nicht, ob meine Geschichte für Ihr Buch interessant ist, da ich schon 1971 geboren wurde, aber hier ist sie:

Ich hatte nie das Gefühl, richtig in die Gesellschaft zu passen; das ist auch heute noch so, auch wenn ich mich nicht mehr allein fühle. Ich glaube wieder sehr an Gott und freue mich auf die Zukunft! Ich war immer von allem Modernen und Futuristischen fasziniert – die Vergangenheit interessierte mich nicht, außer dass ich mich fragte, wer ich wohl in vergangenen Leben war.

Ich habe durchaus das Gefühl, hierher zu gehören, weil ich hier eine Aufgabe habe, vielleicht sogar eine große. Ich habe viel Selbstvertrauen und habe immer an mich geglaubt, deshalb brauche ich keine Bestätigung von anderen. Trotzdem möchte ich sie gerne haben. Ich möchte verstanden werden. Manche Menschen halten mich für kühl – das verletzt mich. Ich fühle sehr tief, ich lasse mich nur nicht von meinen Emotionen beherrschen. Ich kann stark lieben, aber ich kann loslassen, wenn es sein muss. Ich weiß, dass die Erde nur unsere Schule ist, ein Ort des Lernens, nicht unser Zuhause. Unsere Lieben werden immer da sein, hier oder anderswo. Ich glaube, ich habe das in gewisser Weise immer gewusst, auch wenn ich mir dessen erst seit etwa einem Jahr bewusst bin.

Ich war nie wirklich ein Kind. Solange ich denken kann, war ich erwachsen. Mein Sohn ist genauso. Doch ich weiß sehr schnell, was ich will, und ich kämpfe immer gegen meine Impulsivität an. Das lässt mich in den Augen mancher Menschen wohl kindlich wirken (vielleicht liegt es auch daran, dass ich jung aussehe), jedenfalls haben mir schon manche Leute gesagt, ich solle doch endlich mal erwachsen werden. Ich könnte sie ohrfeigen! »Ich bin schon mein ganzes Leben lang erwachsen«, möchte ich sie anschreien, »merkst du das nicht?!«

Ich habe mich immer schwergetan, Grenzen anzuerkennen. Mein Großvater meinte oft, ich hätte wohl sogar mit Jesus diskutiert, wenn ich gekonnt hätte. Ich bin sicher, er hatte recht. Ich betrachte jeden als gleichberechtigt mit mir, unabhängig von Alter oder Titel. Solche Dinge waren mir immer gleichgültig. Zum Glück habe ich gelernt, mich Autoritätspersonen gegenüber respektvoll zu verhalten, aber ich habe lange dafür gebraucht und viele Konflikte mit meinen Vorgesetzten durchgestanden.

Manchmal fürchte ich, dass alle so empfinden wie ich und dass ich nicht anders bin als andere. Man möchte meinen, das macht mich glücklich, weil ich immer so gerne dazupassen wollte. Aber in Wahrheit bin ich gerne anders. Ich möchte gerne glauben, dass ich die Welt ein wenig verändern kann. In den meisten Situationen bin ich still, aber insgeheim konkurriere ich stark. Ich meine, mehr zu wissen als andere, nicht die trivialen Dinge, sondern das, was wirklich wichtig ist, die intuitiven Sachen.

Ich bin ziemlich ausgeglichen und brauche selten Hilfe von anderen, um meine Probleme zu lösen. Ich will auch keine

Hilfe. Das bedeutet nicht, dass ich keine Fehler mache. Ich glaube nur, dass ich mein Leben besser im Griff habe als die meisten Menschen. Wenn sich andere über ihr Leben beklagen, möchte ich sie oft schütteln und sagen: »Kapierst du nicht, wie einfach es ist? Die Antwort liegt direkt vor deiner Nase!« Das ist dumm, denn wie bereits gesagt mache ich durchaus auch Fehler. Ich wünschte nur, andere könnten sehen, was ich sehe. Ich wünschte, ich könnte in anderer Leute Körper springen und ihr Leben für sie in Ordnung bringen, sie so glücklich machen, wie ich es jetzt bin. Aber ich weiß, dass das nicht meine Aufgabe ist. Meine Rolle spielt sich nicht im Rampenlicht ab. Zumindest noch nicht. Im Augenblick bin ich hier, um andere anzuleiten, still und leise, hinter den Kulissen.

Viele Leute sind überrascht, wenn sie mich kennenlernen und meinen Hintergrund erfahren. Die Familie, in der ich aufgewachsen bin, ist größtenteils verstorben; außerdem kamen alle ziemlich schlecht zurecht. Ich wuchs in einer Kleinstadt auf. Die Familien aller meiner Freunde waren normal – oder das, was damals als normal galt: biologische Eltern, seit Jahren verheiratet, Familienferien, das ganze perfekte Paket. Ich war wütend, wie jedes Kind in dieser Situation wütend gewesen wäre. Ich fühlte mich um eine glückliche Kindheit betrogen. Ich war depressiv und im Alter von 16 Jahren sogar suizidgefährdet, aber ich habe nie Drogen genommen oder Alkohol getrunken. Ich liebte die Schule und hatte beste Noten. Ich war in vielen Clubs und hatte viele Freunde. Trotzdem fühlte ich mich sehr einsam. In dieser jetzigen jungen Generation hätte ich mich vielleicht nicht so gut geschlagen: Es gibt so viel mehr Ablenkungen und Versuchungen, und unsere Kinder müssen mit viel mehr fertig werden. Sie müssen härter kämpfen, um zu überleben. Aber sie haben auch mehr Ressourcen, und ich glaube, dass ich sie gerne genutzt hätte.

Ich habe den Eindruck, bei jedem Thema mit gegensätzlichen

Gefühlen zu ringen. Ich fühle mich im Mittelpunkt der Aufmerksamkeit unwohl, aber ich sehne mich danach. Ich möchte nicht auffallen, aber ich bin gerne anders. Meine menschliche Seite verspürt Angst und Befangenheit, aber mein Geist weiß es besser. Mein Geist weiß, dass alles in meinem Leben aus einem Grund geschehen ist und alles genau so war, wie es sein sollte. Das hat mich die letzten 30 Jahre geerdet gehalten. Ich bin sehr stolz auf mich und halte mich für glücklich, weil ich in meiner Spur geblieben bin, obwohl ich kaum Unterstützung hatte. Ich habe viel erreicht und ich habe es mehr oder weniger alleine geschafft.

Ich verbringe jetzt meine Zeit damit, mit Jugendlichen zu arbeiten, und ich hoffe, ich bewirke etwas Gutes in ihrem Leben. Ich behandle sie so, wie ich behandelt werden möchte. Ich rede nicht von oben herab mit ihnen. Ich gehe gleichberechtigt mit ihnen um. Ich schätze sie und bete für sie, damit sie hoffentlich erkennen, dass sie das Steuer ihres Lebens in der Hand haben und nicht so gefangen sind, wie sie sich vorkommen, so wie ich mich als Kind gefangen gefühlt habe. Ich hoffe, ihnen helfen zu können, sich weniger allein zu fühlen, und ich kann es kaum erwarten, die erstaunlichen Dinge zu erleben, die uns in den nächsten Jahrzehnten erwarten!

Die Bedeutung der Lehrer im Leben der Indigos
von Carolyn L'Hommedieu Davies

Carolyn L'Hommedieu Davies ist ebenfalls eine ältere Indigo. Hier ist ihre Geschichte über ihre Lehrer in der Schule. Lesen Sie zwischen den Zeilen: Was war wichtig für sie? Was geschah, als ein Lehrer bemerkte, dass sie »irgendwie anders« war? Das ist es, was Jan und ich lehren: Die Indigos wissen irgendwie, dass sie gleichsam eine fortgeschrittene Art von Mensch sind. Aber in einer Gesellschaft, die sie lieber medikamentös ruhigstellt, behalten sie dieses Wissen für sich – bis es ein Lehrer oder jemand anders bemerkt. Für Carolyns Leben war das sehr bedeutsam.

Als ich vor vielen Jahren zur Schule ging, wandte man zur Überprüfung von Fähigkeiten ein System an, das wohl den meisten Egos der Schüler erst einmal einen Schlag versetzte. Aber es half uns, zu verstehen, wo wir in den verschiedenen Bereichen standen. Vielleicht halten Sie das heutige Schulsystem für ineffektiv, aber in meiner Erinnerung war es damals auch nicht viel besser. Trotzdem habe ich es geschafft, etwas zu lernen – allerdings nur dank einiger motivierter Lehrer, die leidenschaftlich gerne unterrichteten und denen ihr Fach am Herzen lag.

Diese Lehrer waren jedoch äußerst selten. Gerät man dann als Indigo da hinein, wird es verwirrend. Gemäß dem damaligen System war ich in Englisch in der ersten (= höchsten) Gruppe, in den sozialkundlichen und naturwissenschaftlichen Fächern in der zweiten Gruppe und in Mathe in der dritten. Ich hatte es nie geschafft, mich mit Algebra anzufreunden, also gab ich Mathe irgendwann einfach auf. Mittlerweile habe ich jedoch einen Weg gefunden, wie ich zu den Lösungen komme, die ich brauche. Alle Indigos können das – wo ein Wille ist, ist auch ein empathischer Weg! Sobald ein Thema meine Neugierde geweckt hatte, las ich stundenlang, weil ich unbedingt jedes Detail wissen musste. Die öffentliche Bibliothek war mein zweites Zuhause.

Die Synchronizität intuitiver Lehrer

Was ich in der Schule und noch mehr daheim lernte, waren allgemeine Dinge wie: Was du nicht willst, das man dir tu, das füg auch keinem andern zu. Und: Sei freundlich zu jedem, dem du begegnest, auch wenn du ihn nicht so magst – du kannst nicht wissen, welche Last er trägt. Heutzutage wissen wir ein wenig mehr über Indigos und Kristallkinder und dass sie häufig in schwierige Lebensumstände hineingeboren werden, sei es in ein dysfunktionales Elternhaus oder mit einer persönlichen Behinderung.

Ich hatte das Glück, im Lauf meiner Schulzeit verschiedenen Lehrern zu begegnen, die zwischen den Zeilen lesen konnten und spürten, dass ich irgendwie anders war. Das half mir durch die Schule. Sie nahmen sich einen Augenblick Zeit und schauten den Schülern in die Augen, bis in die Seele hinein. Es waren Lehrer, die beliebt waren, ohne sich darum zu bemühen. Sie zeigten sich von ihrer menschlichen Seite, wir durften sie sehen, mit Warzen und allem Drum und Dran. Ich hatte das Glück, einigen solcher Lehrer zu begegnen, die mich davor bewahrten, in der Schule überzuschnappen – denn ich hatte durchaus das Gefühl, verrückt zu sein.

Das Timing dieser Lehrer schien perfekt zu sein, denn jedes Jahr hatte ich zumindest einen dieser lebensrettenden Augenblicke mit einem Lehrer, der mir zeigte, dass ich intelligent und lernfähig sei und dass ich dranbleiben sollte.

In der dritten Klasse hatten wir eine Austauschlehrerin aus Dänemark namens Miss Peterson. Sie war die erste Lehrerin, die mich wirklich wertschätzte. Meine Erzieherin im Kindergarten hatte mich ausgeschimpft, weil ich zu langsam aß, meine Lehrerin in der ersten Klasse hatte erklärt, es gebe keinen Weihnachtsmann, und meine wundervolle Lehrerin in der zweiten Klasse hatte mir erlaubt, in den Sommerferien die Klassenratten zu hüten, weil ich sie so sehr liebte. Miss Peterson war jedoch die Erste, die mir in die Augen sah und mich wirklich verstand, mit Herz und Seele.

Wenn ich auf mein drittes Schuljahr zurückschaue, sehe ich es als einen Wendepunkt, weil ich viel lernte und zum ersten Mal begriff, dass ich, auch wenn ich »anders« war, doch einen Platz in der Klasse verdient hatte; dass ich gut sein und mich mit den anderen »intelligenten« Kindern messen durfte. Bis dahin fühlte ich mich so anders, dass ich dachte, ich sei des Lernens und der Schule nicht wert. Ich empfand es so, obwohl ich innerlich zugleich das Gefühl hatte, das Leben besser zu verstehen als meine Lehrer, so wohlmeinend sie vielleicht auch waren. Für die meisten meiner Erzieher und Lehrer war ich unsichtbar. Ich hatte mich entschieden, »mein Licht unter den Scheffel zu stellen«. Ich fühlte mich so anders, dass ich nicht auch noch Aufmerksamkeit auf mich lenken wollte. Ich hatte auch kaum Freunde, außer Dorothy, einem anderen merkwürdigen Mädchen aus der Nachbarschaft.

Während ich allmählich die Leiter der Schulklassen und des belanglosen Lernens emporkroch, freundete ich mich mit einem Schlitzohr namens Billy an, mit dem ich Comics zeichnete und mir kleine Geschichten ausdachte. Billy war ein kleines Genie und wahrscheinlich ebenso ein Indigo wie ich. Aber seine Begabung war ausgeprägter. Mathe war für ihn kein Problem, während ich mich abkämpfen musste. Ich war eher kreativ begabt. Auf beiden Seiten meiner Familie gab es viele Musiker, weshalb die musikalische Begabung quasi schon in meinen Genen angelegt war. Ich spielte hervorragend Klarinette, es fiel mir leicht und ich hatte glücklicherweise einen wundervollen Lehrer, der mich lächelnd und mit viel Geduld förderte. Musik war meine Rettung in jenen Schuljahren, die manchmal unglaublich hart für mich waren.

Nicht alle Lehrer waren großartig

Auch später hatte ich Lehrer, von denen ich viel gelernt habe – aber auch ein paar richtige Stinkstiefel. Manche hatten ihre besten Jahre eindeutig hinter sich und hätten nicht mehr unterrichten sollen; sie hatten keine Geduld mehr. In der elften Klasse hatte ich einen Sozialkundelehrer, bei dem wir nur Ann-Margret oder Präsident Nixon erwähnen mussten, um ihn zu einem Vortrag zu provozieren. Die Schüler, die nie ihre Hausaufgaben machten, erwähnten diese Namen ziemlich oft. Es war ein »Regents«-Jahr – ebenso eine veraltete Idee; dabei wurden im ganzen Land die gleichen Fakten geprüft. Wozu soll es gut sein, Sachen auswendig zu lernen, die man nicht zu wissen braucht, um in dieser Welt zu leben?

Wenn dieser Lehrer keine Lust auf Unterricht hatte, schickte er uns in die Mittagspause. Ich frage mich, wie viele von uns den »Regents«-Test bestanden hätten, wenn sie nicht um dieses Schuljahr betrogen worden wären! Ich sehe dieses elfte Schuljahr als ein weiteres Erwachen für mich. Ich begann wirklich zu verstehen, dass es an mir lag, was ich lernte oder nicht, auch wenn der Erwachsene, der dafür verantwortlich war, sich unfähig zeigte. Im Hinblick auf das Lernen war diese Zeit meine Reifeprüfung. Ich wurde zu einer unersättlichen Leserin und Musikerin. Die Unfähigkeit dieses Lehrers, auf seine Schüler einzugehen, motivierte mich, mir selbst etwas beizubringen, was mir seitdem viel Freude bereitet hat.

Ungefähr zehn Jahre nach meinem Schulabschluss traf ich bei einem Konzert meinen Musiklehrer. Ich sang dort und sein Chor trat ebenfalls auf. Er sagte: »Wie schön, dass du noch Musik machst. So wenige machen weiter, wenn sie erwachsen sind.« Ich dankte ihm, dass er einer der Lehrer gewesen war, die an mich geglaubt hatten – einer der wenigen. Er lächelte.

Ich sah ihn nie wieder. Wenige Jahre später starb er, viel zu jung. Ich werde ihn nie vergessen. In der Welt der Lehrer gehörte er zu den mitfühlenden und begabten, die in meine Seele schauten und begriffen, wer ich war, warum ich hier war und welche Rolle sie dabei spielten. Ich würde meinen, er war auch ein Indigo, und weil Gleiches sich anzieht, wurde ich seine Schülerin. Er war zweifellos der wundervollste, einfühlsamste Lehrer, den ich je hatte.

Lehrer spielen im Leben der Indigos eine wichtige Rolle, weil sie erkennen müssen, dass nicht alle Kinder oder Studierenden emotional gleich sind und die gleiche Schwingung haben. Nach meiner Erfahrung werden Indigos oft an den Rand gedrängt, weil sie introvertiert sind oder mäßige Leistungen zeigen oder, wie meine Tochter, ständig erklärt haben wollen, warum etwas so gemacht wird und nicht anders. Solche Kinder gelten dann schnell als unbequem und verhaltensauffällig.

Indigos – Spürnasen für Blödsinn!

Indigos erkennen sofort, wenn etwas sinnleer ist. Sie merken sofort, wenn ein Lehrer zwar lächelt, aber eigentlich völlig verunsichert ist, weil er keine Ahnung hat, was er mit diesen merkwürdigen Schülern anfangen soll. Diese Kinder sind wie runde Pflöcke, die nicht in eckige Löcher passen. Und es kommen immer mehr davon auf die Welt. Wenn wir nicht mehr Lehrer bekommen, die diesen Kindern in die Seele schauen, werden immer mehr von ihnen mit ADS und ADHS und dergleichen diagnostiziert und beiseite geschoben.

Meiner Ansicht nach liegt die Lösung in der Generation, die jetzt ins Erwachsenenalter kommt. Sie verstehen die Kinder besser, die jetzt eingeschult werden. Leider können viele dieser jungen Erwachsenen jedoch nicht die Lehrerausbildung absolvieren, weil sie nicht zum derzeitigen Prüfungssystem passen. Die Lösung? Heimschulen, neue Schulen eröffnen, die den Bedürfnissen dieser Kinder besser angepasst sind; »Cyber«-Schulen, in denen sich Indigos zusammenschließen können, sich gegenseitig befruchten; die Demontage des öffentlichen Schulsystems und Umleitung der Ressourcen in effizientere

Lernmethoden, mit denen die Kinder in Eigenregie Wissen erwerben.

Wir wissen heute, dass wir selbst unsere besten Lehrer sind, und die meisten von uns wären auch wundervolle Lehrer für andere Indigos. Indigo-Kinder verstehen den Wert des Lernens. Sie kommen mit dem Drang auf die Welt, sich weiterzuentwickeln, und wissen um viele Geheimnisse des Lebens. Aber viele dieser Kinder werden mehr schlecht als recht durch die Schule gezerrt und können in diesem System dann nur untergeordneten Tätigkeiten nachgehen.

So erging es mir, einer klugen und talentierten Indigo. So kann es jedem ergehen. Das meiste, was ich im Leben gelernt habe, habe ich nach der Schule entdeckt, und ich verdanke es ein paar wenigen guten Lehrern. Inzwischen bin ich zu einer Anwältin der Indigos geworden und helfe als Pfarrerin und Seelsorgerin vielen Menschen, ihren wahren Wert als Menschen auf diesem Planeten zu verstehen und ihr Leben besser zu meistern.

Ich glaube an diese Kinder. Es wird Zeit, dass wir die Qualifikationen ändern, die man braucht, um andere zu unterrichten, damit die jungen Erwachsenen, die zum Unterrichten begabt sind, dies auch tun können. Schauen Sie nur ins Internet: Es geschieht bereits in den Chatrooms und in den »Indigo Message Boards und Blogs«. Die Zeit der Veränderung ist da. Sie liegt in den Händen der jungen erwachsenen Indigos, gemeinsam mit den älteren Indigos, die ihnen entgegenkommen, um sie zu begrüßen und zu lehren.

Der Rat eines Indigos
von Jorge Valentin

Hier ist ein Artikel von Jorge Valentin. Er ist 16 Jahre alt und hat etwas zum Umgang mit Indigos zu sagen.

Mir ist klar, dass ich meinen Eltern als Kind keine große Hilfe war. Man könnte sagen, es lag in meiner Art, ungeheuer schwierig zu sein. Aber sie betrachteten das nie als etwas Ungewöhnliches. Ich selbst habe auch nicht erkannt, dass all die Träume und Schwingungen, die ich ständig empfing, Botschaften von Gott waren. Ich war jung und naiv und sah darin nur ein interessantes Zusammentreffen von Umständen.

Als junger Teenager fing ich dann an, selbst Verbindungen herzustellen. Ich erkannte, dass ich Dinge erlebte, die ich zuvor in meinen Träumen gesehen hatte. Das machte mir Angst. Einmal vor nicht allzu langer Zeit fuhr ich nach der Schule mit meiner Großmutter nach Hause. Während meine Großmutter mir etwas erzählte, schweiften meine Gedanken ab; ich hörte ihr gar nicht richtig zu. Plötzlich spürte ich eine sehr schlechte Schwingung und sah völlig unbeabsichtigt einen gelben Schulbus vor meinem geistigen Auge.

Beim Abendessen wenig später hörte ich im Radio, dass ein Schulbus verunglückt war. Danach fürchtete ich mich, solche Dinge zu »spüren«, weil ich Angst hatte, noch mal einen Unfall zu verursachen.

Ich hatte keine Ahnung von Indigos, bis mir eine Freundin davon erzählte. Ich habe eine sehr starke Verbindung mit ihr. Genau genommen ist sie der einzige Mensch, zu dem ich mich zugehörig fühle – was ziemlich erstaunlich ist, da ich sogar mit meiner Familie kaum eine Verbindung spüre. Ich hatte nie das Gefühl, irgendwie dazuzupassen, außer bei ihr. Nachdem ich ein wenig nachgeforscht hatte, stellte ich fest, dass ich die wesentlichen Eigenschaften eines Indigos habe, und ich nehme an, dass ich zu großen Teilen einer bin.

Mir ist klar, dass es in diesem Buch vor allem darum geht, Erwachsenen etwas über Indigos zu erzählen, aber vielleicht kann ich dazu auch einen Beitrag leisten. Ich bin zum Beispiel sehr davon überzeugt, dass es uns Indigos in unserer Haut besser geht, wenn wir uns von denen, die wir lieben, unterstützt fühlen. Meine Familie würde mich wahrscheinlich für verrückt erklären, wenn ich ihnen von diesem Indigo-Kram erzählte, aber ich weiß keine andere Erklärung. Außerdem können wir gar nicht anders, als in der Schule ein bisschen zu rebellieren. Man muss bedenken, was unsere Ausgangsposition ist. Wir haben mit einem großen Teil des heutigen Schulsystems echte Schwierigkeiten – also versuchen Sie bitte, für Ihre Kinder möglichst viel Verständnis aufzubringen.

Vor allem: Lieben Sie Ihre Kinder von ganzem Herzen. Nichts gibt ihnen mehr das Gefühl, zu Hause zu sein, als von ihren Lieben zu hören, dass sie ihnen wichtig sind. Verstehen Sie mich nicht falsch: Ich meine nicht, dass Sie zu dick auftragen sollten; das käme dann vielleicht auch falsch an. Aber es schadet nichts, hin und wieder zu hören, dass man geliebt wird.

Kreativität spielt im Leben der Indigos ebenfalls eine große Rolle. Manche spielen Theater, andere schreiben oder sind musikalisch. Was immer es sein mag: Ermutigen Sie Ihre Kinder, ihrem Herzen zu folgen. Manche fühlen sich von ihren Gaben verängstigt oder verwirrt. Beantworteten Sie alle Fragen. Lassen Sie den Dingen Raum, sich natürlich zu entfalten. Das Schicksal hat für jeden einen Plan, auch für uns Indigos.

Warum sich manche junge Indigos regelmäßig betrinken und mehr als 20 Zigaretten am Tag rauchen
von Katharine Dever

Katharine Dever ist eine 24 Jahre alte Indigo. Sie weiß es, und deshalb hat sie eine Botschaft nicht nur für die Erwachsenen, sondern besonders für die Jüngeren, die so sind wie sie. Vielleicht liest jemand diese Worte, der sie gerade braucht. Sie können auch Katharines Internetseite besuchen: www.butterfly-mastery.com

Sie hat ein Buch geschrieben (»Better Morphosis«) und ist auf dem besten Weg, eine begeisterte Referentin zum Thema Selbsthilfe zu werden.

Im Alter von 24 Jahren beginne ich gerade erst, mich zu verstehen und zu begreifen, dass ich eines von diesen sogenannten Indigo-Kindern bin. Woher weiß ich das? Woran erkenne ich es? Ich habe die letzten zwei Jahre mit einer inneren Reise der Selbsterforschung verbracht. Nachdem ich schon im Alter von 12 oder 13 Jahren mit Süchten, einem ungesunden Lebensstil und Zwangsverhalten gekämpft habe, konnte ich mich endlich von den Zigaretten, vom Alkohol und vom gelegentlichen Drogenkonsum befreien, die ich zuvor brauchte, um meine Gefühle nicht zu spüren. Ich brauchte sie, um den Schmerz und das Leid um mich herum nicht zu sehen und der Angst und Verwirrung in mir auszuweichen.

Ich war immer eine Rebellin. Ich fühlte mich immer zu den aufregendsten, gefährlichsten und verrücktesten Situationen und Menschen hingezogen. Während meiner ganzen Kindheit und Jugend fand ich neue Wege, die Regeln zu durchbrechen und damit durchzukommen. Mit Anfang zwanzig geriet mir das leider außer Kontrolle. Ich trank so viel, dass ich zur Alkoholikerin wurde. Das Trinken war der Mittelpunkt meines Lebens.

Ich wusste nicht, wie ich mich hätte ins Gleichgewicht bringen können, und verstand nicht, warum andere das Leben nicht genauso sehen wie ich. Ich war voller Freude und liebte die Menschen, aber ich regte mich wahnsinnig über die Zerstörung auf, die ich überall um mich herum wahrnahm. Ich fühlte mich allein, wütend, frustriert und voller Angst, vor allem davor, für irgendetwas schuldig gesprochen zu werden oder irgendwie verkehrt zu sein.

Sobald ich zu rauchen und zu trinken aufhörte, fühlte ich mich nur noch zu natürlichen Lebensmitteln und Getränken hingezogen. Ich war fasziniert von meinem Körper und der Leben spendenden Kraft der Nahrungsmittel auf Gottes Erde. Ich staunte über die Schöpfung. Es fiel mir wie Schuppen von den Augen. Alles schien klar. Ich entschied mich, gesund zu leben, und begann, Sport und Yoga zu machen und Menschen durch die universale Lebenskraft, die durch meine Hände fließt, zu heilen. Ich begann, in allem einen Sinn zu sehen – selbst das Chaos erfüllte mich mit einem Gefühl des Friedens und der Sicherheit. Ich fing an, dem Prozess zu vertrauen und die Zyklen und Rhythmen des Lebens, meiner selbst und meines Körpers zu verstehen. Ich erinnerte mich an viele transzendente Erlebnisse, die ich als Kind regelmäßig gehabt hatte, und begann, mehr zu beten und zu meditieren.

Ich will nicht behaupten, ich wäre jetzt perfekt. Ich lerne weiter und finde meinen Weg durch unsere erstaunliche Welt. Ich mache Fehler und habe manchmal schlechte Tage. So ist das eben. Der große Unterschied ist, dass ich nun alles aus einer neuen, heilenden Perspektive sehe. Möchten Sie wissen, welche Perspektive das ist?

Es ist einfach die Erkenntnis, dass ich *ich* bin. Ich bin nicht ADS oder ADHS oder sonst irgendein Etikett. In gewisser Weise betrifft das auch den Begriff Indigo, obwohl ich mich damit nicht verurteilt fühle. Wir sind eben alle Menschen, die auf jeder Ebene des Bewusstseins ihr Bestes geben. Ich gebe mein Bestes, um mein Licht erstrahlen zu lassen, trotz meiner Ängste, meiner Zweifel und meines Ego, das mir weismachen will, das alles sei Quatsch. Tief in mir weiß ich, dass diese Empfindsamkeiten und die Wahrnehmungen, die mir oft so viel Leid bereitet haben, ein Segen für mich sind und kein Fluch.

Mein Hauptfokus liegt jetzt darauf, meine Gaben zu entwickeln und mein Potenzial zu entfalten, damit ich dem Leben auf diesem Planeten am besten dienen kann. Meine Frage lautet heute eher: »Wie kann ich dienen?«, als: »Wie kann ich es anstellen,

dass der Schmerz aufhört?« Besuchen Sie mich doch auf www.
butterfly-mastery.com

Eine Botschaft von den Indigo-Kindern an die Erwachsenen in aller Welt
von Kaisheen Wong

Kaisheen Wong ist 19 Jahre alt. Sie möchte uns wissen lassen, wie es ist, eine Indigo zu sein, und wie wir helfen könnten. Sie möchte das für alle Indigos tun (typisch Indigo). Wir erfahren hier viel von Frustrationen, zumindest von vergangenen Frustrationen. Worüber? Über das, wovon alle Erzieher und Pädagogen reden: Anerkennung.

Ich habe diesen Text eingeschickt, weil ich ihn für sehr relevant für Ihr Buch halte. Ich will etwas über die Indigos klarstellen. Ich meine, dass ich etwas Wertvolles beizutragen habe, weil viele Menschen – auch jene, die mit uns arbeiten – immer noch missverstehen, was Indigos erleben und was wir wirklich fühlen und wollen.
Hier ist eine Botschaft von den Indigo-Kindern für die Erwachsenen in aller Welt:

Am allerbesten könnt ihr uns helfen, indem ihr eure eigene Spiritualität findet, euch selbst liebt, eure Lebensfreude entdeckt und den Frieden im Zentrum eures Seins erkennt, der immer da ist und euch nie verlassen hat. Erst wenn ihr eure eigenen spirituellen Wurzeln gefunden habt, euer eigenes Zentrum der Selbstliebe und eine reife, zuverlässige Ruhe, könnt ihr uns helfen und uns auf unsrer Reise zur Seite stehen.
Wir sind nicht hier, um eure Lektionen für euch zu lernen, sondern um ein Stück Himmel auf die Erde zu bringen. Wir hoffen, damit

eure Herzen zu entflammen und euch vieles von dem zu bestätigen,
woran ihr glaubt, wofür euch aber bisher der Mut fehlte, es vertrau-
ensvoll anzustreben. Wenn ihr uns als das erkennt, was wir sind,
und unsere Liebe spürt, wird das geschehen. Wir sind bereits hier bei
euch auf dieser herrlichen Erde! Wir warten auf euch mit viel Liebe
und Geduld. Manche von uns haben das Experiment gewagt, euch
auf halbem Weg entgegenzugehen. Sie setzen ihre Mission für eine
Weile zurück und lassen sich auf die Reise ein, einer von euch zu
werden, sodass wir uns auf euch zubewegen, während ihr euch auf
uns zubewegt. Wir wissen, dass ihr zu helfen versucht. Wir lieben
euch dafür – und für viele andere Dinge! Bitte, hört uns nur zuerst
zu – nicht unseren Worten, die euch nur das widerspiegeln, was
ihr erwartet –, sondern achtet auf unsere Bemühungen und unsere
Absicht.
Die Indigo-Kinder

Ich bin eine 19 Jahre alte Indigo. Mit großer Begeisterung habe
ich das Buch *Die Indigo-Kinder* von Lee Carroll und Jan Tober
verschlungen und es meinen Eltern gegeben. Es hat nur bewirkt,
dass sie fürchten, ich hätte jetzt völlig den Verstand verloren und
könnte mich nicht mehr auf meine Zukunft konzentrieren. Ich
habe das Buch auch meinen Beratern und Therapeuten empfohlen. Sie haben sich geweigert, es zu lesen. Sie bestehen darauf,
dass ich unter einer Depression leide und dass ich deswegen nach
Gründen suche, warum ich so bin, wie ich bin. Das ist unglaublich frustrierend, aber ich kann sie verstehen. Ich weiß, dass es
schwer ist, diese Dinge zu begreifen und Ideen zu akzeptieren,
von denen sie noch nie gehört haben. Ich habe auch Mitgefühl
für die Leute, die ich im Internet kennenlerne: Sie sind auf ihrer
spirituellen Suche und meinen, Sie verstünden mich, sind aber
noch nicht so weit. Ich bin sicher, dass es sehr, sehr schwierig ist.
Ich bin mir bewusst, dass ich Dinge weiß, die andere Leute nicht
wissen. Aber es ist schwer, sie mitzuteilen, wenn sie keiner ver-

steht. Ich bin auch darüber frustriert, dass es so viele Informationen gibt, wie man mit Indigos umgehen sollte: Tipps für Lehrer und Tipps für Eltern – aber kaum etwas für die Indigos selbst. Ich suche nach Informationen, die den Kindern und Jugendlichen direkt etwas über ihre spirituelle Aufgabe erzählen; die ihnen erklären, was sie zu ihrem Wohlbefinden tun und wie sie der Gesellschaft am besten helfen können. Ich ärgere mich darüber, dass so wenig von dem, was veröffentlicht wird, direkt zu mir spricht und mir erklärt, wozu ich hier bin. Ich bin es leid, zu leiden, und ich bin es leid, dass die Leute mir raten, was ich tun soll – zum Beispiel, aufhören zu leiden! Sie haben keine Ahnung. Wenn Sie sähen, wer und was ich bin, würden sie es nicht wagen, mich so zu behandeln. Es nervt mich auch, wenn die Leute mir vorwerfen, dass ich mich immer missverstanden fühle, obwohl sie mich nicht missverstünden. Sie verstehen mich und sie missverstehen mich gleichzeitig. Wer kann mir da helfen?

Ich habe viel Zeit mit spirituellen Erwachsenen verbracht und versucht, ihnen zu zeigen, dass sie hier sind, um das zu tun, was sie im Herzen tragen; dass sie auf diese Weise uns neuen Kindern raten können, was im Sinne Gottes ist. Nicht weil wir Rat bräuchten, sondern weil das ein Ausdruck von Gottes Liebe ist. Und da wir alle von Gott erschaffen sind, können wir alle an dieser Liebe teilhaben. Ich hasse es, so mit allem überladen zu werden, dass ich kaum noch meine Essenz spüren kann. Ich hasse es, zu wissen, dass sich viele andere genauso schlecht fühlen. Ich hasse es, wenn die Leute sagen: »Kümmere dich doch erst mal um dich selbst. Sei dir selbst am wichtigsten, dann wirst du nicht mehr so leiden. Lass dich nicht so bedrücken. Es gibt Methoden, die du anwenden kannst ...«, und so weiter. Ja, ich weiß! Ich kümmere mich ja um mich selbst, aber das sehen sie nicht. Sie meinen, ich wüsste nicht, was ich tue, und dann überschwemmen sie mich mit ihren Ratschlägen. Oh, mein Gott. Wo gibt es etwas, das diese schreckliche Erfahrung erleichtert?

Kurz gesagt, ich fühle mich von der Menschheit äußerst unterdrückt, weil mich die meisten nicht »sehen« und versuchen, mir ständig zu raten. Ich mag das nicht, weil ich bereits weiß, was sie mir sagen werden. Manchmal weiß ich schon, was sie sagen werden, bevor sie es selbst wissen!

Ich brauche niemanden, der mir sagt, was ich tun soll. Was ich gerne hätte? Ich würde gerne atmen können. Das hätte ich am liebsten. Darüber hinaus hätte ich gerne spirituelle Erwachsene, die »ungewöhnliche« Dinge so weit verstehen, dass sie mich nicht mehr unterdrücken, sondern mir zuhören. Ich weiß, dass sie das bereits versuchen, aber irgendwie gelingt es ihnen noch nicht. Vielleicht merken sie gar nicht, wie sehr sie mich unterdrücken. Es ist so unmenschlich, dass ich unter dieser Situation so leide und dass mich *niemand* hört oder versteht.

Ich möchte, dass diese Erwachsenen mich sehen. Sie könnten es tun, indem sie still werden und auf meine Stimme hören. Wenn sie ganz damit beschäftigt sind, ihre eigenen Schwierigkeiten auf meine Situation zu projizieren, können sie mich nicht hören und dementsprechend auch nicht sehen. Die beiden Dinge, die ich mir am meisten wünsche, sind daher: Erstens, angenehm und gesund atmen zu können, und zweitens, die menschliche Wärme zu spüren, die durch zwischenmenschlichen Kontakt entsteht. Das Zweite ist nur ein Minimum – ich sehne mich sehr danach. Ich vermute, dass andere Indigos, mit denen ich gesprochen habe, sich ähnlich fühlen.

Ich bin sicher, dass die Leute wissen wollen, wovon Indigos träumen. Als ein junger Mensch des 21. Jahrhunderts träume ich von großen Dingen: Vieles gehört zu den Idealen, von denen die Menschen zu allen Zeiten geträumt haben. Warum? Weil es menschlich ist, sich danach zu sehnen. Ich träume zum Beispiel von einem friedlichen Planeten; von Nationen, die einander lieben und akzeptieren; von einem Ende des Rassismus; von einer sauberen Umwelt und Harmonie mit der Natur; davon, jenen zu helfen, die unter Selbsthass und Depressionen leiden, und dazu beizutragen, Konflikte des menschlichen Denkens, der Philosophie und des Verhaltens zu lösen.

Die Leute brauchen mich nicht zu fragen, was ich will; sie brauchen nur sich selbst zu fragen, dann wissen sie Bescheid. Mein Traum ist euer Traum und euer Traum ist meiner. Wir träumen den ewigen Traum Gottes.

Bericht einer Spielaktivistin
von Jenny Ward

Das Spielen liegt uns sehr am Herzen, und wie Jan Tober den Eltern und Lehrern immer wieder erklärt, findet man im Spiel oft den Schlüssel zur Kommunikation. Manchem mag es merkwürdig erscheinen, ernsthafte Dinge durch Spielen verändern zu wollen – aber den Indigos nicht.

Jenny Ward nennt sich selbst eine »Spielaktivistin«. Ihre Firma Playward wurde gegründet, um eine Revolution in Gang zu setzen. Sie freut sich darüber, der Welt etwas beibringen zu können, und gibt ihr Wissen mit Begeisterung weiter. Auf ihrer Internetseite www.playward.com erfahren Sie mehr über ihre Arbeit, ihre Bücher und andere wichtige Dinge.

Ich habe diesen Artikel kürzlich für das Magazin *Vision* geschrieben. Ich bin eine Indigo und habe vor Kurzem meine erste Tochter Leela bekommen, die mich restlos begeistert! Ich brauche wohl nicht weiter zu erklären, dass mir dieses Thema hier am Herzen liegt.

Ich war schon immer verspielt. Ich erinnere mich, dass ich als Kind am liebsten nackt herumlief und alle möglichen Lieder von Debbie Boone krähte. Ausdruck war wichtig für mich, und ich liebte es, mich durch Kunst zum Ausdruck zu bringen. Wenn ich auf mein bisheriges Leben zurückblicke, bin ich dankbar, dass ich erkannte, wer ich *nicht* bin. Meine Eltern meldeten mich mit drei Jahren zu meinen ersten Tanzstunden an. Ich fand es wundervoll, beim Steppen viel Lärm zu machen und im Ballett herumwirbeln zu dürfen. Ich widmete mich der Bewegung mit endloser Energie und Begeisterung. Ich genoss das Tanzen nicht nur, ich hatte auch Talent. Egal, welche Tanzform es war: Ich schnappte die Schritte schnell auf und liebte es, vor Publikum aufzutreten.

Für mich spielte es keine Rolle, die Beste zu sein – für meine Lehrer jedoch schon. Ich wurde in eine Wettkampfgruppe gesteckt und befand mich plötzlich in einer Schublade. Das war der Anfang von jahrelangen Beschränkungen. Ich wusste immer, dass meine Lust am Tanzen und Singen größer war als mein Bedürfnis, die Beste zu sein, aber im Lauf der Zeit entstand in mir doch eine enorme Verwirrung über die Ideale der Welt.

Als junger Teenager begann ich zu begreifen, dass ich »anders« war. Dinge, die anderen wichtig waren, spielten für mich keine große Rolle. Ich sehnte mich nach einer Verbindung mit meinen Eltern und Freunden. Das Schulsystem blieb mir immer völlig fremd.

Wahrscheinlich kam ich dank meiner charmanten Persönlichkeit durch die Schule. Ich machte Menschen gerne glücklich, und das war mir viel wichtiger, als mir historische Daten zu merken. Im Rückblick habe ich keine Ahnung, wie ich je den Abschluss geschafft habe. Die Schule stand auf der Liste meiner Prioritäten immer ganz hinten. In der elften Klasse fragte man mich, auf welchem College ich mich denn bewerben wolle. Ich hatte noch nicht viel darüber nachgedacht. Zu jener Zeit begriff ich, wie gering die Künste geschätzt werden, nicht nur von meinen Lehrern, sondern von der ganzen Welt. Damals begann die echte Verleugnung meiner selbst. Ich war nicht so wie meine Freunde. Ich fühlte mich isoliert und dumm. Meine Eltern erklärten mir, es sei an der Zeit, Verantwortung zu übernehmen, doch ich merkte, dass mit dieser Verantwortung Traurigkeit einherging.

Meine innere Rebellin verzog sich in der Schulzeit so weit wie möglich. Mein Herz wollte zwar nicht, dass ich aufs College ging, aber ich hatte das Bedürfnis, irgendwie dazuzugehören.

Während des größten Teils meiner Jugend befand ich mich im Zwiespalt zwischen dem, was ich gerne tun wollte, und dem, was die Welt von mir erwartete. Ich hasste das Wort »Verantwortung«, aber ich meinte trotzdem, ich müsste mich verantwortungsbewusst zeigen. Ich ging aufs College, doch ich hatte das Gefühl, meine Abschlüsse nützten rein gar nichts, um einen *richtigen* Job zu kriegen. Ich heiratete, lehrte Vollzeit (ein »guter« Job) und hatte das Gefühl, das Leben einer anderen Person zu leben. Und so war es auch.

Das ist der Tanz der meisten Indigos. Wie können wir in einer Struktur leben, die niemandem dienlich ist? Wie können wir unsere Lehrer ernst nehmen, wenn wir wissen, dass sie in unserer Gesellschaft gering geschätzt werden?

Zweifellos haben wir alle unseren Weg gewählt. Ich habe Eltern gewählt, die nicht begreifen, wer ich wirklich bin. Ich weiß, dass das ein wichtiger Teil meines Weges war, denn das hat mir den Mut verliehen, mich vor viele Leute zu stellen, die auch nicht begreifen, wer ich bin, und trotzdem *ich selbst* zu bleiben.

Als ich 28 wurde, änderte sich mein Leben. Die jahrelangen Bemühungen, wie alle anderen zu sein, hatten mich auf einen Weg der scheinbaren Perfektion geführt. Ich hatte alles, was man in meinem Alter haben sollte, aber ich passte immer noch nicht in Größe 36. Nachdem ich mir das Fett absaugen ließ und Tausende von Dollar ausgegeben hatte, ohne wirklich etwas zu bewirken, gab ich auf. Ich begann die Tatsache zu akzeptieren, dass es mich nicht glücklich machte, die Ideale zu verwirklichen, die in unserer Gesellschaft als wichtig gelten. Mir fiel auch auf, dass die wenigsten Leute glücklich wurden, wenn sie taten, was man von ihnen erwartete.

Damit begann meine innere Suche. *Warum bin ich hier? Was macht mir Freude? Wie kann ich das tun und trotzdem meine Rechnungen bezahlen? Ist es schlecht, dass ich nicht wie die anderen bin? Wie kann ich aufhören, es meinen Eltern recht machen zu wollen, und akzeptieren, dass ich ein freies Wesen bin, das sein Leben selbst bestimmt?*

Ich gab meine Vollzeitstelle und alle anderen »Jobs« auf und zog von New York City nach Portland in Oregon. Warum? Weil es anders war und ich dort meine Ruhe fand. Ich begann, über meinen Weg durch Essstörungen, Selbstvernachlässigung, Anpassungsversuche, Schule, Ehe, Jobs und dergleichen zu schreiben, und fühlte mich von den Geschenken des Lebens überwältigt. Ich wusste etwas über den Mangel an Kreativität und Wachstumsmöglichkeiten im Schulsystem, weil ich mittendrin gesteckt hatte. Ich wusste, dass Ehen auf Jahrhunderte alten Paradigmen von Besitz und Selbstaufopferung beruhen, weil ich mittendrin gesteckt hatte. Ich hatte den größten Teil meines Lebens damit verbracht, zu verstehen, wie die Welt funktioniert, damit ich es ganz begreifen konnte.

Aus all dem, was ich schrieb, wurde schließlich ein Buch. Ich zog von Oregon nach Kalifornien, ohne zu wissen, wohin oder wie, aber ich wusste, warum. Dort begegnete ich nämlich den Engeln, die mir halfen, mein Buch zu veröffentlichen, und die meine Mission unterstützten.

Das Wort Playward erschien mir im Traum. Ich hatte eine Vision, in der ich ganz in Weiß tanzte und alle Leute zum Kichern brachte. Im Traum liebte ich dieses spielerische Gefühl und hörte immer wieder den Namen meiner Firma: Playward. Es begann mit einer Idee. Ich war ganz offen für das, was ich wirklich bin: eine Spielaktivistin. Als solche helfe ich den Menschen, sich daran zu erinnern, wer sie wirklich sind, und die Freude zurückzubringen, die die Gesellschaft vergessen hat. Ich helfe ihnen, vom Herzen her zu leben, nicht nach ihren To-do-Listen.

Ich erinnerte mich mehr und mehr daran, dass die Beschränkungen, die ich mir auferlegt hatte, übernommen waren, und dass das Leben eigentlich eine *Spielwiese* ist. Immer mehr Engel tauchten auf, um mich zu unterstützen. Zwei Jahre nach der Gründung arbeitet Playward jetzt mit großen Betrieben zusammen, um das Paradigma von »Arbeit« und Leben hoffentlich vollständig neu zu erschaffen.

Die Geburt meiner Tochter hat mich inspiriert, den Weg auch für sie zu ebnen. Ich sehe meine Verantwortung darin, Mutterschaft neu zu kreieren und meiner Kleinen zu erlauben, genau der Mensch zu sein, der sie ist. Das ist eine Verantwortung, die ich gerne übernehme.

Hellwache Wahrnehmung
von Daniel Roth

Daniel Roth ist ein weiterer Indigo. Er hat eine Internetseite namens www.indigoenergy.ca
Sein Unternehmen ist aus seiner Erfahrung als Indigo entstanden und spirituell orientiert. Sein Motto lautet: »Unsere Absicht besteht darin, den Umerziehungsprozess der Bevölkerung zu einem spirituelleren, gesünderen Leben einzuleiten, um den Übergang zum nächsten Paradigma zu erleichtern.«

Erst als ich mit 21 Jahren im College war, erfuhr ich etwas über Indigos. Ich entdeckte die Information durch eine Reiki-Heilerin, die ich aufgesucht hatte. Sie empfahl mir eine Reihe von Büchern. Dadurch fand ich heraus, warum ich mich anders fühlte als viele Gleichaltrige. Ich bin 1980 geboren, gelte also als »älterer« Indigo. Ich war auf der Highschool und auf der Universität. Im Rückblick war meine Erfahrung der akademischen Welt recht einzigartig für ein Indigo-Kind. Ich habe die Theorie, dass sich die älteren Indigos mehr an ihre Aufgabe und an den Umgang mit verschiedenen Energien erinnern durften, um die Welt auf die nächste Generation vorzubereiten.

Als Sechsjähriger saß ich im Klassenzimmer meiner ersten Klasse und merkte alles, was um mich herum vor sich ging. Ich hörte alles gleichzeitig: das Ticken der Uhr, das Flüstern der anderen Schüler, das Zwitschern der Vögel draußen, das Kratzen der Stifte auf dem Papier, die Schritte auf dem Flur – alles.

Ich war auch sehr intuitiv. Ich wusste immer, worauf die Lehrerin hinauswollte – was den Unterricht sehr langweilig machte. Ich bin auch hellfühlig. Ich spürte, wenn jemandem übel war oder wenn sich jemand unglücklich fühlte. Man multipliziere das mit 25 Mitschülern und einer Lehrerin, dazu der ständige Lärm, all die Geräusche um mich herum. Ein ungeübter Geist wäre dabei vielleicht verrückt geworden, aber ich konnte das alles getrennt wahrnehmen und die Kontrolle behalten. Ich wusste einfach, wie ich es anstellen musste.

Das Besondere an meiner Situation war, dass ich meine Gefühle nicht ausleben musste. Ich war schüchtern und fühlte mich in Kindergruppen nicht wohl. Ich bevorzugte die Gesellschaft von Erwachsenen.

Ich glaube, dass sich die Dinge verändert haben, als immer mehr Indigo-Kinder in die Schule kamen. Sie bringen alle eine höhere Energie mit; das macht es schwerer. Ich glaube, dass viele Kinder heutzutage unausgeglichener und wilder sind, weil sie mit der enormen Energie nicht umgehen können. Die leichteste Lösung sieht natürlich so aus, dass man diese Kinder mit Medikamenten vollpumpt und meint, dann sei alles in Ordnung. Medikamente betäuben den Schmerz des ständigen Bombardements mit Sinneseindrücken. Doch neben den körperlichen Problemen, die nach jahrelangem Gebrauch von Antidepressiva-ähnlichen Mitteln auftreten, lernen die Kinder damit nur, dass es in Ordnung ist, Probleme durch Drogenkonsum (vermeintlich) zu lösen.

Es wäre für alle vorteilhaft, Selbstkontrolle zu lehren. Das Gehirn kann ungeheure Mengen an Informationen verarbeiten, wenn wir es zulassen. Im Lauf der Jahre habe ich gelernt, meine Fähigkeiten weiterzuentwickeln. Ich habe Reiki gelernt und bin Reiki-Meister und -Trainer geworden. Das ist sehr gut für mich, da wir im Reiki hohe Energiefrequenzen channeln, um Situationen oder Menschen mehr in Balance zu bringen. Zusammen mit einer gewissen Selbstkontrolle ermöglicht mir das, ziemlich coole Dinge zu tun. Ich kann immer noch alles gleichzeitig hören und fühlen, aber durch Meditation und Visualisation habe ich gelernt, es zu meinem Vorteil zu nutzen.

Ich kann in einem gut gefüllten Restaurant sitzen und acht, zehn oder dreizehn Gesprächen gleichzeitig folgen. Daneben nehme ich intuitiv die Eigenschaften und Gefühle der anderen Gäste wahr. Dem folgen innere Bilder, was im Leben dieser Menschen los ist. Von außen betrachtet, sehe ich dabei aus, als studierte ich still die Speisekarte oder träumte vor mich hin. Ich kann dabei sogar reden, aber das verlangsamt den Prozess sehr.

Nach meiner Schul- und Collegezeit war mir klar, dass ich nicht in einem Großraumbüro und auch nicht für einen Chef arbeiten kann. Also machte ich mein eigenes Unternehmen namens *Indigo Energy* auf. Ich biete ganzheitliche Therapien an, die den Klienten helfen, ihre Träume zu verwirklichen. Das geschieht durch individuelle Coaching-Sitzungen. Zu meinem Angebot gehören: Hilfe im Hinblick auf das Gesetz der Anziehung, Reiki, intuitive Beratung und Meditations-Coaching. Ich arbeite mit Einzelpersonen, Gruppen und Unternehmen. Mein Ziel besteht darin, die alte Praxis der Energiearbeit ins tägliche Leben zu bringen. Der Fokus meines Unternehmens liegt darauf, mit Einzelnen oder mit Gruppen zu arbeiten und ihnen zu helfen, auf einer persönlichen Ebene ihr Seelenpotenzial zu erkennen.

Nachwort

Jan und ich möchten Ihnen für Ihr Interesse an den neuen Kindern auf diesem Planeten danken. Die Vorstellung, dass wir Zeugen eines menschlichen Evolutionsschrittes sind, ist umstritten, aber auf diesen Seiten haben wir immer wieder davon gehört. Wie Sie gesehen haben, schreibt man sogar im Magazin *Time* über die menschliche Entwicklung, die in unserer Jugend im Gange ist. Könnte es möglich sein, dass die Kinder viel mehr in Ordnung sind, als wir gedacht haben, und dass *wir* eigentlich diejenigen sind, die umdenken müssen? Könnte es sein, dass diese Kinder mit einem neuen Bewusstsein ausgestattet sind, das sie viel früher für Weisheiten empfänglich macht, als wir es waren?

Ihre Rolle in alldem

Wenn Sie das nächste Mal im Radio oder Fernsehen etwas über Indigos hören, passen Sie gut auf. Machen sich die Leute darüber lustig, als wäre es eine völlig absurde Idee? Dann lassen Sie es die Verantwortlichen wissen! Im Lauf der Zeit wird sich die Erkenntnis durchsetzen, dass am Konzept der Indigos wirklich etwas dran ist. Endlich haben wir glaubwürdige Pädagogen, Lehrer und Psychologen gehört, die aufmerken und ihrerseits anfangen, das System infrage zu stellen; sie werden zu Vorreitern dieser evolutionären Bewegung.

Lassen Sie sich andererseits auch nicht von der Popularität des Indigo-Begriffs verführen. Es ist leicht, anderen gegenüber zu behaupten, dass Ihre Kinder oder Enkel Indigos seien und deswegen etwas ganz Besonderes. Wenn es wirklich Indigos sind, werden sie zwar besonders sein, aber auf eine ziemlich anstrengende Weise ...

293

Zehn Jahre nachdem Jan und ich das erste Indigo-Buch schrieben und das Konzept in die Welt brachten, das Nancy Tappe entwickelt hatte, stehen wir erstaunt vor den vielen Büchern und anderen Medien, die zum Thema aufgetaucht sind. Manche davon sind sehr gut, hilfreich für Eltern und Kinder. Andere springen auf diesen Zug auf, um damit Geld zu verdienen. Sie müssen selbst entscheiden, was wohin gehört. Helfen all die Bücher, Filme und Programme wirklich den Kindern? Oder bedienen sie nur die Neugier einer bestimmten spirituellen Klientel? Handelt es sich um wertvolle, glaubhafte Informationen von Leuten, die wirklich mit Kindern oder Jugendlichen zu tun haben? Achten Sie auf die Referenzen oder den Erfahrungshintergrund! Jan und ich würden diese Informationen niemals herausgeben, ohne all die Experten hinter uns zu wissen, die jeden Tag damit zu tun haben. Es ist Zeit, im Zusammenhang mit dem Indigo-Begriff mehr Integrität walten zu lassen.

Werden gute Tatsachen und Lösungen präsentiert, oder geht es um Sensationshascherei, mediale Superkinder, die den Produzenten hohe Einnahmen versprechen? Taucht der Begriff »Indigo« im Titel auf, ohne dass der Inhalt wirklich etwas Hilfreiches für die Indigos enthält? Wenn dem so ist, nehmen Sie es nicht einfach hin. Lassen Sie es die Verantwortlichen wissen, dass Sie es gemerkt haben!

Warum das wichtig ist? Weil nun die Zeit gekommen ist, da diese Kinder erwachsen geworden sind und selbst Kinder zur Welt bringen. Wenn wir diese Sache nicht ernst nehmen, könnten wir bald aus dem Spiel sein. Wir brauchen integere, gut informierte Erwachsene mit gesundem Menschenverstand und fortschrittlichem Denken, damit sich unser Erziehungssystem verändert. Wir brauchen Großeltern, die wissen, was wirklich los ist, und Eltern, die mit ihren Kindern bestens kommunizieren.

Machen Sie Ihr Handeln und Ihre Stimme zu einem Katalysator für Veränderungen auf diesem Planeten. Beginnen Sie zu akzeptieren, dass wir *vielleicht,* ja *eventuell* nicht über alles völlig Bescheid wissen.

Lee Carroll und Jan Tober

Kontaktinformationen der Beteiligten

Lee Carroll
www.indigochild.com
info@indigochild.com

Jan Tober
www.indigochild.com
jantober@jantober.com

Sandie Sedgbeer
www.childrenofthenewearth.com
Info@childrenofthenewearth.com

Nancy Tappe
P. O. Box 278
Carlsbad, CA 92009

1. Kapitel: Beobachtungen von Erziehern und Pädagogen

Jill S. Porter, Ed.D.
jillsporter@hotmail.com

Jennifer M. Townsley, Ed.D.
jtownsley3@cox.net

Charlotte Reznick, Ph.D.
www.ImageryForKids.com
DrReznick@ImageryForKids.com

Carolyn Hadcock, ECE, C
misscarolyn@sympatico.ca

Pat Childers, M.S. Ed.
ajipat@cland.net

Sue Haynes, M.S.ed., M.ed
www.creativemavericks.com
sue@creativemavericks.com

Quinn Avery, Ph.D.
quinn.avery@hawaiiantel.net

Julie B. Rosenshein, LICSW
www.indigochildcoach.com

Carol Crestetto, Ph.D
newchildrennow@yahoo.com

Jan Hunt, M.Sc.
www.naturalchild.org/jan_hunt/
jan@naturalchild.org

2. Kapitel: Indigos in der Arbeitswelt

Bruce I. Doyle, III, Ph.D.
www.indigoexecutive.com
IndigoExecutive@aol.com

Gates McKibbin, Ph.D.
www.gatesmckibbin.com
gates@gatesmckibbin.com

Kimberly Kassner
www.empowermind.com
kimberly@empowermind.com

3. Kapitel: Berichte aus anderen Ländern

Mariella Norambuena, Chile
www.ninosindigochile.cl
info@ninosindigochile.cl

Karin Roten, Schweiz
www.thefreechild.com
karin.roten@bluewin.ch

Ingrid Cañete, Brasilien
canete@terra.com.br

Isabel Leal, Portugal
www.planetaisabel.no.sapo.pt
criancasde1novomundo@yahoo.com

4. Kapitel: Beiträge von Helfern und Heilern

Hazel Trudeau
www.hazeltrudeau.com
hazel@hazeltrudeau.com

Barbra Dillenger, Ph.D.
micbar@pacbell.net

Barbra Gilman
www.barbragilman.com
barbraspks@aol.com

Becky Engler Hicks, Ph.D.
www.motheringcoach.com
becky@motheringcoach.com

Howard Peiper, N.D.
hpeiper@yahoo.com

Karyne Richardson-Meads, SpLT, HA, ON
www.setiadd.org
karyne@karynerichardson.com

Ann Callaghan, L.C.H., ISHom
www.indigoessences.com
ann@indigoessences.com

5. Kapitel. Was Indigos und ihre Eltern uns zu sagen haben

Cathy Jacobs
www.pathwayangels.ca
pathwayangels@shaw.ca

Jasmine LoveLsTzy
jlovelstzy@yahoo.com

Wendy McDonald
wmcdonald1012@sbcglobal.net

Carolyn L'Hommedieu Davies, O.M.C.
www.pathwaysoflight.org
www.theministryoftransition.com
carolheals@aol.com

Jorge Valentin
j.a.valentin@hotmail.com

Katharine Dever
www.butterfly-mastery.com
indigo@butterfly-mastery.com

Kaisheen Wong
cinnamonapplecider@yahoo.com

Jenny Ward
jenny@playward.com

Daniel Roth
www.indigoenergy.ca
info@indigoenergy.ca

Literatur/Medien/Websites

Hinweis der Redaktion: Die folgenden Werke, die teilweise nur für die deutsche Ausgabe erfasst wurden, beschäftigen sich nicht ausschließlich mit dem (jeweils ausdrücklich so benannten) Indigo-Phänomen, sondern auch allgemein mit dem Thema »Erziehung der Kinder unserer Zeit«. Die Liste ließe sich um viele Ratgeber erweitern. Weil die Erziehung – wie jede Wissenschaft – in einem fortwährenden Wandel begriffen ist, aber auch differierende Antworten auf Detailfragen widerspiegelt, können die genannten Bücher keine Nonplusultra-Empfehlungen darstellen. Als Eltern und Erziehende sollten Sie selbst prüfen, welchen Erkenntnissen Sie Ihr Vertrauen schenken.

Lee Carroll/Jan Tober, *Die Indigo Kinder: Eltern aufgepasst ... Die Kinder von morgen sind da!*

Lee Carroll/Jan Tober, *Indigo-Kinder erzählen*

Naomi Aldort, *Von der Erziehung zur Einfühlung: Wie Eltern und Kinder gemeinsam wachsen können*

Wolfgang Bergmann, *Nur Eltern können wirklich helfen. Lernprobleme, Ängste, Konzentrationsschwächen. Mit Lernübungen*

Wolfgang Bergmann, *Die Kunst der Elternliebe*

Annelie Conrad-Ladwein/Dorothee Lappehsen-Lengler/Theresia Wagner, *Liebevoll und kompetent: Die Erziehungsbasics für Eltern*

Simone Harland: *Hyperaktiv oder hochbegabt? Indigo-Kinder: Begabung erkennen und fördern. Rat für betroffene Eltern*

Carolina Hehenkamp, *Das Indigo Phänomen: Kinder einer neuen Zeit*

Carolina Hehenkamp, *Der Indigo-Ratgeber: Tips und Übungen für einen entspannten Umgang mit Indigo-Kindern*

Carolina Hehenkamp: *Indigos öffnen ihre Seele: Berichte aus der Neuen Zeit*

Greta Hessel, *Die Neuen Kinder: Leben mit hyperaktiven, hochbegabten und Indigo Kindern*

Gerald Hüther, *Neues vom Zappelphilipp: ADS/ADHS verstehen, vorbeugen und behandeln*

Gerald Hüther/Cornelia Nitsch, *Kinder gezielt fördern: So entwickeln sich Kinder spielend*

Gerald Hüther/Cornelia Nitsch, *Wie aus Kindern glückliche Erwachsene werden*

Klaus Hurrelmann/Gerlinde Unverzagt: *Kinder stark machen für das Leben: Herzenswärme, Freiräume und klare Regeln*

Georg Kühlewind: *Sternkinder: Kinder, die uns besondere Aufgaben stellen*

Drunvalo Melchizedek, *Durch die Augen eines Kindes – Indigo Kinder* (Video)

Michael Mendizza/Joseph Chilton Pearce, *Neue Kinder, neue Eltern*

302

Zeitschrift *Mit Kindern wachsen* (siehe auch www.mit-kindern-wachsen.de)

Lienhard Valentin: *Mit Kindern neue Wege gehen*

Doreen Virtue, *Das Praxisbuch für Indigo-Eltern*

Doreen Virtue, *Die Kristall-Kinder: Ein Leitfaden für den Umgang mit der neuesten Generation außergewöhnlicher Kinder*

Siegfried Woitinas: *Wer sind die Indigo-Kinder? Herausforderungen einer neuen Zeit*

www.indigokinder.de
www.lerntherapie-fil.de
www.mit-kindern-wachsen.de

Anmerkungen

1 Hinweis der Redaktion: Um den Lesefluss nicht zu erschweren, wurde im Deutschen in der Regel auf die Doppelnennung männlicher und weiblicher Formen verzichtet. Es sind hier selbstverständlich Lehrer UND Lehrerinnen sowie Erzieher UND Erzieherinnen usw. gemeint. (Anm. d. Red.)

2 »Überwiegend versteht man darunter die Kopplung zweier physisch getrennter Domänen der Wahrnehmung, etwa Farbe und Temperatur (›warmes Grün‹), im engeren Sinne die Wahrnehmung von Sinnesreizen durch Miterregung eines Sinnesorgans, wenn ein anderes gereizt wird. (...) Bei Gefühlssynästhetikern erzeugen beispielsweise Sinnesreize Gefühle, oder umgekehrt. Auch abstrakte Begriffe wie eine Jahreszahl oder der Charakter einer Person können bei einem Synästhetiker als Form, Farbe oder sonstige Sinnesqualität wahrgenommen werden. Man unterscheidet in sensorische und kognitive Synästhesie. Bei der sensorischen Synästhesie kommt es bei der Stimulation eines Sinnes zu unwillkürlichen und gleichzeitigen synästhetischen Empfindungen in anderen Sinnessystemen. Beispielsweise kann der Klang eines Musikinstrumentes zu Farbwahrnehmungen führen. Bei der kognitiven Synästhesie erhalten Gruppen von Dingen (z.B. Zahlen oder Buchstaben) sensorische Zuordnungen, wie Geruch und Geschmack. So wird zum Beispiel der Buchstabe A pink, der Buchstabe B blau oder der Buchstabe C grün wahrgenommen. (...) Früher wagten Synästhetiker selten, anderen von ihrer besonderen Wahrnehmung mitzuteilen, da sie als Wahrnehmungsstörungen angesehen wurden. Dies hat sich in jüngster Zeit geändert. Heute wird Synästhesie nicht mehr als Störung angesehen, zumal sie von den meisten Synästhetikern als sehr angenehm erlebt wird. (...)

304

Synästhesien sind keine Halluzinationen. Synästhetiker erleben die Sinneswahrnehmungen mit offenen Augen im normalen Tagesbewusstsein. Synästhetisches Erleben beruht darauf, dass durch eine Primärwahrnehmung (wie das Hören von Tönen) eine Sekundärwahrnehmung (wie das Sehen von Farben) ausgelöst wird. Bei Halluzinationen hingegen ist die Wahrnehmung gestört, das heißt hier ist schon die Primärwahrnehmung krankhaft verändert. Halluzinationen können im Gegensatz zu Synästhesien Symptome für Krankheiten sein. (...)« (Auszug aus einem Wikipedia-Artikel)

3 Jan und ich glauben, dass Nancy hier über eine reine Indigofarbe spricht. In früheren Gesprächen hat sie erwähnt, dass sie viele ältere Menschen mit einem »Indigo overlay«, also einer Indigoschicht, gesehen hat, die einige Eigenschaften der Indigos aufweisen. Es hat starke Schichten gegeben, aber kein reines Indigo. Viele der heute 50- bis 60-Jährigen fühlen sich daher vielleicht ziemlich Indigo, weil sie so eine Indigoschicht in ihrem Feld haben. In unserem zweiten Buch sind wir auf dieses Thema näher eingegangen.

4 Das Interview wurde längere Zeit vor der Wahl Barack Obamas zum Präsidenten der Vereinigten Staaten geführt. (Anm. d. Red.)

5 Referenzen und Quellen – Jill Porter

Bartholomew, »*I Come As A Brother*«: *A Remembrance of Illusions.*
Kevin Clash, *My Life as a Furry Red Monster: What Being Elmo Has Taught Me About Life, Love, and Laughing Out Loud.*
A. R. Lacey, *A Dictionary of Philosophy.*
Jean-Paul Sartre, *Existentialism and Human Emotions.*

Masaru Emoto, diverse Bücher zum Thema Wasser, z.B.: *Die Botschaft des Wassers.*

Linda Anderson Krech, *Little Dreams Come True: A Practical Guide to Spiritual Parenting.*

Dan Millman (www.danmillman.com) hat eine ganze Reihe von Büchern geschrieben, die auch auf dem deutschen Buchmarkt veröffentlicht wurden, u.a.:
Das Kristallschloss. – Das Geheimnis des friedlichen Kriegers. – Die Goldenen Regeln des friedvollen Kriegers. – Die Kraft des friedvollen Kriegers. – Der Pfad des friedvollen Kriegers. – Die Rückkehr des friedvollen Kriegers. – Die universellen Lebensgesetze des friedvollen Kriegers. – Die Weisheit des friedvollen Kriegers. – Socrates: Der friedvolle Krieger. – Begegnungen mit dem Göttlichen.

(Englischsprachige) Internetseiten und Quellen, die auf Bücher für Indigos und deren Eltern hinweisen oder die Lehrern und Erziehern bei der Unterrichtsvorbereitung helfen:
www.math.com/teachers.html (guter Mathe-Link, vor allem für praktische und didaktische Mathe-Strategien in alltäglichen Situationen)
www.actsofkindness.org/classroom/ (»Übe zufällige Handlungen der Güte und Freundlichkeit«)
www.globalschoolnet.org/index.cfm (Global School Net)
www.oasisofpeace.org/ (Friedensoase; auf dieser Seite gibt es kostenlose Lehrpläne und Unterrichtsmaterialien für Highschool-Lehrer, vor allem für Diskussionen über Stereotypen und Vorurteile)
www.todoinstitute.com/dreams.html/ (Das ToDo Institut bietet wundervolle Bücher an, die Eltern und Indigos durchs Leben helfen können)

www.tolerance.org/teach/resources/posters.jsp (Toleranz; eine tolle Internetseite, durch die man eine Fülle kostenloser Dinge zugeschickt bekommen kann; man findet dort auch gute Ideen) www.un.org/cyberschoolbus/peace/home.asp (Friedenserziehung; Cyberschoolbus)

6 Referenzen und Quellen – Jennifer Townsley

Robert Plutchick, »A Language for the Emotions«, *Psychology Today* 14 (Feb. 1980), S. 68–78.
Masaru Emoto, diverse Bücher zum Thema Wasser, z.B.: *Die Botschaft des Wassers.*

7 Die in den Viten der Autoren erwähnten Publikationen sind meist nicht auf Deutsch erhältlich. Die jeweils in Klammern gesetzte deutsche Übersetzung der englischsprachigen Titel soll den Leserinnen und Lesern, die über wenig Englischkenntnisse verfügen, nur das Verständnis erleichtern. (Anm. d. Red.)

8 Referenzen und Quellen – Sue Haynes

Zum Zitat von Parker Palmer siehe das Kapitel »The Grace of Great Things: Reclaiming the Sacred in Knowing, Teaching, and Learning« von Parker J. Palmer, in: Steven Glazer, *The Heart of Learning: Spirituality in Education.* 1999.
E.T. Clark, »The Search for a New Educational Paradigm: The Implications About New Assumptions About Thinking and Learning«, in: *New Directions in Education: Selections from Holistic Education Review.* 1991.

9 Engl. *pattern* = dt. *Muster;* siehe auch die nun folgende Erklärung von Carol Crestetto.

10 www.placeoflight.net: Wählen Sie auf der Homepage die Option »Being Intuitive«, dann gelangen Sie u.a. zum Button »our questionnaire results«: Wenn Sie ihn anklicken, werden Sie schließlich über einen Text zum Fragebogen weitergeleitet.

11 Von Jan Hunt auf Deutsch erschienen: *Mensch Kind: Kleine Personen – große Gefühle.*

12 Von Bruce I. Doyle auf Deutsch erschienen: *Pass auf, was du denkst: Eine illustrierte Anleitung zum Verständnis, wie deine Gedanken und Überzeugungen dein Leben beeinflussen.*

13 Von Thom Hartmann auf Deutsch erschienen: *ADHS als Chance begreifen (Nennen wir es das Edison-Gen). – Eine andere Art, die Welt zu sehen: Das Aufmerksamkeits-Defizit-Syndrom. – Nimm dein Problem und geh los: Walking your blues away. – Unser ausgebrannter Planet: Von der Weisheit der Erde und der Torheit der Moderne.*

14 **Referenzen und Quellen – Gates McKibbin**

Aus: Eric Chester, *The Aliens Have Landed;* www.generation-why.com

15 Dysphasie = Sprachschwierigkeit. Dyspraxie = Koordinations- und Entwicklungsstörung; Bewegung und Handlung können dabei schwer in Einklang gebracht werden.

16 **Referenzen und Quellen – Karin Roten**

Dr. Natasha Campbell-McBride, *Gut and Psychology Syndrome: Natural treatment for Dyspraxia, Autism, A.D.D, Dyslexia, A.D.H.D, Depression, Schizophrenia.*

17 **Referenzen und Quellen – Ingrid Cañete**

Lee Carroll und Jan Tober, *Die Indigo-Kinder; Indigo-Kinder erzählen*.

Ingrid Cañete führt hier ein eigenes Buch sowie Bücher von Abraham Maslow, Alan Rinzler/Michael Ray, Anita Roddick und Marco Aurélio Ferreira Vianna auf, die jedoch in Brasilien bzw. auf Portugiesisch erschienen sind. Als Einziges der von ihr genannten Bücher wurde ins Deutsche übersetzt: Eduardo Galeano, *O Livro dos Abraços* (dt. Ausgabe: Das Buch der Umarmungen). (Anm. d. Red.)

18 Die amerikanischen Waschmaschinen werden meistens von oben bedient und die Knöpfe sitzen oben und hinten. Ein Kind muss also schon relativ groß sein, um sie zu erreichen. (Anm. d. Übers.)

Über die Autoren

Seit ihrer Kindheit setzte Jan Tober ihre Stimme ein, um andere zu bezaubern. Kaum hatte sie die Highschool verlassen, erregte sie die Aufmerksamkeit einer Größe aus der Musikszene und wurde eingeladen, ihr Talent in ganz USA auf Jazzbühnen auszuprobieren. Mit großen Jazzmusikern wie Benny Goodman, Si Zentner, Les Elgart und Stan Kenton ging sie auf Tour. Fred Astaire bat sie, ihm bei seinem neuen Jazzlabel zu helfen. Nach vielen anstrengenden Jahren und müde des Herumreisens, ließ sie sich in Del Mar, Kalifornien, nieder. Sie machte weiter Musik, trat täglich in San Diego im lokalen Fernsehen in der Bob Dale Show auf und musizierte mit Gruppen aus der Gegend. Tagsüber war sie im Fernsehstudio, dann eilte sie nach Hause, um sich für ihre abendlichen Auftritte in den Clubs vorzubereiten.

Irgendwann erschöpfte sie dieses Leben zu sehr, sodass sie überlegte, was sie mit ihrer Stimme tun könnte – etwas, das eine tiefe verändernde Wirkung auf sie selbst und andere haben würde. Ihr Interesse an Metaphysik führte dazu, dass sie ihre Stimme auf meditative Weise einsetzte und im Lauf der Jahre viele Alben herausbrachte, auf denen sie mit ihrer Musik und ihren meditativen Prozessen anderen hilft, zu heilen und die »Sanftheit« in sich selbst zu finden.

Ende der 1980er-Jahre tat sie sich mit Lee Carroll zusammen. Gemeinsam reisten sie in viele Länder rund um den Globus, um ihre Botschaft der Selbsthilfe und ihren Gesang mit Tausenden von Menschen zu teilen. Bis heute liegt ihr daran, so viele Menschen wie möglich mit ihrer inspirierenden Stimme zu erreichen. Dazwischen schreibt sie mit Lee Bücher über Indigos – und das alles immer noch im schönen San Diego.

Jans persönliche Internetseite finden Sie unter www.jantober. com

Lee Carroll ist ausgebildeter Toningenieur. Er eröffnete das erste »mehrspurige« Aufnahmestudio in San Diego, das unter seiner 30-jährigen Leitung zu einer bundesweit anerkannten Einrichtung wurde. Als er die Firma verkaufte, hatte er über 30 Clio-Nominierungen eingesammelt, fast 4000 Werbetrailer und Filmmusiken produziert und war bereit, sich auf etwas ... einzulassen – aber nein, es kam anders.

Auf den nächsten Schritt war er nicht vorbereitet: Sein erstes esoterisches Buch *Kryon* erregte so sehr die öffentliche Aufmerksamkeit, dass er zu einer zentralen Person der metaphysischen Szene wurde. 1995 wurde er eingeladen, in New York vor dem UN-Club *Society for Enlightenment and Transformation* zu sprechen. Sein Vortrag kam so gut an, dass er im Lauf der Jahre fünf weitere Male gebeten wurde, zu vielen Menschen über die Hoffnung für einen sich stark wandelnden Planeten zu sprechen. Er tritt dort weiterhin fast alle zwei Jahre auf.

Zum Zeitpunkt der Veröffentlichung dieses Buches reist Lee immer noch um die Welt und wird zu Treffen eingeladen – an Orte, von denen er nie ahnte, dass er sie einmal besuchen würde. Alljährlich reist er auf Anfrage nach Moskau, wo er vor Tausenden von Menschen spricht, und etwas Ähnliches entwickelt sich jetzt im Baltikum. Er ist in Westeuropa genauso beliebt wie in Südamerika. Seine 14 Bücher wurden in 24 Sprachen übersetzt und erscheinen weltweit in 175 verschiedenen Ausgaben. Das Indigo-Thema steht auf seiner Prioritätenliste ganz oben; er tut mit Begeisterung sein Möglichstes, um der Welt mitzuteilen, dass sich die Menschheit evolutionär weiterentwickelt.

Mehr erfahren Sie unter www.kryon.com/countries